Das große Geheimnis von Hildburghausen

Helga Rühle v. Lilienstern

Hans-Jürgen Salier

Das große Geheimnis
von Hildburghausen

Auf den Spuren der Dunkelgräfin

Salier Verlag
Leipzig und Hildburghausen

Vom Salier Verlag gewidmet
Frau Helga Rühle v. Lilienstern
Grafikerin, Historikerin, Schriftstellerin,
Ehrenbürgerin von Hildburghausen
zu ihrem 100. Geburtstag
am 14. Oktober 2012

ISBN 978-3-939611-69-1

1. Auflage 2012
Bearbeitete und korrigierte Taschenbuch-Ausgabe
Copyright © 2012 by Salier Verlag.
Für die Originalausgabe „Das große Geheimnis von Hildburghausen"
Copyright © 2008 by Salier Verlag, Leipzig und Hildburghausen
Alle Rechte vorbehalten.

Satz & Layout: InDesign im Verlag
Umschlag: Christine Friedrich-Leye, Leipzig
Druck und Bindung: cpibooks.de
Printed in Germany

www.salierverlag.de

Inhalt

Vorwort   11

Vorwort zur Taschenbuchausgabe   18

**Das große Geheimnis von Hildburghausen
   und Eishausen**   21

Marie Thérèse Charlotte von Frankreich
   – frühe Schicksalsjahre   23
Sturm auf das absolutistische Königtum   23
In den Tuilerien   25
Flucht nach Varennes   27
Flucht der Ernestine de Lambriquet, der späteren Herzogin
   von Angoulême, aus den Tuilerien am 10. August 1792   31
*Die Habseligkeiten der Königin Marie Antoinette von Frankreich
   beim Einzug in den Temple*   *34*
Amtsenthebung des Königs und Haft im Temple   35
1793 – Prozesse und Hinrichtungen der Eltern der
   Madame Royale   36
Abschiedsbrief Marie Antoinettes   *40*
Das Tagebuch der Prinzessin   43
Die zermürbende Einzelhaft der Prinzessin   44
Madame Royale und Madame de Chanterenne   45
Die Mission der Madame de Chanterenne   *46*
„Bella gerant alii, tu felix Austria nube"   49
Gedichte der Madame Royale aus dem Temple   *52*
Austausch und Vertauschung in Hüningen   57
Innenminister Bénézech – Der Akteur der Vertauschung   *60*

Indizien eines Personentausches in Hüningen   62
Paul Honndorf: Madame Royale und Basel   63

**Das geheimnisvolle Leben des Dunkelgrafenpaares
    in der Fremde**   **77**
Auf Schloss Heidegg und die Familie Pfyffer von Heidegg   77
Neue Indizien des Prinzen Gaston de Béarn   78
Wer der junge holländische Diplomat an der Seite
    der Madame Royale gewesen ist   79
Aufenthaltsorte des geheimnisvollen Paares von 1799
    bis Februar 1807   98
7. Juli 1800 – Brief von Professor Justus Loder an van der Valck   101
Fluchtort Ingelfingen   103
Die Hinrichtung des Herzogs von Enghien und die
    überstürzte Abreise aus Ingelfingen   106
Ankunft in Hildburghausen   111
Englischer Hof – Herzogliches Gästehaus –
    Radefeldsches Haus   112
Im Radefeld'schen Haus   113
Unter dem Schutz des Hildburghäuser Herzogspaares   120
Beschreibung des Gemeindewappens von Eishausen   121
Schloss Eishausen – Das neue Domizil   122
Übersiedlung nach Eishausen   123
Übertriebene Sicherheitsvorkehrungen van der Valcks?   129
Alltag im Schloss Eishausen   130
Neujahrsschießen in Eishausen   131
„Zettelfreundschaft" mit Pfarrer Heinrich Kühner   135
Karl Kühner zum Schriftwechsel und zu den intellektuellen
    Interessen des Dunkelgrafen   137
Tod des Dieners Johann Philipp Scharr   138
Die herzogliche Freundin Charlotte   139
Heikle Situation nach dem Teilungsvertrag   140

Dunkelgrafenspende für die Eishäuser Armenkasse   141

Schutzbrief des Herzogs Friedrich von Sachsen-Hildburgh.   142

Neuer Landesherr und Ehrenbürgertitel   143

Der Stadtberg – Lieblingsdomizil und letzte Ruhestätte
   von Marie Thérèse Charlotte von Frankreich   147

Veränderungen in der Dienerschaft   148

Ein königliches Leben in Stille und Einsamkeit hat sich
   vollendet   149

Begräbnisprotokoll des Hofkirchenamtes   151

Das Grab der Dunkelgräfin   153

Abschied von Madame Royale   154

Karl Kühner: Die Dunkelgräfin   156

Gefahr für das Geheimnis   161

Beschwerde des Kommissionärs Heinrich Andreä bei der
   herzoglichen Regierung vom 1. Dezember 1837   163

Das „Hohnbaum-Gespräch"   166

Das Grab der Dunkelgräfin   167

Umsorgte Einsamkeit und Ende   170

Gerichtliche Ladung an mögliche Erben der Dunkelgräfin   171

Tod des Grafen   175

Die „Dorfzeitung" Hildburghausen zum Tode des
   Dunkelgrafen   178

Karl Kühner: Der Dunkelgraf   179

Der Nachlass der Dunkelgräfin   185

Der mysteriöse Todte.   187

Der Nachlass des Dunkelgrafen   191

Der Kommissionär Heinrich Andreä über seinen verstorbenen
   Kommittenden Graf Vavel de Versay   194

Die Spendenfreudigkeit des Grafen, die Verleihung der
   Ehrenbürgerrechte und das Verhältnis zu Vater und
   Sohn Andreä   199

Auf der Suche nach des Rätsels Lösung   **207**

Anschuldigungen und eine Verteidigungsschrift mit einer
    sensationellen Vermutung   207

Ludwig Bechstein und der „Dunkelgraf" –
    Dichtung und Wahrheit   226

Humans Forschungen zu Dunkelgraf und Dunkelgräfin
    sowie der rätselhafte Nachweis   227

Die Öffnung des Grabes der Dunkelgräfin   *229*

Der Nachlass und neue Erkenntnisse   233

Rätsel um die Berthelmy-Briefe   234

Die Ediktalladung   *235*

Die Ediktalladung des Herzogs und die verstreuten
    Sachzeugnisse   238

Der Geburtstagsbrief der Dunkelgräfin   242

Die Mitwisserschaft der Fürsten   **245**

Sie wussten es alle!   245

Stille um das Dunkelgrafenpaar   248

Forscher entschlüsseln das Geheimnis um die
Königstochter   **250**

Der französische Historiker G. Lenôtre   250

Erster Porträtvergleich um zwei unterschiedliche Personen   251

Otto Victor Maeckel und seine wegweisende
    Dunkelgräfinforschung   252

Ernestine Lambriquet – CRIMES ET SECRETS D'ETAT   *253*

Frédéric de Saxe-Altenbourg „L'Énigme de Madame Royale"   255

Rätsel werden gelöst   259

Spekulationen um die Schwangerschaft der Prinzessin   260

Brief von Marie Antoinette an die Prinzessin von
    Mecklenburg-Strelitz   *261*

Der Kreis schließt sich   263

**Lebensstationen der Herzogin von Angoulême
nach dem Personentausch in Hüningen
bis zu ihrem Tod 1851**   **268**

*Ich werde alle Vorschläge des Kaisers wegen seines Bruders
    ablehnen*   *269*
Zum Tod der Herzogin von Angoulême   *287*

Die Dienerschaft   **292**
Wie Scharr wirklich heißt   *293*
Johann Philipp Scharr   295
Die Köchin Johanna Weber   298
Die Kinder von Johann Philipp Scharr und Johanna Weber   307
Philipp Papageno Scharr   307
Katharina Dorothea (Papagena) Scharr   309
Johann und Katharina Schmidt   311
Johann Ehrhardt und Simon Schmidt   313
Die Informantin Dorothea Nothnagel   314

An Stelle eines Nachworts   **319**

Helga Rühle v. Lilienstern   **320**

Anhang   **322**
Die Eltern der Madame Royale   322
Die Kinder Ludwigs XVI. und Marie Antoinettes
    von Frankreich   324
Augenzeugenberichte (Aus dem Nachlass Human)   328
Glossar   333
Benutzte und weiterführende Literatur (Auswahl)   345
Personenregister   358
Verwendete Abkürzungen   376

Vorwort

Die glückliche Kindheit der Prinzessin Marie Thérèse Charlotte von Frankreich endet am 14. Juli 1789 mit dem Sturm auf die Bastille. Die Französische Revolution hat Europa eine der größten politischen Umwälzungen in der Geschichte des Kontinents gebracht; verbunden mit der Hoffnung auf Freiheit, Gleichheit, Brüderlichkeit, aber auch verbunden mit zahllosen Opfern. Tausende Menschenleben enden auf der Guillotine. 1793 werden auch König Ludwig XVI. und seine Gemahlin Marie Antoinette öffentlich enthauptet.

Für die 14-jährige Madame Royale beginnt ein langer Leidensweg. Gefangen im Pariser Staatsgefängnis, dem Temple, wird die empfindliche Kinderseele erheblich verletzt. Ihr geliebter jüngerer Bruder, der Thronfolger, stirbt unter den Strapazen der Haft. Nach ihrer Freilassung wird Marie Thérèse Charlotte zur Schachfigur politischen Intrigantentums: Weihnachten 1795 soll sie in der Schweiz gegen französische Kriegsgefangene ausgetauscht und ihrer habsburgischen Verwandtschaft in Wien übergeben werden. Doch bei ihrer österreichischen Familie kommt sie vermutlich nie an. Sie wird ausgetauscht gegen ihre Halbschwester Ernestine de Lambriquet, die ab sofort die Rolle der Madame Royale übernimmt und sich als Herzogin von Angoulême zu einer der stärksten Persönlichkeiten ihrer Zeit entwickelt und in die Geschichte eingeht.

Die echte Königstochter hingegen steht seit Juli 1799 unter dem Schutz des holländischen Gesandten an der Batavischen Botschaft in Paris, Leonardus Cornelius van der

Valck. Es folgt eine kaum noch nachvollziehbare Odyssee, die schließlich im südthüringischen Eishausen endet. Hier verbringt das seltsame Paar nach drei Jahren Aufenthalt in Hildburghausen von 1810 an ein äußerst abgeschiedenes und entbehrungsreiches Leben. Nach ihrem Tod werden sie vom Volksmund als „Dunkelgraf" und „Dunkelgräfin" bezeichnet. 1837 wird Marie Thérèse Charlotte von Frankreich in einem namenlosen Grab auf dem Hildburghäuser Stadtberg, dem Schulersberg, in aller Stille beigesetzt.

Es ist eines der faszinierendsten Rätsel der europäischen Geschichte. Fragen drängen sich auf: Ist die legendäre Dunkelgräfin, die in dem kleinen Herzogtum Sachsen-Hildburghausen Unterschlupf findet, wirklich eine französische Prinzessin? Warum wird sie nach ihrer Gefangenschaft gegen eine andere Person ausgetauscht und wer weiß davon? Warum muss die französische Thronerbin von der Weltbühne verschwinden? Ist die Geschichte von einigen „Verschwörern" bewusst gefälscht oder beeinflusst worden?

Die so genannte „Vertauschungstheorie" ist nicht unumstritten. Vor 150 Jahren wurde sie erstmals von dem aus Eishausen stammenden Pädagogen und Superintendenten Dr. Karl Kühner in seiner 1852 erschienenen Schrift „Die Geheimnisvollen im Schlosse zu Eishausen" geäußert. Seitdem arbeiten viele Hobbyforscher und auch einige Historiker an der Lösung des Rätsels. Zahlreiche Indizien sind zusammengetragen, immer wieder neue Belege und Hinweise gefunden und publiziert worden. Eindeutige Beweise gibt es bis heute jedoch nicht. Andererseits konnte die Theorie auch nie widerlegt werden, so sehr Kritiker sie auch als reine Erfindung verdammen. Die Geschichtswissenschaftler konnten und können keine schlüssigen Antworten geben. Sie verbannen selbst unumstößliche Fakten in das Reich der Fantasie, ohne selbst Nennenswertes zur Lösung des Geheimnisses beigetragen zu haben. Auch Schriftsteller und Romanciers, darunter Albert Emil Brachvogel, Mór Jókai, Alexandre Dumas d. Ä. oder Kurt Kluge, haben sich des spannenden und hochinteressanten Stoffes angenommen und ihn literarisch verarbeitet, verfremdet, oft aber auch verfälscht. Das hat sicherlich dazu geführt, dass die Theorie der vertauschten Prinzessin von verschiedenen Seiten als unhaltbarer Mythos abgetan wird.

Die Fakten sprechen jedoch für sich, wie im Hauptkapitel dieses Buches „Das große Geheimnis von Hildburghausen und Eishausen" dargestellt wird.

Und es gibt noch eine dritte Fraktion neben den Anhängern und den Gegnern der Vertauschungstheorie: Jene, die eine Aufklärung verhindern möchten, weil sie das Ergebnis fürchten, aus welchem Grund auch immer. Manche möchten einfach nur den wunderbaren Mythos erhalten, der natürlich auch die Orte des Geschehens in interessantem Licht erscheinen lässt. Andere sind sich der Tragweite sehr bewusst, die ein eindeutiger Beweis mit sich brächte: Er würde Teile der europäischen Geschichte nach 1795 möglicherweise in ein ganz anderes Licht tauchen, denn die wichtigsten europäischen Herrscherhäuser und auch der Vatikan sind in diesen Fall meist unrühmlich verstrickt. Warum sonst sollten sich Generationen von Herrschern so große Mühe gegeben haben, die Identität zweier Personen selbst nach deren Tod zu vertuschen, wenn es sich nicht um außergewöhnlich wichtige Persönlichkeiten gehandelt hätte?

Das vorliegende Buch will das ungelöste Rätsel einem möglichst breiten Leserkreis vorstellen und den neuesten Stand der Forschungen wiedergeben, aber auch umfassend aus den wichtigsten Literaturquellen zitieren, denn nur mit ihrer Kenntnis ist das Geschehen erschließbar. Es ist, seit dem 1991 in Hildburghausen erschienenen Werk „Das Rätsel der Madame Royale" von Friedrich Ernst Prinz von Sachen-Altenburg, die erste Publikation deutscher Autoren, in der die Geschehnisse so umfangreich in all ihren Facetten dargestellt werden. Mit der Veröffentlichung dieses Bandes ist durchaus der Anspruch verbunden, auf Jahre ein Standardwerk für die Dunkelgrafen-Forschung geschaffen zu haben. Es ist aber nicht nur ein Nachschlagewerk für ausgesprochene Kenner entstanden. Mit seinen zahlreichen Abbildungen, der verständlichen sprachlichen Gestaltung und dem übersichtlichen Layout richtet es sich auch an Leser, die erstmals mit dem Thema in Berührung gekommen sind.

Dabei ist zu bemerken, dass die Texte der Hauptkapitel auf der linken Seite mit Abbildungen, Übersichten und historischen Texten, zumeist optisch gerastert, ergänzt werden. Mit dem sehr umfangreichen Anhang wird dem Leser die Möglichkeit gegeben, sich die komplizierten internationalen und auch regionalen Zeitereignisse besser zu erschließen und mit dem Thema in Zusammenhang zu bringen.

Beide Autoren, die Historikerin Helga Rühle von Lilienstern und der Publizist Hans-Jürgen Salier, gehören zu den profunden Kennern dieses Kriminalfalls von welthistorischer Bedeutung. Nach jahrzehntelanger Forschung ordnen sie die zahlreichen Spuren, Indizien und Beweise. Sie fügen das Geschehen zwischen Paris, Wien, Ingelfingen, Hildburghausen und Eishausen in die großen politischen Zusammenhänge von der Französischen Revolution bis heute ein.

Helga Rühle von Lilienstern hat sich seit Jahrzehnten der Thematik verschrieben. Mit dem Prinzen Friedrich Ernst von Sachsen-Altenburg hielt sie gemeinsam im Frühjahr 1981 vor dem Heimatkreis Hildburghausen in Marburg einen eindrucksvollen Vortrag. Ihre enge Verbundenheit zur Thematik findet mit ihrer Übersiedlung am 1. April 1995 in die alte Heimat Hildburghausen einen wichtigen Höhepunkt. Über ihr Wirken, ihre begeisternden Vorträge und ihre zahlreichen Publikationen könnten Seiten über Seiten gefüllt werden. Seit 1996 ist sie gemeinsam mit den Ingelfinger Geschichtsfreunden – vor allem um Margarethe Rathe-Seber und Professor Dr. Wolfgang Freiherr von Stetten – Initiatorin der Dunkelgrafen-Symposien. Die Stadt Hildburghausen würdigte ihre Leistungen mit der Verleihung des Ehrenbürgertitels, der Heimatverein Eishausen e.V. im November 2007 mit der Ehrenmitgliedschaft.

Hans-Jürgen Salier war es, der als Verleger seit 1990 in Hildburghausen mit Bucheditionen und Pressebeiträgen das Rätsel um die Madame Royale ins Bewusstsein der Menschen zurückgebracht und die Dunkelgrafenforschung wiederbelebt hat.

Die Autoren danken sehr herzlich den Persönlichkeiten, die über Jahrzehnte und über Ländergrenzen hinweg wertvolle Arbeit leisteten, auch rege und kritische Korrespondenzpartner waren und manches Steinchen zum Gesamtmosaik beifügten. Stellvertretend für eine Vielzahl ihrer Partner, die sich der Dunkelgrafenforschung verschrieben haben und hatten, seien genannt:

- Friedrich Ernst Prinz von Sachsen-Altenburg (1905 – 1985), der sehr eng mit Otto Victor Maeckel zusammen arbeitete und nach dessen Tod die Dunkelgrafenforschung mit seinen Werken wesentlich aktivierte;
- Wilfriede André (1912 – 1999) als Leiterin des Stadtmuseums Hildburghausen, sie folgte Helga Rühle von Lilienstern nach ihrer Übersiedlung in die Bundesrepublik im Amt;

- Marianne Eichhorn (†), Schwetzingen, später Sonneberg, eine enge Mitarbeiterin des Prinzen Friedrich Ernst von Sachsen-Altenburg, Herausgeberin des wegweisenden Titels „Das Rätsel der Madame Royale – Marie Thérèse Charlotte von Frankreich";
- Ulrich Wienbeck, Großhansdorf (Schleswig-Holstein), nahe Hamburg. Der gebürtige Hildburghäuser ist ein exzellenter Kenner der Stadtgeschichte vor allem des 19. und frühen 20. Jahrhunderts;
- Michèlle Gschwendtner, Paris, in Frankreich anerkannte Forscherin zu Königin Marie Antoinette und damit auch zur „Dunkelgräfin";
- Karl-Heinz Roß, u. a. Verantwortlicher für das Kirchenarchiv Hildburghausen;
- Margarethe Rathe-Seber, Leiterin des Arbeitskreises „Dunkelgräfin" im Hohenloher Geschichtsverein, Ortsgruppe Ingelfingen;
- Professor Dr. Wolfgang Freiherr von Stetten (ehemals MdB), Künzelsau;
- Dr. Mark de Lannoy, Historiker aus den Niederlanden. Forscher, Autor und Besitzer von Teilen des Dunkelgrafen-Nachlasses;
- KR Dr. Hanspeter Wulff-Woesten, Hildburghausen;
- Bernd Nickel, Aachen, gebürtig aus Hildburghausen.
- Heimatverein Eishausen e.V. mit seinen engagierten Mitgliedern;
- Stadtmuseum Hildburghausen.

Auch wenn es mit Sicherheit um dieses Buch viele Diskussionen geben wird, über die Schlüssigkeit von Indizien und die Nachvollziehbarkeit von Argumenten, so ist doch eines sicher: Seit mehr als 200 Jahren bewegt das große Geheimnis von Hildburghausen, das Rätsel um die Madame Royale, die Menschen, und es wird die Forschung noch lange Zeit in Atem halten. Solange es keinen eindeutigen schriftlichen Beweis gibt, was sich zwischen 1795 und 1837 im Leben der französischen Prinzessin abgespielt hat oder welche Identität sonst die Dunkelgräfin besitzt, werden sich Befürworter und Kritiker der Vertauschungstheorie gegenüberstehen.

Bastian Salier
Leipzig/Hildburghausen, 18. November 2007

Vorwort zur Taschenbuchausgabe

Der Ende 2007 erschienene repräsentative Band „Das große Geheimnis von Hildburghausen" erfuhr im In- und Ausland – selbst bei Fachwissenschaftlern – Resonanz und führte zeitweise die Bestsellerliste der in Deutschland edierten Literatur zur französischen Geschichte an. Nach uns wurden klangvolle Autorennamen genannt, mit denen wir uns eigentlich nicht zu messen wagten. Auch wenn der Band ein Teil unseres Lebenswerkes ist, machte er uns als Autoren nicht selbstzufrieden. In den letzten Jahren stellten sich Helga Rühle v. Lilienstern und ich nach unseren intensiven Arbeitsgesprächen oft die Frage nach der Lösung des Geheimnisses. Es blieben meist ein Lächeln, ein Kopfnicken und der Satz übrig: „Wir tragen es mit heiterer Gelassenheit!" Wir haben uns ehrlich, aufrichtig und intensiv bemüht. Unser liberales Verständnis bietet genügend Raum für andere ehrliche Lösungsmöglichkeiten, nur nicht für die gegenwärtige Kampagne um eine DNS-Analyse, zu der wir hier keine Stellung beziehen wollen.

In den abschließenden Sätzen im Kapitel „An Stelle eines Nachworts" hatten wir formuliert: „*Die Geschichte der Dunkelgräfin von Hildburghausen und Eishausen ist kein Mythos, keine Story und auch kein zu konservierendes Geheimnis zugunsten eines Nimbus, sondern ein politisches Drama von europäischem Ausmaß voll menschlicher Tragik, aber auch von erhabener Menschlichkeit. ... Geben wir das Geheimnis den nachfolgenden Generationen weiter.*"

Der große Bucherfolg ließ die Idee reifen, eine preiswertere und für alle Interessierte erschwingliche Taschenbuchausgabe folgen zu lassen, die aber auch für die Zukunft Bestand hat. Die Hauptkapitel bleiben nahezu unverändert, das Bildmaterial wurde reduziert und einige Anhang-Kapitel wurden herausgenommen:

- Der Verlauf der Französischen Revolution (1789 – 1799);
- Hildburghausen während der Rheinbundzeit (1806 – 1814/15);
- Inventur des heßbergischen Nachlasses Rittergut Eishausen 1799;
- Liste des sich in 2 Paketen befindenden schriftlichen Nachlasses des verstorbenen Leonardus Cornelius van der Valck verstorben zu Eishausen – 8. April 1845;
- Geografisches Register.

Es ist gewiss ungewöhnlich, ein Vorwort zu nutzen, um Geburtstagswünsche zu überbringen. Hier soll es geschehen:

Verehrte, liebe Helga Rühle v. Lilienstern,
von Herzen wünschen meine Frau und ich Ihnen alles erdenklich Gute. Die ersehnte deutsche Einheit hat es möglich gemacht, dass zwei um die Sache streitbare Menschen zueinander fanden und ein achtbares Werk geschaffen haben. Ihnen danke ich für mehr als zwei Jahrzehnte sachliche, vertrauensvolle und harmonische Zusammenarbeit als Verleger Ihrer verdienstvollen Arbeiten und als Mitautor, aber auch für den gegenseitigen Respekt. Wir sind sehr stolz auf Sie!

Hans-Jürgen Salier
Hildburghausen, im Oktober 2012

19

Marie Thérèse Charlotte von Frankreich im Alter von 9 Jahren.
Maler unbekannt. Kloster der Elisabethanerinnen in Klagenfurt/Österr.

Das große Geheimnis
von Hildburghausen und Eishausen

Das Jahr 1789 ist angebrochen. Madame Royale hat vor wenigen Tagen ihren 10. Geburtstag gefeiert. Sie führt ein Leben im goldenen Käfig, vor allem – und das ist in königlichen Kreisen nicht der Alltag – wird sie von ihren Eltern Marie Antoinette und Ludwig XVI. liebevoll erzogen und gebildet. Erste Heiratspläne kursieren recht bald. Favoriten sind der Kronprinz von Neapel und der älteste Sohn des Schwedenkönigs Gustav III., der gleichaltrige nachmalige König Gustav Adolf von Schweden. Ihr Cousin, der Herzog von Angoulême, der Sohn des Grafen von Artois, ist nicht in die engere Wahl gezogen worden.

Zu den beiden Brüdern Ludwigs XVI., dem Grafen von Provence (späterer König Ludwig XVIII.) und dem Grafen von Artois (späterer König Karl X.), herrscht ein gespanntes Verhältnis. Ihr Sinnen und Trachten ist darauf gerichtet, selbst den Bourbonenthron zu erobern, und dabei sind sie in der Wahl der Mittel nicht zimperlich.

Das in höchstem Maße verschwenderische absolutistische Königtum hat den Zorn des Volkes ausgelöst. Missernten und erhebliche Teuerungen belasten die Bevölkerung schwer und die Umbruchstimmung ist nicht mehr zu verdrängen. Der Unmut und neue politische Ideen bestimmen das Alltagsleben. – Die kritische Philosophie der Aufklärung zeichnet ein neues Menschenbild und das sich dynamisch entwickelnde Bürgertum will als Teil des Dritten Standes an der Macht teilhaben.

Marie Thérèse Charlotte von Frankreich – frühe Schicksalsjahre

Sturm auf das absolutistische Königtum

Anfang Mai 1789 treten die letztmalig 1615 einberufenen Generalstände in Versailles zusammen, und die Prinzessin Marie Thérèse Charlotte verfolgt mit ihren Eltern am 4. Mai 1789 die prunkvolle Eröffnungszeremonie. Zum Zeitpunkt kann noch niemand wissen, dass im Saal sechs Könige anwesend sind, der gegenwärtig herrschende Ludwig XVI. und fünf folgende – nominelle und reelle: Ludwig XVII., Ludwig XVIII., Karl X., Ludwig XIX. und Louis Philippe von Orléans.

Das historische Ereignis gilt als eigentlicher Auslöser der Französischen Revolution. Das Denken und Fühlen der Königsfamilie ist aber einen Monat später mehr auf einen privaten Schicksalsschlag gerichtet. Der 1781 geborene Dauphin Louis Joseph ist am 4. Juni 1789 verstorben. Neuer Thronerbe ist somit der zweitgeborene Sohn, der vierjährige Louis Charles.

Der die Menschen bewegende Sturm auf die Bastille am 14. Juli 1789 kann von der Prinzessin nicht wahrgenommen werden, weil das Ereignis von ihr ferngehalten wird. Nur Veränderungen des höfischen Lebens sind für sie spürbar. Sie beobachtet, dass plötzlich Menschen ihres Umfelds fehlen. Ihr Onkel, der Graf von Artois, geht einen Tag nach dem Sturm auf die Bastille mit seinen beiden Söhnen, dem Herzog von Angoulême und dem Herzog von Berry, nebst seinem Gefolge ins Exil. Ihre Gouvernante, die einflussreiche Gräfin Policnac, verlässt ebenfalls das Land. Ihre Funktion übernimmt die Marquise de Tourzel. Mit deren Tochter Pauline freundet sich die sieben Jahre jüngere Prinzessin schnell an.

In ihren Memoiren schreibt Madame Royale später in der Gefangenschaft des Temple, dass ihre heile Welt in Versailles am 5. Oktober 1789 zerbricht, als die Frauen aus Faubourg, Saint-Antoine und weiteren Stadtteilen auf dem Rathausplatz in Paris erscheinen, weil es in ihren Stadtvierteln kein Brot mehr gibt. Weder Lafayette, der berühmte General und später führende Politiker der Französischen Revolution, noch andere Verantwortliche der Regierung sind aufzufinden. Die Frauen greifen aus Verzweiflung zur Selbsthilfe. Mit einem Bastillekämpfer an der Spitze und weiteren streitbaren Männern setzen sie sich in Bewegung, um in Versailles dem König und der Nationalversammlung ihre Beschwerden und Forderungen energisch vorzutragen. Die Sturmglocken läuten, und damit werden überdies etwa 20 000 Männer herbeigerufen. Die Massen fordern, dass der König und die Königsfamilie mit den Deputierten der Nationalversammlung nach Paris zurückkehren und sich der bedrückenden Probleme des Volkes annehmen. Das Ereignis geht als „Zug der Marktfrauen" (Poissarden) in die Geschichte ein.

Am Abend wird das Schloss umstellt, aber die Protestierenden ziehen sich unerwartet zurück. Die Kinder der Königsfamilie werden, als sei nichts geschehen, zu Bett gebracht. In den frühen Morgenstunden wird das Schloss gestürmt. Zwei Wachen werden getötet, es gibt Verletzte. Die Prinzessin erlebt, wie sich ihre Mutter auf dem Balkon zeigen muss und von der Masse gedemütigt wird.

Der König muss eine Deklaration der Menschen- und Bürgerrechte unterzeichnen. Er trifft unter Kanonendonner am 6. Oktober 1789 nach einer mehrstündigen Fahrt in Paris ein und wird von einer großen Volksmenge begleitet, die ihn mit Beleidigungen und Spottversen überhäuft. Im Zug werden die abgetrennten Köpfe der beiden getöteten Wachen auf Piken als Trophäen mitgeführt, ein grausiger Anblick.

Eine Vielzahl Deputierter sieht inzwischen keinen Sinn mehr in der Teilnahme an den Sitzungen der Constituante, der verfassunggebenden Versammlung, und verlässt Paris, viele emigrieren ins Ausland.

In den Tuilerien

Die Königsfamilie lässt sich in den seit Jahrzehnten nahezu unbewohnten Tuilerien nieder, dem königlichen Stadtschloss nahe dem Louvre. Es wird mit aus Versailles herbeigeschafften Möbeln, Gemälden und Teppichen eingerichtet. Das höfische Leben findet nun im kleineren und bescheideneren Rahmen statt. Die Königsfamilie lebt jetzt ungewohnterweise „en famille". Öffentliche Mahlzeiten, Besuche und Veranstaltungen werden jedoch auch dort organisiert. Die Prinzessin, ihr Bruder und ihre Adoptivschwester Ernestine de Lambriquet, deren Mutter 1788 verstorben ist, werden von der Marquise de Tourzel unterrichtet und auch weiterhin von ihren Eltern und ihrer Tante Élisabeth, der jüngsten Schwester König Ludwigs XVI., umsorgt.

Ihre Erstkommunion empfängt die Prinzessin am 7. April 1790 gemeinsam mit ihrer Gespielin Ernestine de Lambriquet[1], die ab 1788 mit ihr gemeinsam erzogen wird. Als junge Erwachsene nehmen beide, Marie Thérèse Charlotte und Ernestine, an den Mahlzeiten der Königsfamilie teil und

---

1   RUSKY: La Révolution Francaise – une affaire de famille – Tom II: Madame Royale. – 1977. Das Buch enthält vier Kapitel zu Ernestine und der Familie Lambriquet.

begleiten die Königin zu Wohltätigkeitsbesuchen in Armen-, Waisen- und Krankenhäusern. Delegationen und Abgeordnete werden weiterhin empfangen. Man folgt offiziellen Einladungen und ist auch zum Föderationsfest am 14. Juli 1790, der Nationalfeier, auf dem Marsfeld zugegen.

Auch wenn es im Land brodelt, Schlösser und Herrensitze brennen oder geplündert werden und es zu gewaltsamen Auseinandersetzungen und zu vielerlei Protest wegen der unzumutbaren Lebensverhältnisse des Volkes kommt, herrscht insgesamt eher Ruhe vor dem großen Sturm. Auch die Unsicherheit im Umfeld der Königsfamilie nimmt wegen der vielen von außen eindringenden Nachrichten politischer Ereignisse zu. Sie bleibt jedoch in ihrer gewohnten Traumwelt gefangen und kann nicht verinnerlichen, dass die angeblich „gottgewollte Ordnung" für sie in die Katastrophe führt.

Der Hass gegen die Aristokraten verstärkt sich überall im Land. Es bilden sich politische Klubs mit freiheitlichen, oft aber auch abenteuerlichen und radikalen Forderungen. Zwischen ihnen herrscht vielfach eine unversöhnliche Konkurrenz. Und im weiteren Verlauf der Revolution mit ihren unterschiedlichen Kräftefeldern enden die einstigen Volkshelden und Wortführer ebenso wie die Aristokraten selbst auf der Guillotine, weil die Revolutionäre zu keinen gemeinsamen Zielen finden. Zudem formieren sich royalistische Gruppierungen, und es kommt auch zu königstreuen Aufständen im Land. Die revolutionäre Presse – 1790 hat es allein in Paris 335 Journale gegeben – und Flugschriften heizen die Stimmung weiter auf.

Die königliche Familie gerät als Zielscheibe immer mehr in den Fokus der Volksmassen. Die Wohnsitze der Bourbonenfamilie werden bewacht, weil man ihre Flucht befürchtet. Selbst die gewohnte Reise zum traditionellen Feriendomizil

Saint-Cloud wird ihr jetzt untersagt. Auch der trotz seiner hohen militärischen Stellung royalistisch gesinnte Lafayette kann nicht verhindern, dass die Bewegungsfreiheit des Königs und der Familie drastisch eingeschränkt wird. Der König sichert zwar zu, Paris nicht verlassen zu wollen, insgeheim wächst bei ihm jedoch der Plan für die Flucht ins Ausland. – Das Volk aber bleibt wachsam. Es wird auch von Rachegelüsten getrieben.

Flucht nach Varennes

Der Graf von Provence, der nachmalige König Ludwig XVIII., setzt sich am 20. Juni 1791 unerkannt in Richtung Österreichische Niederlande ab und erreicht gefahrlos sein Ziel. Am selben Tag versucht König Ludwig XVI. mit seiner Familie, ins benachbarte und von seinem habsburgischen Schwager Kaiser Leopold II. regierte Luxemburg (Österreichische Niederlande) zu fliehen. Treibende Kraft der Flucht ist jedoch die Königin, die in jener Zeit mehr Realitätssinn zeigt als ihr etwas schwerfälliger Gemahl. Bei der Vorbereitung nimmt der schwedische Diplomat, Staatsmann und Favorit der Königin Marie Antoinette, Axel Graf von Fersen, eine führende Rolle ein, der das Unternehmen auch großenteils finanziert. Die stabsmäßig organisierte Flucht führt über Chalons, Sainte-Menehould, Clermont, Varennes und Dun-sur-Meuse, aber eine fünfstündige Verpätung zwingt den König und seine Begleitung in Varennes zu übernachten. Das grenznahe Gebiet um Montmedy zu den Österreichischen Niederlanden erreichen sie nicht, um ins sichere Exil zu gelangen.

Trotz Verkleidung des Königs[2] hat der Sohn des Postmeisters Drouet den König erkannt, der sein Bildnis von einem Louisdor, einer Münze, her kennt. Eine zu überquerende Brücke wird blockiert. Bauern der Umgebung erheben sich nach Bekanntwerden der Nachricht über die Festsetzung der Königsfamilie, auch Husaren stoßen hinzu. Ein Entsatz der Gefangenen ist nicht möglich. Boten Lafayettes und der Nationalversammlung sprechen unmissverständlich die Weisung zur Umkehr aus. Im Haus des Gemeindeprokurators verbringen sie die Nacht. Der wortbrüchige König und seine Familie wird, von Militär eskortiert, nach Paris zurückgebracht.

Die Rückreise gleicht einem Spießrutenlauf, Zehntausende sind auf den Beinen. Das Volk setzt kein Vertrauen mehr in den König. Die Menschen in der Provinz sind aufgebracht, in Paris schweigen sie vorwurfsvoll, letzte Sympathien sind beim Großteil der Massen erloschen.

Der im Verhältnis zu seinen jüngeren Brüdern gemütvolle und praktisch veranlagte Ludwig XVI. lebt weiter in seiner Gedankenwelt und kann das Geschehen nicht realistisch analysieren. Er spricht Drohungen aus und kündigt an, die Nationalversammlung und die (politischen) Klubs zu verbieten. Das beeindruckt die Revolutionäre jedoch nicht. Im Gegenteil: Die antimonarchistische Stimmung eskaliert zu

---

2 Der König, der einen Pass mit dem Namen Dourand mitführt, tarnt sich als Haushofmeister einer Madame von Korff aus Kurland, einer Tante von Hans Axel Graf von Fersen. Die Königin, die von Baronin von Korff ihren Pass geliehen bekommt, wird zur Gouvernante der beiden Königskinder. Aus der Legitimation geht hervor, dass sich die Reisenden auf der Fahrt nach Frankfurt am Main befinden. Marie Antoinette nennt sich Madame de Rochet. Die Schwester Ludwigs XVI., Élisabeth, hat die Rolle der Gesellschaftsdame übernommen. Die Prinzessin führt den Vornamen Amélie, der Dauphin ist als Mädchen verkleidet worden.

einem neuen Höhepunkt. Am 25. Juni kommt die Kutsche mit den Flüchtlingen wieder nach Paris zurück, bewacht von Soldaten der Revolutionstruppen unter Führung von Lafayette persönlich und umringt von einer gröhlenden und keifenden Volksmasse.

König, Königin, Dauphin, Prinzessin und Madame de Tourzel bekommen Leibwachen zugeteilt, die zwar ihr Leben schützen, aber ihre Bewegungsfreiheit noch drastischer einschränken. Die Nationalversammlung muss jetzt reagieren, sie hat aber ein Problem: Der König ist noch im Amt, er ist nicht suspendiert worden. Da die konstitutionelle Monarchie in die Verfassung von 1791 eingeführt werden soll, muss die Flucht verklärend als eine Entführung ausgegeben werden. Dem kommt entgegen, dass der aus Frankreich geflohene Marquis de Bouillé[3] inzwischen die Verantwortung für die angebliche Entführung übernommen hat.

Die gescheiterte Flucht wird somit zu einem Höhepunkt der sich immer weiter radikalisierenden Französischen Revolution.

Am 17. Juli 1791 führt die Unterzeichnung einer Petition zum Amtsenthebungsverfahren wegen eines Missverständnisses zum Massaker auf dem Marsfeld, dem Gelände des heutigen Eiffelturms.

Am 3. September 1791 wird die konstitutionelle Monarchie errichtet. Der König muss auf die Verfassung schwören,

---

3 François Claude Amour Marquis de Bouillé (1739 – 1800), frz. General, Mitglied der Nationalversammlung, 1790 Oberbefehlshaber der Maas-, Saar- und Moselarmee, unterstützt König Ludwig XVI. bei seinem Fluchtversuch. In einem Schreiben an die Nationalversammlung stellt er die Flucht als eine von ihm selbst inszenierte Entführung dar. Er wird des Hochverrats schuldig gesprochen und verurteilt. Ein Kopfgeld wird auf ihn angesetzt. Er kann nach England fliehen und stirbt am 14. November 1800 in London.

die Herrschaft wird auf ein suspensives Vetorecht für von der Nationalversammlung ausgearbeitete Gesetze beschränkt. Viele Revolutionäre haben aber weitergehende Ziele, sie fordern die Republik und wollen sie ausrufen. Die Macht des Königs ist damit erheblich eingeschränkt, seine Absetzung nur noch eine Frage der Zeit.

Am 20. Juni 1792, so will es die Législative, wird in den Tuilerien der erste Jahrestag der gescheiterten Flucht der Königsfamilie gefeiert. Ein Freiheitsbaum soll gepflanzt werden, dem stimmt der König zwangsläufig zu. Er lässt jedoch die Tore schließen, als er sieht, dass viele zur Feier kommende Menschen bewaffnet sind. Das Volk stürmt kurzerhand die Tuilerien. Die Mitglieder der königlichen Familie werden beleidigt, sie müssen sich mit Symbolen der Revolution schmücken. Die Erstürmung fordert keine Opfer, aber die Gerüchte einer weiteren zu erwartenden organisierten Erhebung machen die Runde. Die Sicherheitsmaßnahmen werden in den folgenden Tagen stark verschärft.

Bei der zweiten Erstürmung der Tuilerien am 10. August 1792 durch die Pariser Massen – an der Spitze stehen die beiden Wortführer der Sansculotten[4] Georges Jacques Danton und Jean Paul Marat – wird auf beiden Seiten ein entsetzliches Blutbad angerichtet. Etwa 760 der insgesamt 1100 Soldaten der königstreuen Schweizergarde werden besiegt und niedergemetzelt.[5]

---

4 Sansculotten: Radikale Revolutionäre, die aus Protest gegen die höheren Stände keine Kniehosen (culottes) – wie die Adligen –, sondern lange Hosen (pantalons) tragen.

5 Das nach 1818 auf Initiative des Offiziers Carl Pfyffer von Altishofen und vom dänischen Bildhauer Bertel Thorvaldsen entworfene und vom Konstanzer Bildhauer Ahorn in Luzern errichtete Löwendenkmal erinnert in der Allegorie an einen verwundeten sterbenden Löwen, das Sinnbild der furchtlosen Stärke ist. Es gedenkt der Opfer der Schweizergarde des

Die Halbschwester Ernestine de Lambriquet, die spätere Herzogin von Angoulême, kann unter der Obhut der Hofdamen Madame de Mackeau und Madame de Souci noch rechtzeitig entkommen. Montjoye, der französische Chronist, beschreibt in seinem 1797 in Paris erschienenen Buch „Histoire de Marie Antoinette" deren Flucht aus den Tuilerien.

Flucht der Ernestine de Lambriquet, der späteren Herzogin von Angoulême, aus den Tuilerien am 10. August 1792

„In dem allgemeinen Massaker, worin die Königin alle Getreuen des Königs verwickelt sah, richteten sich ihre Gedanken mit doppeltem Schrecken auf ein Kind, an dem sie ein ganz besonderes Interesse nahm. Dieses Kind war die Tochter eines königlichen Hofmantelträgers, eines Mannes von untadeliger Redlichkeit, der später dazu verurteilt war, mit seinem Blute die Wohltaten zu bezahlen, mit denen ihn seine Gebieter ausgezeichnet hatten. Er gab sie im Tode zurück, eine mutige Huldigung an die Tugenden seiner erhabenen Wohltäter."

---

französischen Königs. Die Inschrift, gesetzt von Oberst Pfyffer, lautet:
Den tapferen und treuen Schweizern
am 10. August, 2. und 3. September 1792
Es folgen die Namen von 26 Kommandeuren und
760 Soldaten, die im Kampf gefallen sind und von 16 Kommandeuren und 350 Soldaten, die ihren Verwundungen erliegen. Insgesamt sind es also 1.152 Schweizer Gardisten der militärischen Eliteeinheit, die ihr Leben beim Sturm auf die Tuilerien gelassen haben.

Seine Tochter hieß Ernestine; sie stand im gleichen Alter wie die Schwester des Dauphin. Die Königin hatte sie quasi adoptiert; sie war unter ihren eigenen Augen erzogen worden, hatte dieselben Lehrer und erhielt die gleiche Fürsorge wie die junge Prinzessin; man sah zwischen ihnen keinerlei Unterschied; die Königin betrachtete sich als Mutter der einen wie der anderen; sie werden sich ewig lieben, sagte sie oft; und indem sie so die beiden Kinder von Jugend an durch die Bande einer engen Freundschaft vereinte, glaubte sie ihr gegenseitiges Glück zu sichern. Das war ein Gedanke, ein Plan, dem großmütigen Herzen der Marie Antoinette würdig. ...

Im Verlaufe der Ereignisse, die dem 10. August vorangingen, sagte sie zu den Untergouvernanten ihrer Tochter: „Was aus uns allen wird, ist ungewiß; aber was auch immer das Schicksal sei, das der Himmel mir vorbehält, Sie werden niemals vergessen, daß Ernestine meine Tochter ist, und ich erwarte von Ihrer Anhänglichkeit an mich, daß Sie ihr stets die gleiche Fürsorge wie ihrer Freundin geben werden; Sie wissen, daß dies mein Wille ist, und es ist das letzte Mal, daß ich Sie daran erinnere!

Ernestine war mit den Untergouvernanten im Schloß geblieben. Die Königin hoffte nicht, daß die Rasenden, die es belagerten, weder das zarte Alter noch die Unschuld schonen würden; sie wagte nicht, sich nach diesem Kind zu erkundigen; sie fürchtete zu sehr, zu erfahren, daß sie für immer ihrer lieben Ernestine beraubt sei; erst am Ende des Tages konnte man sie ihrer Ungewißheit entreißen.

Ernestine gelang es, begleitet von einer der Untergouvernanten und einer kleinen Eskorte, die sich großmütig anbot, sie zu beschützen, unter vielen Umwegen und unsagbaren Mühen aus dem Schloß zu entkommen. Sie ging inmitten von Leichen, sie stieß mit den Füßen an zuckendes Fleisch, das Blut spritzte auf ihre Kleider. Auf der Place du Carrousel angekommen, verließen sie die Kräfte; es war unmöglich weiterzugehen; sie setzte sich mit der Untergouvernante auf einen Stein; die hochherzigen Männer, die sie begleitet hatten, waren verschwunden, getrennt durch den Strom der Masse; ein einziger war geblieben; er lief nach einem Wagen und ließ Ernestine bis zu seiner Rückkehr inmitten der Menschenfresser.

Diese, getäuscht durch ihr Alter, ihre Manieren, ihre Kleidung und durch die Untergouvernante an ihrer Seite, hielten sie für die Tochter der Königin selbst. Die Ungeheuer stellten ein Kohlenbecken vor ihre Füße, warfen den nackten Körper eines Schweizers hinein und verzehrten dessen halbverbrannte Glieder vor ihren Augen. Die junge Ernestine, welche den Anblick so einer Scheußlichkeit nicht ertragen konnte, die bereuen läßt, in einem Jahrhundert geboren zu sein, wo man davon Zeuge ist, verlor das Bewußtsein; von schmerzhaften Krämpfen geschüttelt, fiel sie von einer Ohnmacht in die andere.

„Zum Glück wurde eine mutige Frau, wenige Schritte entfernt an einer Ladentür, Zeuge von Ernestines Leiden. Auch sie hielt sie für die Tochter der Königin; sie eilte mit Riechfläschchen herbei; da sie jedoch wegen der Kannibalen, die um sie herumschlichen, nicht wagte, ihren Gefühlen der Liebe und Verehrung für die Familie unserer Könige freien Lauf zu lassen, schwieg sie; aber ihr Schluchzen und ihre Tränen sagten genug. Durch ihre eifrigen, liebevollen und tausendfach wiederholten Bemühungen brachte sie das junge Mädchen, das sie für die Tochter ihres Herrschers hielt, wieder zur Besinnung. Ein Wagen kam, und Ernestine verließ diese Hölle."[6]

---

6 Auszüge aus MONTJOYE: Histoire de Marie Antoinette. – S. 407 – 412. Deutsche Übersetzung in: SACHSEN-ALTENBURG: Das Rätsel der Madame Royale. – S. 192 ff.

33

Die Habseligkeiten der Königin Marie Antoinette
von Frankreich beim Einzug in den Temple

Hier ist also das, was beim Eintritt in den Temple eine Königin be-saß, der alle Schätze der Welt und Frankreichs offen gewesen wa-ren. Diese Aufzählung ist nicht unwesentlich in einem Bericht, der nur die Geschichte des grausamsten der Spiele des Schicksals ist.

1. Die 25 Louis[1], von denen gerade gesprochen wurde und von denen sie nie Gebrauch machte.
2. Ein kleines Täschchen mit Scheren, Nadeln, Seide und Garn.
3. Ein kleiner Spiegel.
4. Zwei kleine Büschel Haare, die von ihren verstorbenen und lebenden Kindern und von ihrem Gemahl stammten.
5. Ein Ring, in dem sich ebenfalls Haare ihrer Kinder und ihres Gatten befanden.
6. Das Porträt der Prinzessin von Lamballe, ihrer Freundin.
7. Die Porträts der Herzogin von Mecklenburg und der Prinzes-sin von Hessen, mit denen sie in Wien erzogen wurde und deren Andenken sie bewahren wollte.[2]

Der Graf von Provence und der Graf von Artois wollen vor allem an die Diamanten der Königin Marie Antoinette herankom-men. Der Graf von Provence hat inzwischen in Erfahrung bringen können, dass ihr Reichtum nicht nur aus dem riesigen Diamanten-schmuck bestanden hat, sondern dass 1.300.000 vollwertige Livres und 200.000 österreichische Goldtaler Mitgift der Kaiserin Maria Theresia hinzukommen, letztere sind aber nie ausgezahlt worden.

---

1 Louisdor (Münze).

2 MONTJOYE: Histoire de Marie Antoinette. – S. 416 f. Deutsche Übersetzung in: SACHSEN-ALTENBURG: Das Rätsel der Madame Royale. – S. 195.

34

Amtsenthebung des Königs und Haft im Temple

Wenige Minuten vor dem Sturm kann die Königsfamilie in den Räumlichkeiten der Législative, also im Gebäude der Nationalversammlung, in Sicherheit gebracht werden, in dem sie bis zum 13. August verbleibt. Hier erlebt die Prinzessin mit, wie ihr Vater seines Amts enthoben und der neue Aufenthaltsort der königlichen Familie festgelegt wird. Es ist der Temple, der ehemalige Palast des Templerordens aus dem 14. Jahrhundert, der nach der Zerstörung der Bastille als Gefängnis genutzt wird. Die Überführung der königlichen Familie gleicht erneut einem Spießrutenlauf. Zunächst wird die Familie in dem kleineren der beiden Temple-Türme untergebracht. Die Lebenssituation wird immer bedrückender. Schikanöse Bewachung und Einschränkung der Bewegungsfreiheit sind an der Tagesordnung. Das Königspaar kümmert sich intensiv um seine beiden Kinder und unterrichtet sie.

Die Revolution nimmt nicht nur gegen die Aristokraten immer brutalere Züge an. In den Gefängnissen sterben in der ersten Septemberwoche allein mehr als 1000 politische Gefangene, vor allem Anhänger der Bourbonen, das Ereignis geht als „Septembermorde" in die Geschichte ein. Ein Wächter, der sich Menschlichkeit und Respekt vor der Bourbonenfamilie bewahrt hat, verhängt am 3. September die Fenster der Königsfamilie im Temple, denn draußen wird unter dem Jubel der Massen der vom Körper abgetrennte Kopf der Princesse Lamballe, der sehr engen Freundin der Königin Marie Antoinette, auf einer Pike vorbeigetragen.

Am 21. September tritt der neugewählte Nationalkonvent zusammen, die Monarchie wird mit einem Handstreich beseitigt und tags darauf die Republik ausgerufen. Die radikale Bergpartei dominiert inzwischen im Nationalkonvent.

Die königliche Familie muss jetzt noch größere Demütigungen und Beleidigungen über sich ergehen lassen, Re-
spektsbezeugungen ihr gegenüber sind verboten und werden
bei Bekanntwerden zur lebensbedrohenden Gefahr. – Im
Temple kommt es zu Umquartierungen. Ludwig XVI. wird
am 11. Dezember 1792 zum Verhör abgeholt, und die Familie wird über sein Schicksal in den nächsten sechs Wochen im
Unklaren gelassen. Am 20. Januar 1793 gibt es das ersehnte
Wiedersehen. Die wenigen Stunden des Zusammenseins
werden jedoch zum Abschied für immer. Einen Tag später
muss der König das Blutgerüst auf dem Platz der Revolution
besteigen.

1793 – Prozesse und Hinrichtungen der Eltern der Madame Royale

Die Französische Revolution unter den Jakobinern[7] mit Robespierre wird vom revolutionären Terror geprägt. Von einer Minderheit um Robespierre wird die Tötung des Königs
ohne Prozess gefordert, die Mehrheit entscheidet sich jedoch
für einen Prozess. Als Gerichtsinstanz wird der Konvent bestimmt. Ludwig XVI. wird des Hochverrats beschuldigt. In
einer offenen namentlichen Abstimmung entscheiden sich
387 gegen 334 Abgeordnete für die Todesstrafe. Unter dem
verbürgerlichten Namen Louis Capet – Ludwig XVI. gehört
zum Königsgeschlecht der „Capetinger" – wird der König
am 21. Januar 1793 auf dem Place de la Rèvolution[8] in Paris,

---

7   Jakobiner: Einflussreichster revolutionärer Klub der Französischen Revolution.

8   Der Place de la Concorde soll der größte und letzte der „Königsplätze"
von Paris bleiben, die Bebauung ist unvollendet geblieben. Während der

dem heutigen Place de la Concorde, vor einer großen Menschenmenge guillotiniert.

Mit der Bluttat schlägt die Stimmung außerhalb der Grenzen Frankreichs um, die einstigen Freunde der Revolution und der Republik aus Politik, Wissenschaft und Kultur werden weniger, die Feinde mehr, da der Widerspruch zwischen Aufklärung und revolutionärem Terror die einst hehren Ziele ad absurdum geführt hat.

Mit dem zentralen Ereignis des Königsmordes, mit der auch die alte und historisch überholte Welt des Gottesgnadentums gestorben ist, kommt eine Gesetzgebung gegen Flüchtlinge zustande. Das Dekret vom 28. März 1793 verbannt sie vom französischen Boden. Sie werden nach dem Zivilstand für tot erklärt und ihr Vermögen wird zugunsten des Staates konfisziert.

Im Februar 1793 tritt England dem Koalitionskrieg gegen Frankreich bei. Georges Jaques Danton, der wesentlich die Radikalisierung der Revolution vorantreibt und als Justizminister zu einer beherrschenden Figur Frankreichs wird, bis er selbst 1794 guillotiniert wird, gründet am 10. März das Revolutionstribunal, das für die Behandlung so genannter politischer Verbrechen zuständig ist und nur zwei Urteile kennt: Freispruch oder Tod. Die provisorische Regierung hat drei stützende Säulen für den „Terror" („le terreur"): Wohlfahrtsausschuss, Sicherheitsausschuss und Revolutionstribunal. Damit ist auch das weitere Schicksal von Königin Marie Antoinette vorbestimmt.

Prinzessin Marie Thérèse Charlotte ist zum Zeitpunkt vierzehn Jahre alt. Im Laufe der Jahre 1793/94 werden ihr Vater, ihre Mutter und ihre Tante, Madame Élisabeth,

---

Revolution wird er in Place de la Révolution umbenannt, er erhält an Stelle der Reiterstatue von Ludwig XVI. die Guillotine.

abgeholt und hingerichtet. Ihr achtjähriger Bruder wird von ihr und der Königin am 3. Juli getrennt. Der Dauphin stirbt am 8. Juni 1795 unter mysteriösen Umständen. Um sein Ende gibt es eine Vielzahl widersprüchlicher Legenden. Nur eines ist sicher: Weder die potenziellen Anwärter auf den Bourbonen-Thron noch die Revolutionäre haben Interesse, sein Leben zu schützen, denn er ist seit 1789 der Thronfolger Frankreichs.

Am 2. August wird die Königin wie viele Opfer der Französischen Revolution in die Conciergerie gebracht, in das Pariser Untersuchungsgefängnis. Am 14. Oktober beginnt der Prozess gegen sie. In der einhundertseitigen Prozessakte der „Witwe Capet" heißt es im Urteilsspruch: Laut Dekret vom 1. August wird Marie Antoinette, Witwe von Ludwig Capet, unter der Anschuldigung gegen Frankreich konspiriert zu haben, dem Revolutionstribunal überstellt.

Keine Demütigung bleibt ihr erspart, neben Hochverratsvorwürfen wird die Königin sogar des Inzests beschuldigt. Ihr achtjähriger Sohn Louis Charles, der Dauphin, wird mit Psychoterror und großen Alkoholmengen für belastende Falschaussagen gefügig gemacht. Auch Marie Thérèse Charlotte wird mehrstündig verhört, ihre Mutter wird von ihr trotz Gefahr für ihr eigenes Leben jedoch nicht belastet.

Der Gegenspieler der Königin, der Journalist und radikale Revolutionär Jacques René Hébert, lässt nichts unversucht, Marie Antoinette auch moralisch zu vernichten. Bereits vor dem Prozess hat er mit seiner die Massen beeinflussenden Zeitung „Le Père Duchesne" Pamphlete und Hasstiraden publiziert und den Volkszorn hochgepeitscht. Er bezeichnet Marie Antoinette als österreichische Hure, die Wölfin, die neue Medici.

Die Geschworenen[9] haben beim Prozess einstimmig auf schuldig entschieden und die Hinrichtung auf den 16. Oktober 1793, 12 Uhr, auf dem Platz der Revolution festgesetzt.

Seit 5 Uhr morgens herrscht am Hinrichtungstag in Paris der Ausnahmezustand. Die Wegstrecke zwischen Gefängnis und Guillotine wird mit Doppelposten und Kanonen gesichert, die Revolutionstruppen befinden sich im Alarmzustand. Zehntausende Menschen sind auf den Beinen, um die Hinrichtung zu erleben. Das Guillotinieren ist inzwischen auch zur Volksbelustigung geworden.

Die 37-jährige Königin wird am 16. Oktober 1793 um 10 Uhr mit gefesselten Händen aus dem Conciergerie-Gefängnis geholt und muss zu ihrer letzten Fahrt einen Henkerskarren besteigen. Mit stolzer Haltung, die ihrer Mutter Maria Theresia würdig gewesen ist, geht sie vor einer jubelnden Menschenmenge in den Tod. Ihr Leichnam wird in ein Massengrab, eine Kalkgrube, auf dem Kirchhof der heutigen Kirche La Madeleine geworfen.

Offizielle Nachrichten zum Tod ihrer Mutter erhält Marie Thérèse Charlotte erst zwei Jahre später, sie lebt weiter in einer zermürbenden Phase der Hoffnung auf ein Wiedersehen. An die erste Grablege der enthaupteten Königin erinnert die Chapelle expiatoire.[10]

Der Prozess und die Hinrichtung der Königin stellt den Auftakt einer Vielzahl von Gerichtsverfahren auch gegen

---

9   Beim Urteil gegen Marie Antoinette sitzen im Revolutionstribunal als Geschworene ein Perückenmacher, zwei Schneider, zwei Tischler, ein Zimmermann, ein Schlosser, ein Anstreicher, ein Wundarzt und ein Rentier. – Ihre Verteidiger sind Claude Chauveau-Lagarde und Guillaume Tronson du Coudray.

10   22 Jahre später lässt König Ludwig XVIII. in der Kathedrale von Saint Denis ein Grab und ein Denkmal für Marie Antoinette errichten.

Abschiedsbrief Marie Antoinettes

In den Nachtstunden zwischen Verkünden des Todesurteils und der Vollstreckung schreibt Marie Antoinette in ihrer Zelle in der Conciergerie einen Abschiedsbrief an ihre Schwägerin Madame Élisabeth, der jüngsten Schwester König Ludwigs XVI. Der Untersuchungsrichter leitet den Brief nicht weiter, er wird Jahre später, in der Zeit der Herrschaft Ludwigs XVIII., entdeckt.

Dir, liebe Schwester, schreibe ich zum letzten Mal. Ich wurde soeben verurteilt, nicht zu einem schmachvollen Tod, der nur für Verbrecher gilt, sondern dazu, Deinen Bruder wiederzufinden. Unschuldig wie er, hoffe ich ihm in seinen letzten Augenblicken zu gleichen. Ich bin ruhig, wie man es ist, wenn das Gewissen dem Menschen keine Vorwürfe macht. Ich bedaure tief, meine armen Kinder zu verlassen. Du weißt, ich habe nur für sie gelebt und für Dich, meine gute zärtliche Schwester. Du, die Du aus Freundschaft alles geopfert hast, um bei uns zu bleiben — in welcher Lage lasse ich Dich zurück! Durch das Plädoyer des Prozesses habe ich erfahren, dass meine Tochter von Dir getrennt worden ist. Ach, die arme Kleine! Ich wage es nicht, ihr zu schreiben, sie würde meinen Brief nicht erhalten — weiß ich doch nicht einmal, ob dieser hier Dich erreichen wird. Empfange für sie beide hierdurch meinen Segen. Ich hoffe, dass sie später einmal, wenn sie größer sind, sich mit Dir vereinigen und ganz Deine zärtliche Sorgfalt genießen können. Mögen sie beide an das denken, was ich sie unablässig gelehrt habe: dass die Grundsätze und die genaue Befolgung der eigenen Pflichten das wichtigste Fundament des Lebens sind, dass die Freundschaft und das Vertrauen, das sie einander entgegenbringen werden, sie glücklich machen wird. Möge meine Tochter, als die ältere, fühlen, dass sie ihrem

Bruder immer beistehen müsse mit Ratschlägen, die größere Erfahrung und ihre Freundschaft ihr eingeben werden.

Möge mein Sohn hinwieder seiner Schwester alle Fürsorge und alle Dienste erweisen, die sich aus der Freundschaft ergeben. Mögen sie endlich beide fühlen, dass sie in jeder Lage ihres Lebens nur durch ihre Eintracht wirklich glücklich sein werden. Mögen sie sich uns zum Beispiel nehmen! Wie viel Tröstung hat uns unsere Freundschaft in unseren Leiden verschafft! Und das Glück genießt man doppelt, wenn man es mit einem Freunde teilen kann. Wo aber kann man einen zärtlicheren, innigeren Freund finden als in der eigenen Familie? Möge mein Sohn niemals die letzten Worte seines Vaters vergessen, die ich ihm mit Vorbedacht wiederhole: Möge er niemals danach trachten, unseren Tod zu rächen! Ich liebe ihn ...

Ich muss zu Dir von einer Sache sprechen, die meinem Herzen sehr wehe tut. Ich weiß, wie dieses Kind Dir Qual bereitet haben muss, verzeihe ihm, liebe Schwester, denk an seine große Jugend und wie leicht es ist, ein Kind das sagen zu lassen, was man will, und sogar das, was es selber nicht versteht. Ich hoffe, ein Tag wird kommen, da es um so besser den Wert Deiner Liebe und Zärtlichkeit begreifen wird, die Du beiden entgegenbringst.

Ich muss Dir noch meine letzten Gedanken anvertrauen. Ich hätte sie vom Beginn des Prozesses an niederschreiben mögen, aber abgesehen davon, dass man mir nicht gestattete zu schreiben, verlief er so schnell, dass ich in der Tat keine Zeit dazu gehabt hätte.

Ich sterbe im apostolischen, römisch-katholischen Glauben, der Religion meiner Väter, in der ich erzogen wurde und zu der ich mich immer bekannt habe. Da ich keinerlei geistliche Tröstung zu erwarten habe, da ich nicht weiß, ob es hier noch Priester dieser Religion gibt, und da auch der Ort, an dem ich mich befinde, sie allzu großen Gefahren aussetzen würde, wenn sie zu mir kämen, bitte ich Gott von Herzen

41

um Vergebung für alle meine Sünden, die ich begangen habe, seit ich lebe. Ich hoffe, dass er in seiner Güte meine letzten Gebete erhören wird so wie alle jene, die ich seit langem an ihn richte, damit meine Seele seines Erbarmens und seiner Güte teilhaftig werde.

Ich bitte alle, die ich kenne, und im besonderen Dich, liebe Schwester, um Verzeihung für jedes Leid, das ich ihnen unwissentlich etwa zugefügt habe. Ich verzeihe all meinen Feinden alles Böse, das ich durch sie erlitten habe. Ich sage hiermit den Tanten und all meinen Brüdern und Schwestern Lebewohl. Ich hatte Freunde. Der Gedanke, dass ich von ihnen für immer getrennt bin, und das Bewusstsein ihres Schmerzes gehören zu den größten Leiden, die ich sterbend mit mir nehme. Mögen sie wenigstens wissen, dass ich bis zu meinem letzten Augenblick an sie gedacht habe.

Leb wohl, gute zärtliche Schwester! Möge dieser Brief Dich erreichen! Vergiss mich nicht! Ich umarme Dich von ganzem Herzen sowie die armen lieben Kinder! Mein Gott, wie herzzerreißend ist es doch, sie für immer zu verlassen! Leb wohl, leb wohl! Ich werde mich nun nur noch mit meinen geistlichen Pflichten befassen. Da ich nicht frei in meinen Entschlüssen bin, wird man mir vielleicht einen Priester zuführen. Aber ich erkläre hiermit, dass ich ihm kein einziges Wort sagen und ihn wie einen völlig Fremden behandeln werde.

Die Adressatin des Briefes, Madame Élisabeth, wird am 9. Mai 1794 abgeführt und stirbt ebenfalls auf der Guillotine. Von diesem Zeitpunkt an befindet sich Prinzessin Marie Thérèse Charlotte von Frankreich in einer Art Isolationshaft.

ehemals hochgestellte Persönlichkeiten der Revolution dar. Vor allem die Girondisten[11], die mit den Jakobinern das französische Königtum gestürzt haben, müssen einen hohen Blutzoll zahlen.

Die ernste militärische Lage der Republik nahm den Angeklagten selbst die leiseste Hoffnung, mit heiler Haut davonzukommen. „Euer größtes Verbrechen aber ist, daß ihr uns alle europäischen Mächte auf den Hals geladen und den allgemeinen Krieg entzündet habt in einer Zeit, als wir weder Geld noch Munition noch Armeen besaßen." Die Girondisten wußten, daß sie keine Chance hatten. Ihre Verteidigung war bündig und von tiefer Bitterkeit getränkt: „Die Revolution, gleich Saturn, frißt ihre eigenen Kinder." Der ehemalige Abgeordnete Vergniaud hatte dies formuliert, und die anderen standem ihm an Sarkasmus und Standhaftigkeit nicht nach. Das Todesurteil quittierten alle mit dem Gesang der Marseillaise."[12]

Das Tagebuch der Prinzessin

In der Einsamkeit der Gefangenschaft führt Marie Thérèse Charlotte ein ergreifendes Tagebuch, das im Originalwortlaut nach 1892[13] mehrfach veröffentlicht worden ist. Darin erwähnt sie auch den Tod ihres Bruders, den sie seit der

---

11 Girondisten: Gemäßigte Republikaner, sog., weil ihre Anführer aus der Gironde, Département in Südwest-Frankreich, stammen.

12 Zitiert nach: HOLZAPFEL; MARKOV (Hg.): Die Große Französische Revolution. – S. 276.

13 Bereits 1817 aber hat Madame de Souci die von der Herzogin von Angoulême korrigierte Fassung veröffentlicht und 1824 die Herzogin selbst nach dem Tod von Ludwig XVIII.

Trennung nicht wieder gesehen hat. Bemerkenswert sind die Darstellungen ihrer engen Bindung an die königliche Familie, die erlittenen seelischen Qualen und Demütigungen, ihre Empfindsamkeit und ihre tiefen menschlichen Gefühle.

Die Adressatin des Abschiedsbriefes von Marie Antoinette, ihre Schwägerin Madame Élisabeth, wird am 9. Mai 1794 abgeführt und stirbt einen Tag später ebenfalls auf der Guillotine.

Die zermürbende Einzelhaft der Prinzessin

Für die Waise im Temple beginnt eine isolationsartige Haft. Die ihr nahe stehenden liebsten Menschen sind vernichtet worden. Ihre Gefangenschaft ist mit der eines Schwerverbrechers vergleichbar: Das Essen wird durch eine Türklappe gereicht und die Zelle dreimal täglich von den Wächtern durchsucht. Sie beschäftigt sich mit Handarbeiten, die sie ständig wieder auftrennt und neu gestaltet, sie bewegt sich körperlich, um die Muskeln zu trainieren und verspritzt Waschwasser, um die Luftfeuchtigkeit zu erhöhen. Die wenigen ihr zur Verfügung stehenden Bücher hat sie mehrmals gelesen, sie kann sie teils auswendig.

Aber auch selbst bringt sie sich in die Isolation, weil sie aus Angst jeglichen Kontakt mit ihren Bewachern meidet. Besuche von hohen Persönlichkeiten wickelt sie relativ schnell ab, denn sie hat erkannt, dass sie sich in einer ausweglosen Situation befindet. Fragen nach dem Schicksal ihrer nächsten Angehörigen werden ohnehin nicht einmal andeutungsweise beantwortet. Quälende Ungewissheit und Trauer werden und bleiben Mittelpunkt ihrer ungewöhnlichen jugendlichen Gedankenwelt.

Am 16. Juli 1794 wird Jacques de Lambriquet,   Kammerdiener Ludwig XVI. und Stiefvater der Ernestine de Lambriquet, guillotiniert.

Madame Royale und Madame de Chanterenne

Madame de Tourzel und ihre Tochter Pauline sollen am
10. Thermidor[14] die Guillotine besteigen. Mit dem Sturz des
Terrorregimes des Wohlfahrtsausschusses unter Robespierre
(Thermidorenaufstand) am gleichen Tag, dem 27. Juli 1794,
kann das Leben der beiden Frauen und weiterer Menschen
gerettet werden.

Allmählich verbessert sich die Lage der Prinzessin in der
Gefangenschaft. Ihr werden die neuen Wächter Laurent,
Gomin und Lasne zugeteilt, die bessere Manieren als ihre
Vorgänger besitzen und ihr die Haftbedingungen wesentlich erleichtern. Nach 14 Monaten Einzelhaft kommt am
20. Juni 1795 Madame de Chanterenne[15] als Gesellschaftsdame in die Zelle und kümmert sich in der Folgezeit um
sie. Beide werden bald enge Freundinnen und vertrauen
einander, auch wenn die Dame einen offiziellen Auftrag des
Sicherheitskomitees („Comité de Sûreté") ausführt. Die Prinzessin wird von ihr in der italienischen Sprache unterwiesen.
Sie ist es auch, die sie trotz eines Verbots über das Schicksal
ihrer Angehörigen aufklärt und sie zu trösten versucht. Mit
der hochgebildeten Renète de Chanterenne entwickelt sich
eine innige Freundschaft.

---

14   Thermidor: 11. Monat des Kalenders der Französischen Revolution
(19. bzw. 20. Juli bis 17. bzw. 18. August).

15   Chanterenne, Madeleine-Élisabeth-Renée-Hillaire de la Rochette
Bocquet de. Die Prinzessin nennt sie Renète.

Die Mission der Madame de Chanterenne

Auftrag des Komitees für allgemeine Sicherheit:
Vom 6. Messidor (25. Juni), im 3. Jahr der einen und unteilbaren Französischen Republik:
Bürgerin, das Komitee für allgemeine Sicherheit hat es für berechtigt gefunden, daß die im Temple gefangengehaltene Tochter des Louis Capet Gesellschaft bekäme. Es muß jemand sein, dessen moralische Tugenden und Bildung für die Ausübung dieser Art von Tätigkeit nichts zu wünschen übriglassen: Sie haben sich, Bürgerin, dazu entschieden und man vertraut Ihnen. Ich schicke Ihnen eine Abschrift gemäß dem Erlaß, der Ihre Ernennung enthält, und ich teile Ihnen mit, daß ich das gleiche den mit der Wache des Temple beauftragten Kommissaren zukommen lasse, damit Sie sich dort ohne Schwierigkeiten zu haben vorstellen können.
Bürgerin, Gruß und Handschlag,
Houdeyer, Generalsekretär

Bürgerin Bocquet-Chanterenne, rue des Rosiers, Nr. 24

Die Antwort der Madame de Chanterenne:
Bürgervertreter, Ich habe es etwas aufgeschoben, mit Ihnen zu korrespondieren, um inzwischen Mittel zu finden, Ihnen genaue Nachricht zu geben über mein Verhalten gegenüber der Tochter des Louis Capet, wohin das Komitee mich eingesetzt hat; vom ersten Augenblick an schmeichle ich mir, Erfolg mit meiner Fürsorge zu haben; jetzt wage ich zu versichern, daß dieser meine Hoffnungen übertrifft; ich verdanke dies dem glücklichen Naturell meiner Gefährtin; ich kann es nur unterstützen, um es zu loben; die schätzenswertesten Tugenden haben ihr Alter überflügelt. Die liebenswürdigen Eigenschaften und Talente

brauchen nur entwickelt und ausgeübt zu werden. Sie vereinigt mit einer rührenden Sensibilität des Herzens die Festigkeit und Tatkraft der Seele; eine sanfte und freimütige Höflichkeit, sogar Fröhlichkeit, haben die Stelle des ernsten und gezwungenen äußeren Wesens eingenommen, das sie gewöhnlich hatte. Durch die umsichtige Aufmerksamkeit ihrer Wächter fehlt es ihr an nichts; ihre Gesundheit ist vollkommen, seit sie mehr körperliche Bewegung hat und ihre Gedanken sie weniger auf traurige Dinge bringen.

Schließlich habe ich Ihnen, Bürgervertreter, nur Dank zu sagen, daß sie mich auf den Posten stellten, den ich einnehme; ich hoffe, dabei immer mehr Ihr Vertrauen zu verdienen. Durch den gestrigen Bericht haben Sie, Bürgervertreter, erfahren, daß ich wegen meiner eigenen Angelegenheiten, ausgegangen bin, ich werde mich weiterhin nur selten entfernen, da ich ausschließlich darauf bedacht bin, Ihren Plänen und Absichten Folge zu leisten.

Gruß und Handschlag.

Hilaire Chanterenne[1]

---

1   Nach: LANGERON: Madame Royale – La Fille de Marie Antoinette. – S. 46 und 56. Übersetzung von Marianne Eichhorn

Seit dem 30. Juni darf die Prinzessin Hofspaziergänge unternehmen. Ihre Begleiter sind Coco, der Hund ihres Bruders, und eine Ziege. Von den Menschen ist die Waise im Temple nicht vergessen worden. Inzwischen sind die Fensterplätze um den Temple herum gefragt, sie werden lukrativ vermietet. Die Menschen wollen einen Blick auf die Madame Royale erhaschen. Die Zuschauer veranstalten Konzerte, rezitieren Gedichte und zweimal führen sie kleine Theaterstücke auf, in denen auch das Martyrium der Bourbonenfamilie dargestellt wird. Die Szene wird von der revolutionären Obrigkeit genau beobachtet, aber von den inzwischen gemäßigteren Politikern toleriert. Erst nach einem royalistischen Aufstand am 5. Oktober werden die Konzerte verboten. Inzwischen darf die sechzehnjährige Madame Royale auch Besucher empfangen. Nicht immer kann logisch beurteilt werden, warum wer und wann eine Besuchserlaubnis erhält und wer nicht. Die zu kommentierende Liste ist lang. Inzwischen können aber auch einige ihr vertraute und selbst bourbonentreue Personen eine Besuchserlaubnis erwirken, das System ist nicht durchschaubar, es ist willkürlich: Madame de Tourzel mit ihrer Tochter Pauline gehören dazu, nach kurzer Zeit wird es ihnen jedoch wieder verboten[16], Madame de Mackeau, Madame Laurent – eine Amme der Prinzessin –, ebenso eine ehemalige Kammerfrau. Madame de Chanterenne ist bei den meisten Begegnungen dabei und berichtet dem Komitee, beispielsweise am 21. September 1795:

Marie Thérèse ist weiterhin empfänglich für die Erleichterungen ihrer gegenwärtigen Situation dadurch, dass man ihr erlaubt, Personen, die ihr teuer waren, zu sehen und sich mit

---

16 Beide bekommen ab Oktober Besuchsverbot, das auf eine Anordnung des Polizeiministers Fouché zurückgeht (s. bei Gaston de Béarn in „Verschwörung des Schweigens").

ihnen zu unterhalten; ihr Herz ist nunmehr befriedigt, was das betrifft. Sie hat es mir gestanden, und die Anwesenheit jeder anderen Person außer denen, die sie schon trifft, wäre ihr praktisch gleichgültig ...[17]

Der Künstler Marquis de Parrois hat mit Hilfe eines Teleskops im Verlaufe mehrerer Tage vom Fenster eines benachbarten Hauses aus ein Bild der Prinzessin bei Spaziergängen gezeichnet, das berühmt gewordene „Teleskopbild".

„Bella gerant alii, tu felix Austria nube"
Kriege mögen andere führen,
Du – glückliches Österreich – heirate!

Marie Thérèse Charlottes Onkel – die beiden Brüder ihres Vaters – befinden sich im Exil: der Graf von Provence, der von den Emigranten bereits als Ludwig XVIII. benamt und mit Majestät angesprochen wird, lebt in Verona. Und der Graf von Artois, der nachmalige König Karl X., tritt bereits einen Tag nach dem Sturm auf die Bastille den Weg ins Exil nach London an. Sie sind Realisten und wollen einer drohenden Gefangenschaft entgehen.

Beide können nicht viel unternehmen, das Schicksal zu Gunsten der Königstochter zu lösen. Nur ihr Vetter mütterlicherseits, Franz II. von Österreich[18], der letzte Kaiser des

---

17 Nach: LANGERON. – S. 86; Übersetzung: SCHACKE: Die zwei Leben der Madame Royale.

18 Franz Joseph Karl von Habsburg (1768 – 1835) ist als Kaiser Franz II. (1792 – 1806) letzter Kaiser des Heiligen Römischen Reiches Deutscher Nation, bis er auf Druck Napoléons die Kaiserkrone niederlegen muss. In weiser Voraussicht hat er am 11. August 1804 das Erzherzogtum Österreich zum Kaisertum ausgerufen. Ihm kommt es darauf an, Napoléon gegenüber die Ranggleichheit zu wahren, der sich am 18. Mai zum

49

Heiligen Römischen Reiches Deutscher Nation, bemüht sich um die Haftentlassung der Prinzessin. Sein Handeln bestimmt dabei nicht allein das familiäre Interesse an seiner Cousine. Der Kaiser hat dabei auch die Heiratspolitik des Hauses Österreich im Blick, mit der er hofft, das einstige Stammland Lothringen wieder in sein Reich einbringen zu können. Habsburgischer Tradition entsprechend, ständig neue Heiratspläne zu schmieden, beabsichtigt der Kaiser, die Prinzessin mit seinem Bruder, dem Erzherzog Karl, zu verheiraten.

Doch Frankreich und Österreich führen gegeneinander Krieg. Darum hat es langer Verhandlungen bedurft, die Gefangenschaft der Prinzessin endlich zu beenden.

Die Haftentlassung von Marie Thérèse Charlotte, der Gefangenen und Waisen des Temples, ist aber für das Directoire aus politischen Gründen nicht von heute auf morgen möglich, sie kann negative Auswirkungen nach sich ziehen. Die Herrschenden in Frankreich haben mit Bekanntwerden des Todes des Dauphins sehr direkt gemerkt, wie schnell die Stimmung des Volkes umschwenken und sich gegen sie selbst richten kann. Eine Freilassung, und das wissen sie, macht

---

erblichen Kaiser von Frankreich ernannt hat. Franz ist damit der einzige Monarch der Weltgeschichte, der Doppelkaiser geworden ist. Von ihm soll der sinnige und viel belächelte Satz über Napoléon nach der Schlacht bei Austerlitz am 4. Dezember 1805 stammen: Seit i' ihn g'sehn hab', is' er mir no' unsympathischer. Kaiser Franz II. ist ein Enkel der Kaiserin Maria Theresia, Neffe Marie Antoinettes und Schwiegervater Napoléons (Napoléon hat 1810 die österreichische Kaisertochter Marie Louise geheiratet, beider Kind ist der früh verstorbene Napoléon Herzog von Reichstadt [als Kaiser der Franzosen Napoléon II., eigtl. Napoléon François Bonaparte], bei seiner Geburt als „König von Rom" proklamiert. Nach der endgültigen Abdankung seines Vaters wird er 1817 seiner Erbansprüche beraubt, 1818 erhält er die böhmische Herrschaft Reichstadt, die zum Herzogum erhoben wird.)

die Madame Royale zum Anziehungspunkt der Anhänger des Königtums, aber auch großer Teile des Volkes, denn die privaten Lebensumstände haben sich immer noch nicht zum Besseren gewendet. So wird sehr intensiv Austausch zwischen den Kriegsparteien Frankreich und Österreich geplant. Auch die Habsburger sind nicht sonderlich begeistert, denn das kann bedeuten, dass Wien und das Land Ziel vieler Anhänger der Bourbonen sein wird. Die Kosten sind in dem ebenfalls ausgelaugten Land nicht zu decken.

Kaiser Franz II. denkt sehr intensiv darüber nach und spekuliert, wie die Madame Royale wohl auf Umwegen auf den Bourbonenthron gelangen kann. Dem Kaiser ist genau bekannt, dass der nördliche Teil des ehemaligen Königreichs Navarra 1589[19] an Frankreich gelangt ist[20] und die französischen Könige bis 1789[21] den Titel „König von Frankreich und Navarra" führen. Das einstige Königreich Navarra hat die weibliche Thronfolge nie abgeschafft, und hier sieht Franz II. eine Chance. Eine Ehe mit einem Habsburger ist von großem Vorteil, seinen Einfluss auf Frankreich zu erhöhen und auch wieder an Lothringen zu gelangen.

Die französische Regierung will die Prinzessin jedoch nicht mehr länger zurückhalten. Man einigt sich nach langwierigen Geheimverhandlungen auf den Austausch gegen zwölf in Gefangenschaft geratene prominente französische

---

19 Navarra, am Hauptkamm der Pyrenäen gelegen, mit einer Grenze zu Frankreich im Norden, im Westen zum Baskenland, im Osten zu Aragonien und im Süden zum Ebrotal, von 905 bis 1512 bzw. 1589 unabhängiger Staat

20 Heinrich III. von Navarra kommt als König Heinrich IV. nach Frankreich.

21 ... und von 1815 bis 1830.

Gedichte der Madame Royale aus dem Temple

Alcide de Beauchesne zitiert diese Gedichte erstmals 1889 in „Louis XVII, sa vie, son agonie, sa mort".

Gomin, einer der Gefängniswächter der Königskinder überlässt Beauchesne Verse der Prinzessin Marie Thérèse Charlotte, die von ihr in der Gefangenschaft verfasst worden und an Madame de Chanterenne, ihre Begleiterin im Temple, gerichtet sind. Es ist überliefert, dass Lasne, ein weiterer Wächter, die Gedichte auswendig zitiert hat.[1]

An diesem tristen Ort des Schreckens	Dans ce triste séjour d'horreur
Schien mir die Tugend, die mein Herz liebt	La vertu qui plaît à mon cœur
Für immer verbannt;	Me paraissait toujours bannie;
Der Himmel hat mein Leben,	Le ciel a retenu ma vie
So oft bereit zu vergehen, bewahrt	Trop souvent prête à s'exhaler
Durch die Tränen, die er fließen sah	Par les pleurs qu'il voyait couler
Vor dieser sanften, liebenswürdigen Tugend	Il finit d'être inexorable
War es nicht mehr verschlossen;	A cette vertu douce, aimable;
Endlich kann ich sie sehen	Il fait qu'enfin je peux la voir
Triumphierend über eine traurige Pflicht;	Triompher d'une triste devoir;
Sie besänftigt und beruhigt meine Seele	Elle apaise et calme mon âme,
Erwärmt sie mit ihrer sanften Flamme	L'échauffe de sa douce flamme,
Und tröstet mich an diesem Ort	Et me console en ce séjour
Durch die Klarheit eines neuen Tages.	Par la clarté d'un nouveau jour.
Sie floh weit aus meinem Blick,	Elle fuyait loin de ma vue,
Dieser Moment hat sie mir wiedergebracht.	Ce moment-ci me l'a rendue.

---

1   Übersetzung von Claudia Schacke.

Der Himmel lässt mich nun an ihr erfreuen,	Le ciel m'en fait maintenant jouir,
Alles hier lässt sie mich fühlen.	Tout ici me la fait sentir.
Alles erinnert mich an sie,	Chaque chose me la rappelle,
Ich sehe kein rebellisches Herz mehr,	Je n'y vois plus de cœur rebelle,
Endlich lebt sie in meiner Nähe.	Enfin elle vit près de moi.
Alles empfängt das sanfte Gesetz.	Tout en reçoit la douce loi.
Soll ich sie also nennen,	Faudra-t-il donc que je la nomme
Diese Tugend, die den Menschen schmückt	Cette vertu qui pare l'homme,
Die die Unglücklichen tröstet	Qui console les malheureux,
Die vom Schrecken dieses Ortes singt,	Qui chante l'horreur de ces lieux,
Die wieder hierher kommt,	Qui revient dans cette contrée,
Um für immer verehrt zu werden;	Pour être à jamais adorée;
Die wieder zu mir in diesen Momenten	Qui près de moi dans ces moments
Kommt, um meine Martern zu mildern?	Revient adoucir mes tourments?
Sie lebt im Turm des Temple;	Elle vit dans la tour du Temple;
Jeder der möchte, folge ihrem Beispiel;	Tout à l'envi suit son exemple;
Sensibilität ist ihr Name.	Sensibilité, c'est son nom.
Sie herrscht in meinem Gefängnis,	Elle règne dans ma prison,
Sie berückt mein Herz;	De mon cœur elle fait le charme;
Es kennt keine Unruhe mehr	Il ne voit plus aucune alarme
Seitdem es in seiner Nähe nur noch	Depuis qu'il ne voit près de lui
Unterstützende Seelen sieht.	Qu'âmes sensibles pour appui.

Bei Vicomte Tony-Henry-Auguste de Reiset findet sich in dem 1927 in Paris erschienenen Buch „Autour des Bourbons, Mme de Chanterenne et la fille de Louis XVI" ein weiteres Gedicht der Prinzessin unter den Papieren der Madame Chanterenne. Sie beklagt sich über ihr Unglück, spricht aber nicht von ihrer Tante Élisabeth.

Eures Königs Tochter war ich,

Getrennt von meiner ganzen Familie

Verharrte ich in einem traurigen Gefängnis,

Aber ach! Ich sage es mit Recht,

Wenn ich allein unglücklich gewesen wäre,

Mein Gefängnis wäre mir glücklich
erschienen.

Ich war an diesem Ort mit meinem
Bruder,[2]

Dieses Glück jedoch, ach!, dauerte nicht an,

Der Himmel beendete seines Lebens Lauf

Und lässt ihn durch meine Tränen immer
wiederkehren

Vergebens rufe ich ihn Tag und Nacht,

Vor meiner Stimme verschließt er die Ohren;

Mit meiner Mutter in der Conciergerie

Bat ich wiedervereint zu werden,

Aber meine Wächter, als einzige Antwort,

Sagten: das geht uns nichts an.

Über sie vergieße deine Segnungen,

Gott! Öffne schnell dein Gefängnis.

Meines einzigen und unglücklichen Bruders

So teures Schicksal kenne ich nicht.

Möge seine unwürdige Erziehung

Nicht sein gutes Naturell verderben!

De votre roi j'étais la fille,

Séparée de toute ma famille,

Je languis dans une triste prison,

Mais hélas! Je dis avec bien raison

Si j'étais seule malheureuse,

Ma prison me semblerait heureuse.

Je fus dans ces lieux ave mon frère
[père?],

Ce bonheur, héla! ne dura guère,

Le ciel de sa vie termina le cours

Et à mes pleurs le ravit pour
toujours

En vain, jour et nuit, je l'appelle,

A ma voix il ferme l'oreille;

A ma mère, à la Conciergerie,

Je demandais à être réunie,

Mais pour toute réponse, mes
gardiens,

Disent: cela ne nous regarde
en rien.

Sur elle répand tes bénédictions,

Dieu! Ouvre promptement ta
prison.

De mon unique et malheureux
frère

J'ignore la destinée si chère,

Puisse son indigne éducation,

Ne pas perdre son naturel si bon!

---

2 Oder Vater?

Eines Nachts,	Il y a quelque temps, dans la nuit,
Ich schlief ruhig in meinem Bett,	Je dormai tranquillement dans mon lit,
Wurde ich plötzlich geweckt	Je fus réveillé tout à coup
Durch den Lärm der Türriegel.	Par le bruit enragé de mes verroux.
Man kam an meine Tür, man klopfte	On vint à ma porte, on cogna,
Ich habe sofort geantwortet, wer ist da?	J'ai répondu aussitôt, qui est là?
Öffnet, sagte man zu mir, ich antworte:	Ouvrez, m'a-t-on dit, je réponds:
Ich werde aufstehen und mein Bett verlassen,	Je vais me lever et sortir de mon lit,
Ich hoffte, dass ich entlassen würde,	J'espérai que j'allais partir,
Ich erwartete bereits, den Turm zu verlassen	Je m'attendais déjà de la tour à sortir
Ich komme an die Tür, ich öffne schließlich!	Je viens à la porte, j'ouvre enfin!
Sobald sie mit meinem Wächter eintreten	Tandis qu'ils entrent avec mon gardien,
Schaue ich sie an, hoffend, dass sie mich auffordern	Je les regarde, espérant qu'ils allaient me dire
Ihnen zu folgen und mitzukommen,	De marcher sur leurs pas et de venir,
Aber ach! Sie schauen mich lange an	Mais hélas! Ils me regardent bien
Und plötzlich, ohne ein Wort zu sagen,	Et soudain sans dire un mot,
Gehen sie wieder mit meinem Wächter.	Sortent avec mon gardien.
Wütend schließe ich meine Tür mit Wucht	Enragée, je ferme ma porte avec fureur,
War es wirklich an der Zeit	Trouvant que véritablement c'était bien l'heure
Mich besuchen zu kommen, beschwerte ich mich	De venir me voir, je me plaignis

Und begab mich gleich wieder zu Bett,

Es war kalt, es war ein Uhr nachts.

Ich beschwerte mich lange, schließlich
Bemerkte ich, dass mein Wächter
Es schwerer hatte als ich,
Ich hatte nur vier Schritte getan.
Aber er, er war ganz dort unten gewesen,
Um die Gestalten an der Tür zu empfangen.
Es war kalt, ich beendete meine
  Beleidigungen
Von ihnen, und das Tor des Temple

Das mein Wächter ohne Verzögerung
  schließt,
Sagt mir, dass ich in Sicherheit schlafen kann,
dormir (sic),
dass ich sie nicht mehr wiederkommen
  sehen werde
Nachdem ich eine gute Stunde gewacht
  habe,
Versinke ich in den Armen des Schlafes.

Von der Ehrenhaftigkeit meines Wächters
habe ich nur Gutes zu sagen,
Er lässt mich alles haben, was ich will,
Bücher, Handarbeit und viele Spiele.

Et me remettant promptement
  dans mon lit (sic),
Il faisait froid, il était une heure du
  matin.

Je me plaignis longtemps, à la fin
Je fis réflexion que mon gardien
L'était plus que moi, le mien (sic)
Je n'avais fait que quatre pas.
Mais lui, il avait été tout là-bas,
Reconnaître à la porte des figures.
Il faisait froid, je finis mes injures

D'eux heureusement la porte
  la Tour
Que mon gardien ferme sans
  retour,
Me dit que je pouvais en sûreté

Que certainement je ne les verrais
  plus venir.
Après une grande heure de réveil,

Je m'endormis dans les bras du
  sommeil.

De l'honnêteté de mon gardien,
Je n'ai qu'à dire du bien,
Il me fait avoir tout ce que je veux,
Livres, ouvrages et beaucoup de
  jeux.

Revolutionsdeputierte[22], der auf neutralem Schweizer Boden vollzogen werden soll.

Austausch und Vertauschung in Hüningen[23]

Am 18. Dezember 1795 verlässt die Prinzessin in Begleitung des mit den Bourbonen insgeheim sympathisierenden französischen Innenministers Pierre Bénézech den Temple. Tags darauf wird sie 17 Jahre alt.

In den Memoiren der Madame de Mackeau, die in der letzten Zeit der Gefangenschaft im Temple Zutritt zur Prinzessin hat, finden sich Stellen, die deutlich machen, dass Marie Thérèse Charlotte nach all dem Traurigen, was sie mit ihren 17 Jahren schon hat erleben müssen, ihrer bevorstehenden Befreiung mit sehr gemischten Gefühlen entgegen gesehen hat. Bezeichnend ist eine Stelle, in der sie Madame de Mackeau versichert, dass sie ein Grauen empfinde vor den ihr erwachsenden Aufgaben am Wiener Hof. Von ganzem Herzen ersehnt sie sich ein stilles Leben an einem entlegenen Ort in einem Haus, das klein und bescheiden sein darf, wenn

---

22 Zu den Gefangenen gehört der ehemalige Postmeister Jean Baptiste Drouet, der nach der gescheiterten Flucht der Königsfamilie in Varennes eine ungeheure Popularität in Frankreich genossen hat. Man hat ihn in den Konvent gewählt und eine Ehrengabe von 30.000 Francs gewährt. Drouet ist zum Militär versetzt worden, in Gefangenschaft geraten und in die österreichische Festung Spielberg in Brünn (heute: Brno – Tschechien) verbracht worden.

23 Der Kanton Huningue (Hüningen), im Drei-Länder-Eck Frankreich-Schweiz-Deutschland gelegen, ist heute eine Untergliederung des Arrondissements Mulhouse (Mülhausen) im Département Haut-Rhin in der Region Alsace (Elsass). Die Stadt Huningue zählt gegenwärtig 6.000 Einwohner.

es nur eine sichere Zuflucht böte, in der sie vor allen weiteren Aufregungen bewahrt bleiben kann. Sie hat damals gesagt:

Wie oft male ich mir ein solches Leben in ländlicher Stille aus! Ich schließe manchmal meine Augen und denke mir, daß ich in einem einsamen Schlosse wohne, umgeben nur von einigen treuen Menschen, die mich ebenso lieben wie ich sie, daß ich in einem stillen Garten spazierengehe und meine Tiere füttere wie damals in Trianon, daß mein Blick über waldige Höhen schweift und daß die Menschen, denen ich begegne, gar nicht ahnen, wer ich bin.[24]

Die Reise von Paris bis Hüningen (Huningue), einem nahe Basel gelegenen französischen Grenzstädtchen, dauert sechs Tage. Der Maler Miexy folgt der Kutsche und arbeitet bei jeder Rast an einem Porträt, das später als Miexy-Porträt in die Geschichte eingegangen ist. Ein Agent des berühmten englischen Gesandten in der Schweiz, Lord Wickham, der eine Vertauschung ahnt, hat Miexy das Bild abgekauft. Das Porträt gelangt nach London und dient u. a. als Vorlage für einen Kupferstich mit der Unterschrift *Maria Theresa Charlotta – late Prinzeß Royal of France*. Das Porträt wird erst 1803 in Deutschland bekannt.

Mitsamt ihrem Gefolge ist die Prinzessin am Nachmittag des 24. Dezember 1795 im „Hotel zum Raben" („Hotel du Corbeau") in Hüningen abgestiegen. Noch am gleichen Abend trifft Bacher, der französische Gesandte in Basel, ein, der für den Austausch der Prinzessin gegen die zwölf Revolutionsdeputierten an die französische Delegation verantwortlich zeichnet. Am 26. Dezember, gegen sechs Uhr abends, übergibt er sie in der Villa Reber am Stadtrand Basels dem Gesandten des österreichischen Kaisers, Prinz de Gavre, dem

---

24   Nach SACHSEN-ALTENBURG: Das Rätsel der Madame Royale. – S. 146 f.

künftigen Hofmarschall der Madame Royale. Es heißt, die Prinzessin habe beim Betreten des Hauses gezögert und sich angstvoll umgewendet.[25]

Der bekannte Schweizer Graveur Christian de Méchel bereitet insgeheim ein Porträt von der Prinzessin mit der Unterschrift vor:

„MARIE-THERESE-CHARLOTTE DE FRANCE, FILLE DU ROI LOUIS XVI née à Versailles le 19 Décembre 1778 – Publie à l'occasion du passage de cette Princesse à Basle le 26 Décembre 1795 par Chr. de Méchel Graveur" (Marie-Therese-Charlotte von Frankreich, Tochter des Königs Ludwig XVI., geboren in Versailles am 19. Dezember 1778 – veröffentlicht anlässlich der Durchreise dieser Prinzessin in Basel am 26. Dezember 1795 von dem Graveur Chr. de Méchel).

Der Künstler schreibt *veröffentlicht*. Das bedeutet, er hat das Porträt bereits vorher angefertigt und – wie der Text es aussagt – am Tag der Durchreise publiziert. Fragen drängen sich auf: Wer hat ihm den Auftrag gegeben? Wer hat ihm Modell gesessen?

Die Prinzessin ist auf dem Stich in Trauerkleidung zu sehen, die sie nachweislich weder im Temple noch auf der Reise, sondern erst am Wiener Hof getragen hat. Auffallend sind die hervorquellenden Augen und eine Hakennase, die trotz der vermutlich beabsichtigten En-face-Kopfhaltung nicht zu vertuschen sind. Die Physiognomie erinnert unzweifelhaft an König Ludwig XVI. und damit an Ernestine de Lambriquet.

Am 25. Dezember 1795 bricht der enge Kontakt der Marie Thérèse Charlotte, die eigentliche Madame Royale, zu ihrer

---

25 So die Deutung des Méchel-Bildes. De Lannoy behauptet, die Übergabe habe nicht vor dem Tor der Villa Reber, sondern in der Villa stattgefunden.

Innenminister Bénézech – Der Akteur der Vertauschung

Bénézechs royalistische Ansichten waren übrigens schon bei Antritt seines Ministeramtes bekannt, er hatte sich auch Hue gegenüber geäußert, an den er schrieb: „Frankreich wird erst wieder ruhig sein an dem Tag, an dem es seine alte Regierung wieder bekommt. Deswegen bitte ich Sie, wenn es Ihnen einmal möglich ist, ohne mich allzu sehr bloßzustellen, dem König das Anerbieten meiner Dienste zu Füßen zu legen und versichern Sr. Majestät, daß ich nur darauf bedacht bin, die Interessen der Krone zu wahren." Er hat sich auch nicht gescheut, selbst der Prinzessin seine Ergebenheit zu versichern, denn diese schreibt wörtlich: „Er hat mir gesagt, er sei ein intimer Freund des Vaters von Mr. D'Avaray gewesen." Bénézech war von der Regierung mit der Regelung der Reise der Prinzessin von Paris nach Basel beauftragt, und ohne seine Mitwirkung wäre eine Personenvertauschung unterwegs sicherlich von vornherein hoffnungslos gewesen. Es kam vor allem darauf an, daß die Prinzessin auf der Reise nicht von Personen begleitet wurde, die einen geheimen Austausch unmöglich gemacht hätten, und so traf es sich besonders glücklich, daß Bénézech gerade hierüber zu verfügen hatte, und nur so sind die verschiedenen Maßnahmen überhaupt zu verstehen. Dies gilt hauptsächlich für die Tatsache, daß einige Personen in einer Weise ausgeschaltet wurden, die umso verdächtiger war, als die dafür angegebenen Gründe absolut nicht der Wahrheit entsprachen. Es hat sich dabei jedoch eindeutig herausgestellt, daß die Substituierung nicht von der republikanischen Regierung in Paris in Szene gesetzt sein konnte, da ein derartiges politisches Geheimnis in Frankreich mit Sicherheit gegen die Bourbonen ausgenutzt worden wäre. Auch würden wir in diesem Falle vor der unglaublichen Tatsache stehen, daß eine

Reihe bourbonenfreundlicher Fürsten und Prinzen als Helfers-
helfer der republikanischen Machthaber gelten müßten (z.B. das
Haus Hohenlohe-Ingelfingen, die Häuser Sachsen-Hildburghausen
und Sachsen-Meiningen, der Prinz von Hohenlohe-Bartenstein-
Jagstberg, die Prinzessin von Rohan-Rochefort in Ettenheim und
selbst der Zar Alexander I. von Rußland). Allen diesen Fürstlichkeiten mußte dann die Herzogin von Angoulême ja als eine von
den Republikanern vorgeschobene Betrügerin erscheinen, die sich
fälschlich für die Tochter Ludwigs XVI. ausgab. Auch wird man keinen Moment bezweifeln, daß Ludwig XVIII., hätte er von einem
solchen Betrug seitens der Republik Kenntnis gehabt, sofort ein-
gegriffen und die Heirat seines Neffen mit einer ihm aufgezwun-
genen Person verhindert hätte. Man sieht, in welches Wirrsal von
Widersprüchen man bei der Annahme gerät, daß die Unterschie-
bung von der Republik ausgegangen sein könnte.[1]

---

1   Sachsen-Altenburg: Das Rätsel der Madame Royale. – S. 174 ff.

Indizien eines Personentausches in Hüningen

Viele Indizien sprechen dafür, dass die Prinzessin sowie die spätere Herzogin von Angoulême verschiedene Personen sind:

1. Enge persönliche Beziehungen zu vertrauten Personen brechen abrupt ab, vor allem zu Madame de Chanterenne, der Gesellschafterin im Temple, die an der Reise von Paris bis Basel nicht teilnehmen darf.
2. Die Herzogin von Angoulême hat im Gegensatz zur Prinzessin nicht nur eine ausgeprägte Hakennase, sondern auch eine völlig andere Physiognomie. Es kann sich damit gar nicht um ein und dieselbe Person handeln.
3. Im Gegensatz zur sensiblen Prinzessin ist das Wesen der Herzogin voll Schroffheit und Härte. Napoléon sagt von ihr: „Sie ist der einzige Mann unter den Bourbonen."
4. Angehörige des Königshofes erkennen die Prinzessin in der Herzogin von Angoulême nicht wieder.
5. Ihre Handschriften sind verschieden.
6. Axel Graf von Fersen verzeichnet bei seinem Besuch 1796 in Wien in seinem Tagebuch, dass die Prinzessin dort auf einmal ihrem Vater ähnlicher sähe als ihrer Mutter.

Gefährtin Madame Renète de Chanterenne aus dem Temple ab. Sie darf die Prinzessin nicht auf ihrer Reise über Basel nach Wien begleiten. Auch die vier von der Prinzessin nach Paris geschriebenen Reiseberichte an Madame de Chanterenne werden nicht fortgesetzt. Der österreichische Hof lässt die Nachricht verbreiten, dass man in Wien keine Person dulde, die mit Marie Thérèse Charlotte die Gefangenschaft geteilt habe. Es gibt nur einen logischen Grund für diese Verhaltensweisen: Alles, was sich mit der tatsächlichen Madame Royale verbindet, muss beseitigt werden, vor allem um aus der Vertauschung ergebende Widersprüche auszuschließen bzw. zu tilgen.

Paul Honndorf: Madame Royale und Basel

Der Schlüssel zur Lösung des Geheimnisses liegt zweifelsfrei in Hüningen nahe Basel. Hierauf muss sich die Forschungsarbeit weiter konzentrieren und das wollen die beiden Autoren mit einer weiteren Arbeit in nächster Zeit auch leisten. Dabei kommt es ihnen nicht auf einen „Wettlauf" mit den Gegnern der Vertauschungstheorie an, sondern auf seriöse Grundlagenforschung und Auswertung der Literatur, eine Arbeit, die von der Geschichtswissenschaft bisher nicht oder nur unzureichend geleistet wurde.

Die Stadt Basel wurde durch einen der glücklichsten Entschlüsse der europäischen Diplomatie Weihnachten 1795 zum Schauplatz eines politischen Ereignisses ohne Beispiel im Leben der Völker. Ein Wunder des Friedens mitten im Kriege, vollzog sich hier im hilfreichen Schutz der schweizerischen Neutralität der Austausch der „Madame Royale" von Frankreich an die Bevollmächtigten des verwandten Wiener Kaiserhauses gegen *zwanzig in Oesterreich kriegsgefangene Franzosen, während sich die Heere der beiden feindlichen Staaten seit vier Jahren im Kampfe gegenüberstanden. Dieser unter Vermittlung der Basler Regierung errungene diplomatische Erfolg erweckte damals die Begeisterung aller, denen der Fortschritt der Menschheit am Herzen lag. Seine Bedeutung für den Gang der Politik Europas ist unbestritten. Stellen wir ihn mit diesen Zeilen in das Licht der Gegenwart, so ist es nicht darum zu tun, der europäischen Diplomatie von heute jene weise Tat des 18. Jahrhunderts als Vorbild überlegener Vernunft zur Nacheiferung vor Augen zu halten. Unseren Lesern wollen wir vielmehr ein Bild geben von der <u>Wandlung der historischen Wahrheit</u> in der Kernfrage jener im besten Sinne auch der Basler Geschichte angehörenden Begebenheit. Auf ihrem Hintergrunde ordnen sich im Urteil der jüngsten Forschung die Fäden der politischen und die Bande der persönlichen Beziehungen in neuer Weise und zeigen Ursprung, Zweck und Ziel des Austausches zu Basel verknüpft mit einem Netz diplomatischer Künste von höchster Verschlagenheit und von solchem Erfolg, daß ein Jahrhundert der Forschung nicht genügte, das Dunkel des von ihnen geschaffenen Geheimnisses gänzlich zu durchdringen.*

So lautet die Einführung eines Aufsatzes von Paul Honndorf im Sonntagsblatt der „Neuen Basler Zeitung" vom 5. November 1938 mit dem Titel *Madame Royale und Basel*.

Der Autor war jedoch kein Schweizer, wie man es hätte annehmen können, sondern ein gebürtiger Hildburghäuser des Jahrgangs 1907, damals 31 Jahre alt und Geschäftsführer der weit verbreiteten „Dorfzeitung", in der man aber diesen Aufsatz selbst nicht finden kann, das Thema und seine Aussagen zur europäischen Diplomatie gehen sicherlich nicht konform mit der herrschenden nationalsozialistischen Ideologie in Deutschland.

Der kritische Journalist Paul Honndorf ist 1938 in die Schweiz gefahren, um sich in Hüningen und Basel – insbesondere im Basler Staatsarchiv – Gewissheit zu verschaffen, ob man den Deutungen der Dunkelgrafenforscher Otto Victor Maeckel, Paul Daehne, Richard Boehmker und Albert Buff wirklich Glauben schenken kann. Honndorf sind diese Schriftsteller und Autoren bekannt, zumal sie einzeln oder gemeinsam in den zwanziger- und dreißiger Jahren öfter in Hildburghausen gewesen sind bzw. wie Buff hier leben.

Mit einem Schlage Zeuge eines sensationellen Schauspiels mit einer Königstochter in der Hauptrolle genoß die ganze Stadt Basel in vollen Zügen das Glück der stolzen Stunde. Als Wochen danach aus der Basler <u>Meisterwerkstatt Christian von Mechels Kupferstiche</u> hervorgingen, die Szenen von der Ankunft der Prinzessin von Frankreich und sie selbst im Bilde festhielten, war der Widerhall des Erlebnisses noch stark genug, ihnen in Privathäuser und Fürstenhöfe, in Museen und Gemäldesammlungen allerorten Eingang zu verschaffen. In Basel ist das Bild von der „Ankunft der Marie Therese Charlotte Tochter Ludwigs XVI." in mehreren Varianten verbreitet. In der Behandlung des landschaftlichen Elements und in der Gruppierung der Personen von künstlerischer Meisterschaft, bildet es jedoch kein Zeugnis mit naturgetreuer Wiedergabe der Vorgänge, denn der Empfang der Prinzessin mit Gefolge, durch den Prinzen von Gavre und den österreichischen Gesandten in der Schweiz, Baron von Degelmann, hat nicht auf der Hüninger Straße vor dem Gartentore, sondern im Landhause des Kunsthändlers Nikolaus Reber selbst stattgefunden. Der Wirt „Zum Wilden Mann" Merian-Iselin hat es als Agent seinem Auftraggeber, dem englischen Gesandten Wickham in Bern so berichtet, und die Akten des regierenden Bürgermeisters Peter Burckhardt von Basel stimmen *damit überein. Unbedingte Beweiskraft hat also ein solches Bild für die Geschichtsforschung nicht.*

Der Kupferstich der „Madame Royale" selbst zeigt im Brustbild eine junge Dame von selbstbewußter Haltung, ruhigem Blick und energischen Zügen, – ein Gesicht mit vollen Wangen und einer erkennbaren Hakennase (wie sie den männlichen Mitgliedern des Hauses Bourbon eigen war), auf dem man vergeblich nach einer Spur des unermeßlichen Leides der mehr als dreijährigen Gefangenschaft im „Temple" oder dem Ausdruck der Trauer über das schmachvolle Ende der geliebten Eltern unter der Guillotine und den schrecklichen Verlust des in Schmutz und Krankheit hilflos umgekommenen Bruders sucht. Eher spiegeln sich in dem hübschen Antlitz Selbstvertrauen und eine Lebensfreude, die offen und fast heiter in die Welt blickt, wenn auch ein Zug von Ernst um den stets geschlossenen Mund liegt.

Die Bildunterschrift lautet in deutscher Übersetzung: „Anlässlich der Durchreise dieser Prinzessin in Basel am 26. Dezember 1795".

An dieses Bild en face, das in einer Variante das Gesicht ein wenig nach links, in der anderen etwas nach rechts dreht und keinen anderen Künstlernamen als den Christians von Mechel ausweist, knüpft sich das auch von der Literatur aufgenommene Gerücht, Mechel habe im Auftrage des Kaisers Franz dessen Kusine in Basel während ihres Aufenthaltes im Reberschen Hause vor dem Johannistor porträtiert oder dort das Bild begonnen und in Wien vollendet. Die Prinzessin weilte aber kaum mehr als anderthalb Stunden im Salon der Villa Reber. Christian von Mechel, schon damals eine Berühmtheit in seinem Fach, war eine der stadtbekanntesten Persönlichkeiten. Doch weder der Bericht in des Bürgermeisters Burckhardt Akten, der alle die wenigen Basler Einwohner aufzählt, denen es glückte, bei der kurzen Oeffnung der Tore mit den Diplomatenwagen durch-

zuschlüpfen, noch die Spionagekorrespondenz Wickhams wissen von einem Besuche Mechels am Abend des 26. Dezembers im festlich erleuchteten Hause Rebers oder überhaupt das Geringste von einer Porträtsitzung der Prinzessin in Basel.

Rund zwei Monate vorher, also im Oktober 1795, wurde ein <u>Bildnis der Gefangenen des „Temple"</u> in Paris auf eigenartige Weise geschaffen. Der Kommandant des Gefängnisses beauftragte im geheimen einen jungen, in einem der benachbarten Häuser wohnenden Künstler, ein naturgetreues Bild von der Prinzessin ohne deren Wissen herzustellen. Der Maler bediente sich dazu eines Teleskopes, das er in einem Versteck aufstellte, von dem aus er den Lieblingsplatz der Königstochter, eine Bank unter einem hohen Baume in dem von übermannshoher Mauer umgebenen Garten des „Temple", gut übersehen konnte. So entstand das bis in die kleinsten Einzelheiten genaue „Teleskopbild", dem in französischer Sprache folgende Erläuterung beigegeben ist:

Ein Vergleich dieses mit dem von Mechel herausgegebenen Bild zeigt eine <u>auffallende Unähnlichkeit</u>: hier herrscht mehr der Eindruck eines vergeistigten, jedenfalls weichen Gesichtes mit zarten Zügen, eines wie schwermütig oder fragend nach oben blickenden Auges und eines feinen kleinen Mundes vor. Die Nase ist von der ziemlich still aufsteigenden Stirne fast gar nicht abgesetzt und nur wenig abgewinkelt. <u>Sie ist unverkennbar völlig gerade</u> und daher mit Sicherheit <u>keine</u> „Bourbonennase"!

Wenige Tage nach dem Austausch von Basel schrieb im Januar 1796 eine Tante der Prinzessin, die Königin von Neapel, Schwester Marie Antoinettes, in einem Briefe an die Marquise von Osmond über die Prinzessin Marie Therese Charlotte:

„Ich bin in Verzweiflung über die Verzögerung bei dem verhängnisvollen Austausch des Einzigen, was von der Familie meiner unglücklichen Schwester übrig geblieben ist. Ich leide wahrhafte Qualen in dem Gedanken, daß jene Schurken ein junges

Mädchen ausliefern, das nicht die Tochter meiner Schwester ist."

Kurz nach der Ankunft der von der französischen Direktoireregierung in Basel ausgetauschten Dame am Wiener Hof brachte ein amtliches Blatt, das „Wiener Diarium", am 23. Januar 1796 die Nachricht von der Verhaftung einer Frau, die behauptete, die vor kurzem in Wien angekommene französische Prinzessin sei eine falsche!

Die gleiche Notiz ist am 17. Februar 1796 in der „GAZETTE FRANCAISE" in französischer Sprache erschienen.

Damit stehen wir an der Pforte des Geheimnisses. Wir können es in die Fragen fassen: <u>War die am 26. Dezember 1795 zu Basel ausgetauschte Dame die Tochter Ludwigs XVI. und Marie Antoinettes? Wenn nicht, wer war sie, und wo blieb die echte Königstochter?</u>

Das aber ist die Kernfrage unseres Buches.

Als die Austauschverhandlungen in Basel begannen, befand sich die französische Regierung in einer Zwangslage. Cambacérès hatte sie offen geschildert, als er im Nationalkonvent fragte:

„Wenn wir die Königskinder zurückhalten, bietet das zu Angriffen und Parteiungen im Volk Anlaß, verbannen wir sie, gibt man ein immerwährendes Pfand des Hasses, der Rache und des Krieges aus der Hand!"

Die Presse griff die Frage auf, Broschüren erhoben die Stimme der Sympathie, Aufrufe weckten das Mitleid im Volke für die Waisen. Nach dem Tode des Dauphins wuchsen die Aeußerungen für die Prinzessin zu einer <u>Volksbewegung</u> an. Die Stadt Orleans schickte eine Abordnung an den Konvent, die Stadt Dreux folgte diesem Beispiel. Die aufständische Vendée forderte die Freilassung der Königstochter als Bedingung des Friedensschlusses. Spanien und Österreich taten dasselbe. Die Machthaber der Revolution sahen aber in der Freiheit der echten

Prinzessin eine neue Waffe für die Königsanhänger. Im Lager der Royalisten selbst schmiedete man Entführungspläne. Oesterreich und die Bourbonen selbst standen einander mit ihren Heiratsplänen für die Tochter Marie Antoinettes gegenüber. Der kaiserliche Staatskanzler Baron Thugut empfahl sie seinem Kaiser als passende Partie für seinen Bruder Erzherzog Karl. Dem Hause Habsburg versprach diese Verbindung den Wiedergewinn des großen Vermögens Marie Antoinettes – Ländereien, Diamanten, Kronschmuck. Man hoffte in Wien auf die Güter Rambouillet und St. Cloud als Mitgift Marie Antoinettes, auf das Inventar der königlichen Schlösser oder eine Entschädigung dafür. Man träumte vom Wiedererwerb Lothringens, das der Großvater des Erzherzogs Karl, der spätere Kaiser Franz I., an Frankreich abgetreten hatte, und von den Österreichischen Niederlanden. Ja, es schien nicht vermessen, dem Gemahl der französischen Königstochter Aussichten auf den Thron einzuräumen. Im französischen Volke war längst die Ueberzeugung entstanden: wer die Tochter des letzten Königs eheliche, werde dadurch König von Frankreich.

Der älteste Bruder des hingerichteten Königs, der Graf von Provence, hatte in Verona nach dem Tode des Dauphins den Titel <u>Ludwig XVIII.</u> angenommen. Tiefverschuldet wie er war, sah er in Mitgift und Einkünften seiner Nichte die einzige <u>Rettung</u> und plante ihre <u>Vermählung</u> mit seinem Neffen, dem Herzog von Angoulême. Da er nicht unmittelbar an die Gefangene des „Temple" schreiben konnte, wandte er sich an ihre alte Lehrerin Frau von Tourzel und gab vor, die Eltern der Prinzessin hätten seinen Neffen ihr zum Gemahl erwähnt.

„Marie Therese Charlotte hörte meinem Bericht mit Bewegung zu, bekundete aber ihr Erstaunen darüber, daß ihre Eltern niemals von diesem Heiratsprojekt gesprochen hatten!", so erzählt Frau von Tourzel in ihren Memoiren. Ebenso weisen weder das

Testament noch die Abschiedsbriefe Ludwigs XVI. und Marie Antoinettes ein Anzeichen für diesen Heiratsplan auf.

Im September 1795 nahmen die <u>Verhandlungen in Basel</u> dank der Vermittlung des Bürgermeisters <u>Burckhardt</u> einen regelmäßigen Charakter an. Der Kriegszustand erlaubte den Diplomaten keinen persönlichen Verkehr, so ging denn der Schriftwechsel zwischen dem österreichischen Gesandten Baron Degelmann und dem französischen Gesandtschaftssekretär Bacher in Basel durch die Hände des Basler Regierungschefs. Mitte November wurde die Ankunft der zum Austausch bestimmten Franzosen in Freiburg, der Hauptstadt des damals österreichischen Breisgaus, gemeldet.

Als Leonardus Cornelius van der Valck 1796 in Freiburg in Breisgau inhaftiert worden ist, kommt er in österreichische Gefangenschaft und ist möglicherweise nach England ausgeliefert worden.

Dann aber trat eine unerklärliche Stockung ein, die den Baron Degelmann zu einer Art Beschwerde veranlaßte. Um diese Zeit mag in Verona und Paris der tollkühne Plan, an Oesterreich eine falsche Prinzessin auszuliefern, fertig geworden sein. Plötzlich setzten in Paris in den Reisevorbereitungen für die Prinzessin Aenderungen ein. Sie waren Sache des Innenministers Bénézech, der selbst im geheimen Royalist und mit Ludwig XVIII. im Bunde war. Eine Dame nach der anderen, die sich Marie Therese Charlotte auf Wunsch Bénézechs selbst als Begleiterin auswählte, wurde von der Reise ausgeschaltet: zuerst Frau von Chanterenne, sodann Frau von Mackau, Frau von Sérent und Frau von Tourzel und aufgedrängt wurde ihr die unsympathische Frau Soucy, die sie kaum kannte. Auf Frau von Tourzel hatten sich die Diplomaten in Basel inzwischen schon fast geeinigt. Man entschloß sich, der österreichischen Regierung die Aenderung zu verheimlichen und ihre Bevollmächtigten in Basel vor vollzogene Tatsachen zu stellen.

*Am 19. Dezember reiste die Prinzessin mit Frau von Soucy von Paris ab und traf am Heiligen Abend in <u>Hüningen</u> ein. Im Hotel zum Raben schrieb sie dort am 25. Dezember an ihre Herzensfreundin Renette de Chanterenne zwei Briefe. In dem einen von ihnen sagte sie: „**Es geht das Gerücht, daß man mich in acht Tagen verheiraten wird.**"*

Das konnte sich nur auf die von Oesterreich gewünschte Verbindung mit Erzherzog Karl beziehen. Auch Bacher richtete an seinen Minister des Aeußeren (Bénézech) damals einen Brief. Es hieß darin: „Die Reisende fragte die Bürgerin Soucy, welches Los sie in Wien erwarte. Diese antwortete, sie würde vielleicht einen Erzherzog heiraten. Sie entgegnete harmlos: ‚Wie können Sie das denken? Wissen Sie nicht, daß wir im Kriege sind?' – ‚Aber Sie könnten ein Engel des Friedens sein.', ‚Unter dieser Bedingung', erwiderte sie, ‚würde ich meinem Vaterlande dieses Opfer bringen!'" – Die Sorge Ludwigs XVIII. war also nicht unbegründet. Aber er hatte vorgearbeitet, die Pläne Habsburgs zu durchkreuzen.

Am 25. Dezember nachmittags kam der zweite Reisewagen der Madame Royale in Hüningen an. In ihm befand sich ein Trousseau Wäsche (Brautausstattung, Aussteuer), *an dem in Paris die zwei Schneiderinnen der Prinzessin fünf Tage und 5 Nächte gearbeitet hatten. Plötzlich erklärte Frau von Soucy, die „Madame Royale" weise das Geschenk der französischen Regierung zurück. Dies ist das erste Zeichen dafür, daß sich im Hotel zum Raben zugleich mit der Prinzessin ihre Stellvertreterin aufhielt, für deren größere Figur offenbar die Wäsche nicht paßte. Daher wurde am nächsten Morgen die Modeschneiderin Serrini in Basel von Bacher aufgefordert, sofort ihre Kunst zur Verfügung zu stellen. Sie blieb eine ganze Stunde bei der*

71

„Prinzessin" in Hüningen. Sie wird die notwendigen <u>Aende-</u><u>rungen am Kleide der Stellvertreterin vorgenommen</u> haben, um es dem bisherigen der Königstochter täuschend ähnlich zu machen, vielleicht hat sie auch das bourbonische Lilienwappen in die Wäsche sticken müssen. Ein zweiter Beweis findet sich in Gestalt eines kleinen Aquarells auf Elfenbein, das die „Dame mit der Hakennase" zeigt, in Basel. Es enthält auf seiner Rückseite in verblaßter Tinte die Inschrift:

„Marie Therese von Frankreich, Tochter Ludwigs XVI., gemalt nach der Natur von Frau Dabos aus Paris während des kurzen Aufenthalts, den die Prinzessin in der Festung Hüningen nehmen mußte. Das Porträt ist mir überreicht und geschenkt worden von Herrn Dabos am Tage nach der Abreise der Prinzessin von meinem Landhause nach Wien."

(Hervorhebungen von Paul Honndorf)

Soweit der anschauliche Bericht von Paul Honndorf. Er ist in diesem Zusammenhang offenbar in der Schweiz 1938 noch nicht veröffentlicht worden, obgleich das Material dafür gut geordnet im Staatsarchiv Basel-Stadt zur Verfügung steht. Erst Jahre später (1949), als das 1899 erbaute Neue Archiv-Gebäude sein 50-jähriges Bestehen feiert, wird in einer Festschrift alles, was Austausch und Vertauschung der Prinzessin in Hüningen und Basel betrifft, in allen Einzelheiten geschildert, dabei auch Quellen, Dokumente und nötige Erklärungen. Alles, was Honndorf schreibt, ist daher belegt und nicht anzufechten. Der Autor der Festschrift ist Rolf Riggenbach, ein Mitarbeiter des Staatsarchivs. Er schreibt gleich zu Anfang den erstaunlichen Satz: *Die Prinzessin langte den 25. (Dezember) in Hüningen an, wo sie die Nacht und den folgenden Tag bis nach dem Mittagessen zubrachte.*

Den 25. Dezember also und nicht den 24., wie es allgemein bekannt und vielfach bewiesen ist. Am 25. ist der zweite Wagen aus Paris in Hüningen angekommen mit den Temple-Wächtern Gomin und Meunier, mit dem Sohn und einer Kammerfrau von Madame de Soucy, mit Hüe, dem ehemaligen Kammerdiener Ludwigs XVI., und mit dem vom Pariser Directoire geschenkten Trousseau. Manche Autoren haben spekuliert, die Kammerfrau der Madame de Soucy könne die Ersatzprinzessin gewesen sein.

Weiter heißt es in der Festschrift: *Offenbar von Paris aus war ein Almanach in Vorbereitung, der den populären Titel „Les Adieux de Marie Therese Charlotte de Bourbon" trägt und bei Thurneysen in Basel gedruckt wurde. Seit Februar 1796 war er in den Baseler Buchhandlungen käuflich. Er enthielt „Eine Lebensbeschreibung der Marie Therese Charlotte. Eine Sammlung von Romanzen, Idyllen, Allegorien, Anekdoten über den Temple mit näheren Beschreibungen der Gefangenschaft, den Verhandlungen für den Austausch der hohen Gefangenen und der Bericht über ihre Abreise aus Paris. "*

(Übersetzt aus dem Französischen)

„Auch ein Medaillon mit dem Portrait der Prinzessin im Profil, versehen mit Sternen, ist beigegeben. Allein schon die Frisur à la Marie Antoinette verriet, wie wenig authentisch das Bildnis ist und dass es sich lediglich um eine gute Montage handelt. (Exemplar in der Porträtsammlung der Universitätsbibliothek) Insgeheim ‚unter dem Mantel' wurde der Almanach auch in Paris vertrieben. Ein zweites Bändchen ist 1797 erschienen.

Der Almanach enthält aber auch noch eine Erzählung über Ernestine de Lambriquet:

Marie Therese hat allen Personen, die sie umsorgt haben, stets eine große Anhänglichkeit erwiesen. Madame de Lambriquet, eine ihrer Kammerfrauen, war gestorben und hat eine gleichaltrige Tochter hinterlassen. Die Königin, berührt von dem Schicksal von Ernestine (das war der Name dieser jungen Waise) legte sie der Prinzessin in die Arme und sagte zu ihr: „Meine Tochter, sieh dieses Kind, Du mußt ihr die Mutter[liebe] ersetzen." Diese rührenden Worte sind der Prinzessin zu Herzen gegangen, sie hat die arme Ernestine seitdem herzlich lieb gehabt."

Als die erhabene Gefangene hörte, dass sie ihren Verwandten ausgeliefert werden sollte, bat sie um die Begleitung von Ernestine. Sie sah mit großer Freude den Augenblick der Freiheit nahen, weil sie dann wieder in der Lage sein würde, Gutes zu tun.

Anschließend enthält der Almanach noch einen Stich von Johann Martin Will, einem Augsburger Kupferstecher. Das dargestellte Mädchen ist etwa 12 Jahre und hat eine in der Mitte gescheitelte hellblonde Lockenfrisur, wie wir sie bei der 12-jährigen echten Madame Royale nicht kennen, wohl aber bei der jungen Ernestine de Lambriquet. Die ovale Umschrift zu dem Bild lautet: LOUISE, MARIE; THERESE, PHILIPPINE. Geb: 19 Dec 1778.

Merkwürdig, die zwei Jahre ältere Schwester von Ernestine hieß Louise-Catharine und Ernestine selbst hieß vor ihrer Adoption Marie-Philippine. Der französische Historiker Robert Ambelain hat in seinem Aufsatz „LA MYSTERIEUSE DAME DU CHATEAU D'EISHAUSEN", Paris 1974 (erschienen in CRIMES ET SECRETS D'ETAT 1785 – 1830) behauptet, dass die Namen der beiden Schwestern vertauscht worden sind und dass Louise Catharine mit dem Namen Ernestine von Marie Antoinette adoptiert wurde (s. a. a. O.). Das alles ist zumindest höchst merkwürdig, auch wenn wir es vermeiden wollen, weiteren Spekulationen nachzugehen. Bezeichnend ist aber, dass in der Festschrift steht, dass der Almanach von Paris aus vorbereitet worden sei. Entsprechend ist natürlich auch die Symbolik des Kupferstiches zu deuten, die zwei Schlangen, die an der Stelle, wo sie miteinander verknotet sind, die Nasen der Profile von Marie Antoinette und Ludwig XVI. erkennen lassen, in deren Köpfe die Hälften zweier gebrochener Königskronen dargestellt sind. Das Dreieck mit dem Auge Gottes hat seine eigene Symbolik gleichermaßen für die christliche Religion und für die Freimaurerei.

In den folgenden Kapiteln geht die Festschrift auf die Beschreibung und Deutung der Porträts ein, so wie wir sie durch Paul Honndorf bereits erläutert bekommen haben. Kein Wunder ist, dass sie wegen des Medaillons auf dem Almanach ihre Befremdung kundgibt, denn kurz danach bringt sie die Beschreibung des Miexy-Porträts von der Reise der Prinzessin von Paris bis Hüningen, das von einem Agenten des englischen Gesandten Lord Wickham käuflich erworben worden ist und in England mehrfach für Darstellungen der echten Madame Royale verwendet worden ist.

Wir möchten noch einmal auf den Aufsatz von Paul Honndorf zurückkommen: Nachdem er eine Beschreibung der Lebensstationen der ausgetauschten Madame Royale gegeben hat (Aufenthalt in Wien, Hochzeit in Mitau, Restauration in Frankreich, Exil in England, Prag und Görz, Tod in Frohsdorf bei Wien, Beerdigung in Görz), geht er noch auf die echte Marie Thérèse Charlotte ein. Er schreibt: *Für den Verbleib der echten Marie Therese Charlotte nach ihrem Verschwinden aus Hüningen gibt es einen authentischen Beweis in dem Tagebuch einer 1785 geborenen elsässischen Gräfin Diana von Waldner-Freundstein. Diese hat die Prinzessin im Hause eines Royalisten in Strasbourg kennengelernt, sich mit ihr angefreundet, sie oft in ihrem Versteck besucht und lange Zeit Briefe mit ihr gewechselt. Folgt man dem Indizienbeweis der neuesten Literatur, so ist sie unter falschem Namen später im Schutze eines holländischen Diplomaten van der Valck in Deutschland aufgetaucht, hat zwei Jahre in Ingelfingen gewohnt und ist nach der Erschießung des Herzogs von Enghien durch Napoleon I. von dort geflüchtet. Mit ihrem Beschützer hat sie später in Hildburghausen mit Genehmigung des dortigen Herzogspaares, aber von der Welt unerkannt, ein Asyl gefunden. Sie ist 1837 gestorben und als „Dunkelgräfin" oder „das Rätsel von Hildburghausen" in die Literatur eingegangen.*

Dieser Schluss Honndorfs überrascht und zwingt heute noch zum Nachdenken.

Das geheimnisvolle Leben
des Dunkelgrafenpaares in der Fremde

Auf Schloss Heidegg
und die Familie Pfyffer von Heidegg

Die ursprünglichen Besitzer des Schlosses sind die Herren Pfyffer von Heidegg, die seit Generationen Kommandeure der Schweizergarde der Könige von Frankreich gewesen sind. Am 26. Dezember 1795, als die echte Madame Royale verborgen werden muss, ist der ehemalige Schweizer Gardeoffizier Alphons Pfyffer von Heidegg Mitglied des Großen Rates und Stadtschreiber von Luzern. Er hat der Tochter seines früheren Dienstherrn, König Ludwig XVI. von Frankreich, aus alter Anhänglichkeit den Aufenthalt auf Schloss Heidegg vermittelt. Und der damals 51-jährige ehemalige Schweizergardist Johann Philipp Scharr ist vermutlich dort schon ihr Beschützer gewesen. Die Pfyffer von Heidegg sind an den Eid gebunden, den Aufenthalt der Prinzessin geheim zu halten, und das beweisen sie über 150 Jahre hinweg. Erst die letzte Nachkommin, Marie Louise de Chambrier geborene Pfyffer von Heidegg, hat 1953 vor ihrem Tod dem Kustos, Professor Boesch, davon Mitteilung gemacht. Das hat Prinz Friedrich Ernst von Sachsen-Altenburg[26] erfahren, und der Professor hat es ihm unter Zeugen bestätigt.

Die Innenräume des Schlosses sind geeignet, der französischen Königstochter ein passendes Ambiente zu geben. In einem der Räume fallen zwei große Bilder auf. Sie stellen Karl VI. von Österreich und seine Gemahlin Elisabeth Christine, geborene von Braunschweig-Wolfenbüttel dar, sie sind

---

26 Autor des im Verlag Frankenschwelle Hans J. Salier erschienenen Buchtitels „Das Rätsel der Madame Royale".

die Urgroßeltern der Madame Royale. Hierzu gibt es eine seltsame Parallele: Im Eishäuser Schloss hat ein übergroßes Gemälde der Kaiserin Maria Theresia von Österreich gehangen, das bei der Versteigerung des Schlossinventars von der Familie des Staatsministers Schaller in Meiningen erworben worden ist.[27] Maria Theresia ist die Großmutter der Madame Royale.

Der Aufenthalt von Marie Thérèse Charlotte von Frankreich in der Schweiz ist vermutlich nur kurz gewesen, denn auch dort bekommen die revolutionären Ideen Napoléons die Oberhand, die 1798 zur Gründung der Helvetischen Republik führen. Zuvor muss die Prinzessin aus Sicherheitsgründen gemeinsam mit ihrem Diener Johann Philipp Scharr die Schweiz verlassen.

Neue Indizien des Prinzen Gaston de Béarn

Es bleibt die Frage, wo sich die Prinzessin mit ihrem Diener aufgehalten hat, bis der holländische Gesandtschaftsrat van der Valck am 1. Juli 1799 die Dame in seinen Schutz genommen hat. Hierzu gibt Heinrich Willersinn, Wien, einen wichtigen Hinweis. Er ist befreundet gewesen mit Prinz Gaston de Béarn, mit dem er 1967 das beachtenswerte Buch „Verschwörung des Schweigens – Die Schicksale des Dauphins Ludwig XVII." herausgegeben hat. Als Kleinstauflage ist es damals in deutscher Sprache in einem Verlag in Memmingen erschienen[28], zudem ist noch ein zweites Buch über

---

27   Brief im Nachlass Human, Pfarrarchiv Eishausen.

28   Das Buch ist nur in deutscher Sprache erschienen, übersetzt von Heinrich Willersinn. Dem Prinzen ist es von seinen fürstlichen Verwandten verboten worden, das Buch in Frankreich zu veröffentlichen.

„Die Unechtheit der Herzogin von Angoulême" geplant gewesen. Es ist nicht ediert worden, da der Prinz 1968 unerwartet verstorben ist. *„Stoff gibt es genug"*, schreibt er und meint damit nicht nur die Memoiren seiner beiden Ahnfrauen: der Marquise de Tourzel, sie ist die frühere Erzieherin der französischen Königskinder gewesen, und ihrer Tochter Pauline, verheiratete Comtesse de Béarn. Außerdem hat Prinz Gaston für seine Forschungen vor allem die täglichen Bulletins von Fouché, dem Polizeiminister Napoléons, ausgewertet. 60 000 bisher geheim gehaltene Polizeiberichte! Der Prinz ist überzeugt gewesen, dass sich die Madame Royale in der fraglichen Zeit auf Schloss Sources bei Le Mans, dem Stammsitz der Familie de Tourzel, aufgehalten hat und in der besonderen Obhut seiner Ururgroßmutter Pauline gewesen ist, in deren Memoiren sich dafür zahlreiche Bestätigungen finden.

Wer der junge holländische Diplomat an der Seite der Madame Royale gewesen ist

Am 1. Juli 1799 übernimmt der ehemalige holländische Diplomat Leonardus Cornelius van der Valck knapp vier Jahrzehnte den Schutz der mutmaßlich ausgetauschten bourbonischen Prinzessin Marie Thérèse Charlotte von Frankreich, der Madame Royale.[29]

Leonardus Cornelius van der Valck hat nach eigenen Aussagen die Glieder der Bourbonen-Familie genau gekannt. Der junge Akademiker ist 1793 voller revolutionärer

---

29 Mark de Lannoy nennt einen deutlich späteren Zeitpunkt, aber das ist für die Aufhellung des Falles kaum von Bedeutung. Möglich ist aber auch, dass van der Valck noch einmal nach Holland gefahren ist und die Prinzessin unter der bewährten Obhut Scharrs alleingelassen hat.

Begeisterung in die französische Armee eingetreten. Er hat Beziehungen zum Prinzen Karl von Hohenlohe-Bartenstein-Jagstberg. Als Offizier gelangt er 1797 während des Holland-Feldzugs als Gefangener nach England.[30] Dort hat er sich vermutlich unter dem Namen „Vavel de Versay" mehrere Monate aufgehalten und ist dann nach Amsterdam entlassen worden. Auch der jüngste Bruder Ludwigs XVI., Graf von Artois, befindet sich zum Zeitpunkt mit seiner Familie in England. Hier kommt es zu ersten Kontakten zur bourbonischen Familie. – Der einst überzeugte Revolutionär hat sich innerhalb weniger Jahre zum Legitimisten entwickelt, zum Anhänger der Bourbonen. Die Gründe sind aus seinen biografischen Daten nicht ersichtlich und auch nicht eindeutig nachvollziehbar. Es kann nur spekuliert werden, dass der revolutionäre Terror und das kaum noch überschaubare Morden aus begeisterten Anhängern der Revolution Gegner gemacht haben. In seinem Umfeld muss auch er leidvoll erfahren, dass die Revolution ihre eigenen Kinder frisst.

Van der Valck wird am 4. Februar 1798 offiziell aus der Armee entlassen und übernimmt Anfang Juli 1798 eine Aufgabe als Sekretär der batavischen Gesandtschaft in Paris, sie ist dem französischen Außenminister zugeordnet gewesen. In ähnlicher Stellung trifft er dort seinen neun Jahre älteren Freund, den inzwischen zur Berühmtheit gewordenen Claude Rouget de Lisle, den Verfasser der „Marseillaise". In kürzester Zeit avanciert van der Valck zum Bevollmächtigten Geschäftsträger und verkehrt in den höchsten Kreisen von Gesellschaft und Politik. Gute Kontakte besitzt er zu den mächtigen Politikern Talleyrand und Lafayette. Nach

---

30   Nach Unterlagen von Mark de Lannoy, Niederlande, soll Leonardus Cornelius van der Valck von der preußischen Armee in Freiburg inhaftiert worden sein.

Sonder-Briefmarke der französischen Post "Einberufung der Generalstände durch König Ludwig XVI", 8. Mai 1971

Eröffnung der Generalstände am 5. Mai 1789. Gemälde von Couder.

Ballhausschwur, 20. Juni 1789. Kupferstich von Jean Pierre Maria Jazet nach Jacques Louis David, um 1795

Einnahme der Bastille, 14. Juli 1789. Anonymer zeitgenössischer französischer Kupferstich.

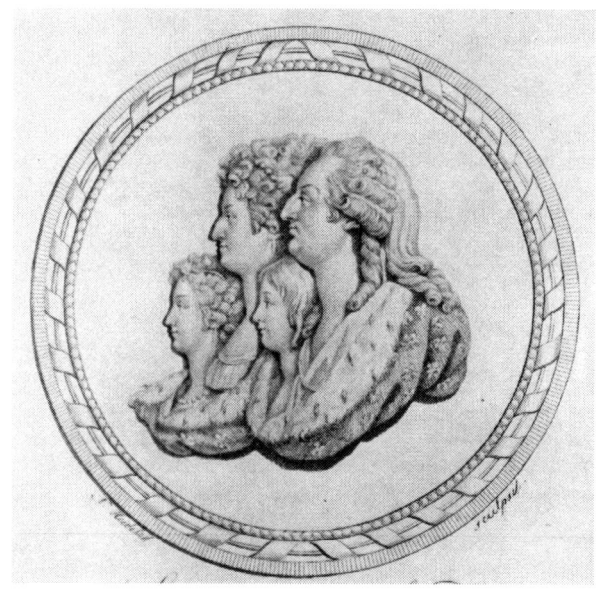

Ludwig XVI. und seine Familie. Relief, Bildarchiv der Österreichischen Nationalbibliothek

Zug der Marktfrauen nach Versailles, 5. Oktober 1789. Anonymer zeitgenössischer Kupferstich (Ausschnitt).

Graf Hans Axel von Fersen d. J. (1755 – 1810), Begleiter, Ratgeber und Organisator der königlichen Familie.

Gefangennahme der königlichen Familie in Varennes, 22. Juni 1791. Stich von Couché d. J., nach einer Zeichnung von Lajenne.

Die letzten Tage der Freiheit. Spaziergang auf der Promenade an den Tuilerien in Paris: Dauphin, Königin Marie Antoinette, Prinzessin Élisabeth, Madame Royale (v.l.n.r.)

Ludwig XVI. nimmt Abschied von seiner Familie. Revolutionäre holen den König zur Hinrichtung ab. Stich von J. L. Benoit d. J. nach einer Zeichnung von Queverdo.

Der Temple. Nach einem zeitgenössischen Stich

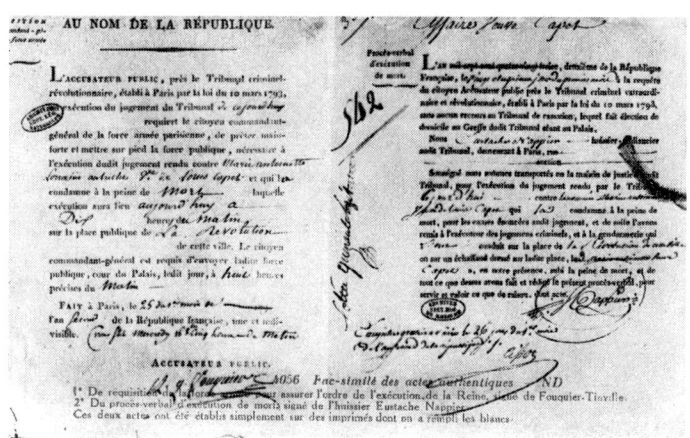

"Im Namen der Republik." Das Todesurteil für Louis Capet (König Ludwig XVI.) Hist. Ansichtskarte, um 1910. Sammlung Salier.

Hinrichtung des Königs Ludwig XVI. am 21. Januar 1793. Nach einem zeitgenössischen Stich.

Die "Witwe Capet" (Königin Marie Antoinette) vor ihrer Hinrichtung am 16. Oktober 1793. Historische Ansichtskarte, nach einem
Gemälde von Prieur. Sammlung Helga Rühle v. Lilienstern.

Der Dauphin Louis Charles mit seinem Kerkermeister, dem Schuster Antoine Simon.
Nach einem zeitgenössischen Stich.

Madame Royale um 1793 im Temple, gezeichnet von einem Mitglied der Kommune. Nationalbibliothek Paris.

Marquis de Parrois:

"Nach der Natur mit dem Teleskop gezeichnet im Oktober 1795
MARIE THERESE CHARLOTTE Tochter LUDWIGS XVI. 17 Jahre
alt, in der Gefangenschaft des Temple."

(Das sogenannte "Teleskop-Bildnis" der Madame Royale.)

91

Das Miexy-Porträt, entstanden auf der Reise von Paris nach Hüningen, 18. bis 24. Dezember 1795. Kurz vor Hüningen kauft es Broy Nagel, ein Agent des englischen Gesandten Lord Wickham, dem Künstler ab. Das Porträt kommt nach London und wird als Sujet für weitere Kupferstiche verwendet.

MARIE THERESIE CHARLOTE
Konigliche Prinzeßin von
Frankreich
Gebohren den 19ten Decemb.
1778

J.W. Engelmann sculp.

Die nach Wien gekommene Prinzessin hat ein anderes Aussehen als auf dem Miexy-Porträt. Nach dieser Vorlage wird von Engelmann ein weiterer Stich gefertigt, wie man sie in Wien gekannt hat. Aufmachung und Kleid sind weitestgehend identisch, der Kopf ist mit Hakennase dargestellt.

Übergabe an die österreichische Delegation. Die Trauerkleidung tragende Prinzession mit langen blonden Haaren reicht dem Prinzen de Gavre, ihrem künftigen Hofmarschall, die Hand. Zwischen beiden ist Marquise de Canclas abgebildet, ihre Hofdame in Wien.
Der Stich von Christian de Méchel zeigt eine erdachte Szene. Staatsarchiv Basel.

Marie Thérèse Charlotte von Frankreich. Abb. aus "L'Énigme de Madame Royale", Gemälde von Charles Dabos. Nationalbibliothek Paris und Privatbesitz Basel.

MARIE-THERESE-CHARLOTTE
DE FRANCE, FILLE DU ROI LOUIS XVI
née à Verfailles le 19 Décembre 1778.

Publié à l'occafion du paffage de cette Princeffe à Basle le 26 Décembre 1795,
par Chr. de F. Mechel Graveur.

Marie Thérèse Charlotte von Frankreich. Abb. aus "L'Énigme de Madame Royale", Gemälde von Charles Dabos. Nationalbibliothek Paris und Privatbesitz Basel.

reichlich einem halben Jahr, im Februar 1799, kündigt er seine Stellung, indem er gesundheitliche Gründe angibt, und kehrt am 1. März 1799 nach Holland zurück. Er bereitet seine Ausreise nach Deutschland vor. Eine solche Entscheidung ist ungewöhnlich.

Auch wenn es nicht eindeutig beweisbar ist: Van der Valcks Biografie wird in dieser Phase „umgeplant" und seine Geheimmission vorbereitet. Hierfür werden ihm die notwendigen Papiere von hohen Politikern der Französischen Republik ausgestellt. Zum gleichen Zeitpunkt befindet sich auch Rouget de Lisle im Auftrag Talleyrands in Holland. Sein diplomatischer Auftrag besteht darin, seinen Freund van der Valck für die neue Aufgabe zu motivieren und den Kontakt zu seiner künftigen Begleiterin herzustellen.

Bereits von Paris aus hat van der Valck mit Agnès Berthelmy, der Frau eines republikanischen Generals aus dem südwestlich von Paris gelegenen Le Mans, korrespondiert. Deren dreizehn in van der Valcks Nachlass aufgetauchten Briefe sind auf den Zeitraum zwischen dem 1. August 1798 und dem 27. Dezember 1799 datiert. Es handelt sich um getarnte Liebesbriefe, die die Deutung zulassen, dass sie sich auf van der Valcks künftige Aufgabe beziehen, so der Brief Nr. 10 vom 9. Juni 1799. In der deutschen Übertragung heißt es:

Das Bild, welches Sie mir von der Person gemacht haben, mit welcher man Ihr Schicksal vereinigen will, ist vorteilhaft, ein Bund, welcher auf Achtung gegründet ist, ist ein glückliches Anzeichen, ihre Tugenden, ihre Schönheit werden Sie sogleich lieben lassen und ich werde die Befriedigung haben, meinen Segen zu wünschen zu einem Glück, welches ich niemals vollkommen gemacht haben würde.[31]

---

31 Brief der AGNÈS BERTHELMY. – Abschrift im Kirchenarchiv Eishausen (Nachlass Human).

97

Aufenthaltsorte des geheimnisvollen Paares
von 1799 bis Februar 1807

Zunächst führt sie ihr Weg per Kutsche kreuz und quer durch Deutschland, die Aufhellung der Orte gleicht einem Puzzle-Spiel mit fehlenden Teilen und komplizierter logistischer Zuordnung. Das Paar hat sich im Rheinland aufgehalten. Es wird vermutet, dass es mit den Führern des französischen Emigrantenheeres, den Prinzen von Bourbon-Condé und Enghien, sowie den Prinzen Carl und Ludwig von Hohenlohe-Bartenstein-Jagstberg in Kontakt getreten ist.

Karl Kühner und Rudolf Armin Human erwähnen in ihren Publikationen[32] Aufenthalte in Frankfurt am Main und Mainz, amtliche Registrierungen in diesen Städten sind allerdings nicht nachweisbar.

Humans Analyse der Postadressen van der Valcks aus dem schriftlichen Nachlass, den 1881 Jan Joannes Schmitz, der Enkel von Jan Schmitz und derzeitiger Erbe des schriftlichen Nachlasses, zur Auswertung vertrauensvoll überlassen hat, bringt weit mehr Licht in das Geschehen als erwartet. Noch genauer sind die schriftlichen Ortsangaben, die die Erben Jan und Piet Schmitz aus Amsterdam am 19. September 1846 dem Nachlassverwalter, Regierungsadvokat Jacobi, in Hildburghausen für die Geldsendungen ermittelt haben, die der Dunkelgraf von seinen Verwandten in Holland erhalten hat. Die Sendungen sind an folgende Orte adressiert:

- Im Jahr 1800 im November nach Gotha
- Im Jahr 1801 im Januar, März, Juni, Juli und September nach Gotha

---

32 [KÜHNER]: Die Geheimnisvollen im Schlosse zu Eishausen. – 1852. HUMAN: Der Dunkelgraf von Eishausen. Erinnerungsblätter aus dem Leben eines Diplomaten. Teil I 1883, Teil II 1886.

- Im Jahr 1802 im Januar und April nach Schweinfurt
- Im Jahr 1803 im Mai nach Heidelberg
- Im Jahr 1804 im März, April und September nach Neuwied[33]
- Im Jahr 1805 im Februar nach Neuwied und im April und Juni nach Linz
- Im Jahr 1806 im Juni, August und Dezember nach Linz
- Im Jahr 1807 im September nach Neustadt im November, Dezember nach Römhild

Die Geldsendungen sind an die Adresse des Herrn de Vavel[34] gegangen. Der Graf hat sie abgeholt oder von Scharr oder Andreä abholen lassen. Andere Personen kommen sicherlich nicht in Betracht. Eine Wohnortbestimmung sind diese Angaben jedoch nicht, auch nicht die Geldadressen, die zum Teil mit den Postadressen identisch sind, für die es auch einzelne postalische Belege oder Quittungen gibt.

Zur Bestimmung und Vermutung weiterer Reisen des Paares ist das so genannte „Hohnbaum-Gespräch" aufschlussreich. Karl Kühner, der Schwiegersohn des Medizinalrats Dr. Carl Hohnbaum, schreibt, dass der Graf nach dem Tod seiner Gefährtin 1837 den Mediziner kommen lässt und mit ihm ein fünfstündiges Gespräch führt. Es ist von Hohnbaum aufgezeichnet worden und nimmt inzwischen in der Dunkelgrafen-Literatur eine Schlüsselstellung ein.

---

33 Neuwied ist zum Zeitpunkt das Hauptquartier französischer Emigranten und eine Verschwörungszentrale gegen Napoléon. Der nachmalige König Ludwig XVIII. und sein Neffe, der Herzog von Berry, planen hier das Komplott mit Cadoudal. – Seit 1798 ist die Region Teil des Départements de Rhin-et-Mosell (Rhein-Mosel). Nach dem Frieden von Lunéville (Februar 1801) wird die französische Annexion völkerrechtlich legalisiert.

34 Vavel de Versay (= Leonardus Cornelius van der Valck).

Noch im selben Jahr 1799 sind die beiden in Jena, um den berühmten Arzt Professor Justus Loder zu konsultieren. Loder ist Livländer und in seinem Heimatland liegt Schloss Mitau, in dem der Graf von Provence (Ludwig XVIII.) und die Herzogin von Angoulême als Gäste des russischen Zaren Paul I. zu dieser Zeit Hof halten. Für den Aufenthalt in Jena gibt es als Beweis ein Dokument. In einem französisch verfassten Brief vom 7. Juli 1800 bedankt sich Prof. Loder für eine größere Geldsumme. Das Dankschreiben lässt den Schluss zu, dass der Mediziner der Dame einen Arztbesuch gemacht hat, sie aber selbst nicht zu Gesicht bekommt. Ähnlich ist es später dem Hildburghäuser Medizinalrat Dr. Hohnbaum ergangen, als er zur erkrankten Dame ins Schloss Eishausen gerufen wird und dort nur mit dem Grafen gesprochen hat.

Vermutlich ist das Paar einige Tage in Jena geblieben und trifft dann *am Hofe in Weimar mit Livländern und Kurländern*[35] zusammen. Die Universitäts-Akten lassen den Schluss zu, dass 14 Prozent von Loders Studenten Livländer oder Kurländer gewesen sind. Ob hier konkrete Kontakte (nach Mitau) angebahnt worden sind, ist bisher noch nicht dokumentiert worden. – In dieser Zeit gehen Geld und Post nach Gotha und sind dort in Empfang genommen oder weitergesandt worden.

Vom September 1801 bis April des folgenden Jahres ist ein längerer Aufenthalt des Paares im unterfränkischen Schweinfurt nachweisbar. Geldsendungen und die Post sind dorthin gesandt worden. Hierzu existieren Ratsakten vom 23., 25. September und 9. Oktober 1801. Dort heißt es:

---

35 HAGEN; GIESE: Geschichte der medizinischen Fakultät der Friedrich-Schiller-Universität Jena. – S. 326.

7. Juli 1800 – Brief von Professor Justus Loder
an van der Valck

Verehrter Herr!

Dass Ihr Aufenthalt bei uns in Jena mit solcher Unannehmlichkeit verbunden war, betrübt mich aufrichtig, zumal ich nur recht unbedeutend durch einige kleine Ratschläge guten Willens dabei helfen konnte, die sie nicht einmal annehmen wollten. – Was meine geringe Beihilfe für die Wiederherstellung Ihrer Gesundheit betrifft, so darf ich mir nichts darauf einbilden, da Sie sie in einer Weise belohnt haben, deren Übermaß mich betroffen hat. Da Sie aber wollen, dass ich für Sie nur als Arzt gelten soll, fürchte ich, Sie zu verletzen, wenn ich Ihre hochherzige Vergütung zurückweise. Ich werde sie also behalten, aber nur, wenn Sie mir erlauben, brieflich fortzusetzen, was ich bei meinen persönlichen ärztlichen Besuchen nicht bewirken konnte. – Dabei bedrückt mich auch, dass ich durch meine Vielbeschäftigung als Arzt nicht die Freude hatte, Ihre Dankesbezeugungen persönlich anzunehmen. Von heute ab schulde ich sie Ihnen.

Bitte nehmen Sie, mein Herr, meinen Dank entgegen und seien Sie versichert, dass Ihnen in besonderer Hochachtung verbunden bleibt Ihr verehrungsvoll ergebener Diener
Loder[1]

---

1 HUMAN: Dunkelgraf I. – S. 126.

Herr van der Valcken, ehemalig Gesandschaftssekretär zu Paris überschickte seinen kürzlich vorgelegten Paß, erneuert von dem französischen Geschäftsträger zu Regensburg, Bürger BACHER d. 7. Vendemiarire und 10ten Jahre der französischen Republik.[36]

Unglaublich! Eine Passverlängerung durch Bacher, den französischen Geschäftsträger zu Regensburg! Derselbe Bacher, der am 26. Dezember 1795 als französischer Bevollmächtigter den Austausch der Madame Royale bewerkstelligt und die Vertauschte in Basel der österreichischen Delegation übergeben hat. Erwähnenswert ist unbedingt, dass das Dunkelgrafenpaar auf dem Schweinfurter Markt im Haus der Frau von Berg gewohnt hat und dass eine Frau Caroline von Berg, eine der besten Freundinnen und Vertrauten der Königin Luise von Preußen gewesen ist, der Schwester der Hildburghäuser Herzogin Charlotte.

Die nächste bekannte Geldsendung geht 1803 nach Heidelberg. Die Vermutung liegt nahe, dass Vavel de Versay mit Agnès Berthelmy, der Briefschreiberin aus Le Mans, Verbindung aufnehmen will, denn sie hat seit dem Frühjahr 1800 bei ihrem Bruder, dem Arzt Dr. Peter Joseph Daniels, in Lauterecken und Winnweiler in der Pfalz gelebt.

---

36 Stadtarchiv Schweinfurt: Ratsprotokolle. – S. 845 v. 23. IX. 1801, S. 854/3 und 856/9 v. 25. IX. 1801, S. 915/26 v. 9. X. 1801.

Fluchtort Ingelfingen

Erst Jahrzehnte später ist bekannt geworden, dass das Paar bereits im Herbst 1803 in dem Residenzstädtchen Ingelfingen des Fürstentums Hohenlohe-Ingelfingen aufgetaucht ist.[37]

Als sicher gilt, dass Prinz Carl von Hohenlohe-Bartenstein den Aufenthalt des Paares in Ingelfingen vermittelt. Dort hat es unter dem besonderen Schutz seines Vetters, des Fürsten Friedrich Ludwig von Hohenlohe-Ingelfingen, gestanden. Er ist Generalfeldmarschall in preußischen Diensten und unterlegener Kontrahent Napoléons im 4. Koalitionskrieg am 14. Oktober 1806 in der Doppelschlacht bei Jena und Auerstedt über die preußische Armee gewesen.

Bis 1805 lebt auf Schloss Öhringen noch sein Patenonkel, Fürst Ludwig Friedrich Carl von Hohenlohe-Öhringen, der mit Amalie Caroline Prinzessin von Sachsen-Hildburghausen, einer Schwester von Herzog Ernst Friedrich III. Carl, verheiratet gewesen ist. Anlässlich der Goldenen Hochzeit hat Fürst Ludwig Friedrich ihm und seiner Frau eine von dem berühmten preußischen Hofbildhauer Gottfried Schadow gestaltete Gedenktafel gestiftet, die noch heute in der Öhringer Schlosskirche zu sehen ist.

Zwischen den beiden Fürstenhäusern Hohenlohe und Hildburghausen hat es zu dieser Zeit enge Beziehungen gegeben. Und auch dort hat man sehr genau gewusst, wem Schutz gewährt worden ist, auch wenn das im Detail nicht nachweisbar ist.

Wie bereits erwähnt, hat sich das Paar in Frankfurt am Main und in Mainz aufgehalten. Bereits in dieser Zeit

---

37 Das Fürstentum selbst kommt 1806 mit dem Beitritt des Königreichs Württemberg zum Rheinbund zu Württemberg.

wird es vermutlich von dem älteren Diener und Kutscher Johann Philipp Scharr begleitet, der nach seinem Habitus zu urteilen, weit mehr gewesen ist, als es scheint. Er hat als Kommissionär des Grafen in der damaligen Hofapotheke in Ingelfingen, der heutigen Schlossapotheke, für das Paar vor ihrem Eintreffen das erste Obergeschoss gemietet. Der Graf legitimiert sich bei der Polizei als Händler in Holland und Württemberg und betont, dass er unter dem Schutz des holländischen Gesandten in Stuttgart stehe.

Um kein Aufsehen in der kleinen Stadt zu erregen, reist das Paar zu später Stunde an. Wie immer hat die Sicherheit Vorrang. Karl Kühner schreibt, dass der Hauswirt gebeten worden sei, von jedem Empfang und jeder Begrüßung seiner Gäste Abstand zu nehmen und dafür Sorge zu tragen, dass kein Unbefugter sich um diese Zeit auf den Gängen oder auf der Treppe zu schaffen mache.[38]

Das von Apotheker G. F. Sendel ab 1786 im „Revolutionsstil" erbaute herrschaftliche Gebäude ist Eigentum des Fürsten Friedrich Ludwig von Hohenlohe-Ingelfingen und liegt nur einen Steinwurf vom fürstlichen Schloss[39] entfernt. Beide am Kocher-Ufer, einem Nebenfluss des Neckars, gelegenen Gebäude haben rückseitig über eine Treppe Zugang zum Schlosspark. Dort geht die geheimnisvolle Dame täglich tief verschleiert spazieren.

Kühner erwähnt, dass eine ortsansässige Dienerin angestellt worden sei. Die Jungfer Vöth darf Teile der Wohnung der Fremden nur zu gewissen Stunden betreten. Die von ihr vorbereiteten Mahlzeiten sind vom Diener Scharr in einen

---

38 HUMAN: Chronik der Stadt Hildburghausen. – 1886, S. 193 und 237; BOEHMKER: Das Geheimnis um eine Königstochter. – 1938, S. 135.

39 Das Schloss wird seit 1985 als Rathaus genutzt.

Vorraum gebracht und dann vom Herrn abgenommen worden. Die Fremden sieht man als französische Emigranten an.

Die große Emigrantenwelle ist aber schon fast überwunden, viele Flüchtlinge sind inzwischen nach Frankreich zurückgekehrt. Napoléon hat so manchen Auswuchs der Revolution beseitigt. Viele der Rückkehrer erhalten Amt und Würden, vor allem in Armee und Verwaltung. Das hat sicherlich nicht die Bourbonen oder die ihnen nahestehenden Legitimisten betroffen, sie haben in Frankreich weiter um ihre Existenz zu fürchten. Und dieses Paar lebt in all den Jahren weiterhin unter größter Geheimhaltung. Die Dame hat nur zu ihrem Begleiter Kontakt, noch nicht einmal zu ihrer sie umsorgenden Dienerin. Bei den Spaziergängen wird sie – wie auch späterhin – von Vavel de Versay, wie er sich auch in Ingelfingen nennt, mit geladener Pistole beschützt. Bereitstehende Postpferde können eine schnelle Abreise ermöglichen. Kontakt hat der Herr zum Hofapotheker Rampold[40], der bestätigt, dass Vavel de Versay über beachtliche Kenntnisse in Medizin und Chemie verfügt, ein großes politisches Wissen besitzt und sich in der Geschichte der Bourbonen ausgezeichnet auskennt.

In Ingelfingen erregen die Unbekannten einige Tage nach ihrem Eintreffen Aufsehen. Die Neugier der Menschen ist ungebremst, denn so viele Neuigkeiten gibt es nicht in dem kleinen Residenzstädtchen zu berichten. Über das Paar kann man aber nichts in Erfahrung bringen. So kommt es zu wilden Spekulationen, ob es sich um einen Grafen, einen Baron, einen Prinzen oder gar um den Herzog von Angoulême handelt.

---

40   In manchen Quellen auch Rambold, Ramboldt oder Rampoldt.

Der Zufall will, dass die Dame eines Tages ihren grünen Schleier zurückschlägt, gerade als ihr der Sohn des Geheimrats Kraus über den Weg läuft. Einige Zeit später wird das Porträt der Königstochter Marie Thérèse Charlotte von Frankreich allgemein bekannt. Als auch in Ingelfingen Bourbonenbilder gezeigt werden, ruft der etwa 20-jährige Geheimratssohn nach Betrachten des Porträts der Prinzessin erstaunt aus: *Das ist ja meine Gräfin Vavel!* Die Feststellung ist von der Schwester des jungen Mannes notiert worden und mehrere Ingelfinger wollen bei einer solchen Gelegenheit die Ähnlichkeit ebenfalls festgestellt haben.

Die Hinrichtung des Herzogs von Enghien und die überstürzte Abreise aus Ingelfingen

Einen wahren Hintergrund muss die immer wieder kolportierte Überlieferung haben, denn in den neunziger Jahren des 20. Jahrhunderts findet sich im Hohenloher Zentralarchiv ein Brief des Geheimrats Ludwig Wolfgang Hiskias Braun an den Fürsten Friedrich Ludwig von Hohenlohe-Ingelfingen vom 31. März 1804[41], in dem er ihm mitteilt, ... *ich weiß nichts hinzuzusetzen, als daß der s. g. Herr Louis de Vavel mit Seiner Frau Gemalin und Sack und Pack heute vor 14 Tagen Nachts 2 Uhr*[42] *ganz in der Stille ab und gegen Würzburg gezogen ist; dies, sein und seiner Gemalin mißtrauisch- verborgenes Betragen und der Zeit-Punkt seines Wegziehens mit der entdeckten Verschwörung gegen die französische Regierung, machen die Vermuthung nicht ganz unwahrscheinlich, daß er mehr oder*

---

41   Der Brief ist von der Dunkelgrafenforscherin Margarete Rathe-Seber aus Ingelfingen gefunden worden.

42   17. März 1804.

weniger Wißenschaft davon gehabt habe; ... Ob und wie viel das allgemeine Gerüchte Wahrscheinlichkeit hat, daß Er der Herzog von Angoulême und seine Gemalin folgl. die Tochter des guten unglückl. Königs von Frankreich seye, will ich nicht entscheiden, obgleich Ihr Beyderseitiges Alter, Ihre Kinderlose Ehe, und manche andere Umstände es mehr zu unterstützen als zu widerlegen scheinen.[43]

Diese Nachricht ist eine Sensation, wird aber als solche nicht wahrgenommen, nicht beachtet und auch nicht publiziert. Die Prinzessin ist erkannt worden und man hat daraus geschlossen, dass der Herr der Herzog von Angoulême sein müsse.

Der Geheimrat bringt die überstürzte Abreise in den bewegten Zeiten in Verbindung mit der Verhaftung des 24-jährigen Herzogs von Enghien (Louis Antoine Henri de Bourbon-Condé), einem Verwandten des französischen Königshauses und Kommandeur des Emigrantenheeres, der in ein Komplott gegen Napoléon verwickelt gewesen sein soll. Offenbar wird den Bourbonen mit seiner terroristischen Hinrichtung in Vincennes bei Paris eine ernste Warnung gegeben. – Wenn man weiß, dass Leonardus Cornelius van der Valck den Herzog von Enghien und seine Gemahlin gut gekannt hat und von ihr gewarnt wird und dass er ein Korrespondenzpartner des Herzogs von Berry gewesen ist, wird die schnelle Abreise aus Ingelfingen verständlich. Es droht höchste Gefahr. – Inzwischen ist bekannt geworden, dass zwei Tage vor Verhaftung des Herzogs von Enghien die Herzogin Charlotte de Rohan aus Ettenheim van der Valck eine schriftliche Information hat zukommen lassen.

---

43   Hohenlohe – Zentralarchiv Schloss Neuenstein, Sign. 7/4/3.

Zur Verhaftung des Herzogs von Enghien kommt es in einem Haus des französischen Kardinals Rohan im badischen Ettenheim. Der Kardinal gilt als Zentralfigur der Halsbandaffäre 1785/86, die das Ansehen des französischen Königtums, des Alten Regimes (Ancien régime), außerordentlich erschüttert hat.

Wenige Monate nach der Flucht des Paares, im Juli 1804, erscheint im „Schwäbischen Merkur"[44] eine Notiz, der zu entnehmen ist, dass ein Emigrant, der einige Zeit in Ingelfingen Unterkunft gefunden habe, plötzlich gestorben sei ...

Diese Mitteilung bietet auch heute noch reichlich Stoff zur Spekulation. Es ist nicht auszuschließen, dass der Graf eine Fährte gelegt hat, um von sich und seiner Schutzbefohlenen abzulenken. Hochrangige Emigranten haben es auch in der Emigration schwer. Napoléon, inzwischen zum Kaiser gekrönt, rechnet mit seinen royalistischen Feinden ab.

Nach dem überstürzten Aufbruch aus Ingelfingen ist die Kutsche bei der nächtlichen Fahrt und auf schlechten Straßen vermutlich nicht weit gekommen. Nach neuen Erkenntnissen und Vermutungen hat sich das Paar im Jagdhaus Sonnhof bei Künzelsau aufgehalten, danach auf dem Bodenhof bei Schloss Buchenbach. Beide Besitzungen gehören den Freiherren von Stetten, deren Schloss Stetten sich bei Künzelsau nahe Ingelfingen befindet.

1806, im Jahr des Untergangs des Heiligen Römischen Reichs Deutscher Nation, wohnt das Dunkelgrafenpaar in einem Gehöft in Gerlingen nahe Ludwigsburg.[45] Im Dezember kommt es auf dem heute zu Stuttgart gehörenden

---

44   Van der Valck ist Abonnent der Zeitung gewesen.

45   HUMAN: Human: Dunkelgraf I. – S. 14; SACHSEN-ALTEN-BURG: Das Rätsel der Madame Royale. – S. 140 (Anmerkung: Sachsen-Altenburg erwähnt das Gehöft nicht).

Rokoko-Lustschloss Solitude zu einer Begegnung mit Prinzessin Paul von Württemberg geborene Prinzessin Charlotte von Sachsen-Hildburghausen, der ältesten Tochter des Herzogspaares Friedrich und Charlotte. Hier gibt es auch das erste Treffen der Königstochter, die ihr Gesicht hinter einer Maske verborgen hat, und ihrer künftigen Beschützerin, der Herzogin Charlotte. Sie ist anlässlich der ersten Niederkunft ihrer Tochter Ende 1806 in Stuttgart.[46] Ihre Enkeltochter Friederike Charlotte kommt aber nicht – wie erwartet – im Dezember, sondern erst am 9. Januar 1807 zur Welt. Herzogin Charlotte muss also warten, und in diese Zeit fällt in Anwesenheit des Hofmarschalls Leutrum das Zusammentreffen mit Marie Thérèse Charlotte von Frankreich und ihrem Begleiter Leonardus Cornelius van der Valck. Ob die Herzogin hier eine Einladung für die Madame Royale und ihren Begleiter ausgesprochen hat, kann nicht bewiesen werden. Vermutet wird auch, dass dort der Graf mit dem russischen Zaren Alexander zusammengetroffen ist, denn der Bräutigam ist eine Neffe des Zaren. So ist auch denkbar, dass das geheimnisvolle Paar im Gefolge des Zaren über Frankfurt am Main an den Wiener Kaiserhof gekommen ist. Das Hohnbaum-Gespräch deutet das an.

Das Paar hat sich im Januar 1807 noch an weiteren Orten aufgehalten, offenbar stets auf der Suche nach einer längeren und sicheren Bleibe. Es wird von Coburg gesprochen, wo es auch zu einer Begegnung mit Herzog Ernst gekommen sein soll, in jedem Fall ist es in Meiningen gewesen, denn aus den Lebenserinnerungen des Freiherrn Dietrich von Stein ist zu erfahren, dass das Paar auch im „Gasthaus zum Hirsch" logiert habe. An den Geheimrat von Könitz ist die Bitte

---

46   HUMAN: Chronik der Stadt Hildburghausen. – 1886, S. 241.

der Geheimnisvollen gerichtet worden, ob die Vormundschaftsregentin Louise Eleonore von Sachsen-Meiningen,
eine geborene Fürstin von Hohenlohe-Langenburg, bereit
sei, ihnen Aufnahme zu gewähren. *Sie haben keinen anderen Wunsch, als ungestört und unauffällig zu leben und sich an
die gegebenen Ordnungen der Meininger Regierung zu halten.*[47]
Die Herzogin hat jedoch um eine Legitimation gebeten, die
das Paar nicht vorweisen kann, und so zieht es weiter nach
Hildburghausen.[48]

Von Karl Kühner ist überliefert, dass der Graf in Themar
eine Begegnung mit dem Amtmann Moreau hat, von dem er
Näheres über die Freimaurerloge „Karl zum Rautenkranz" in
Hildburghausen erfahren will.[49]

So ist es auch kein Zufall, dass die Wohnsitzwahl wieder
auf ein kleines Residenzstädtchen gefallen ist, nämlich auf
Hildburghausen.

An diesem Schnittpunkt der Lebensgeschichte der Marie
Thérèse Charlotte von Frankreich und des Leonardus Cornelius van der Valck soll noch einmal betont werden, dass
der Begleiter der Dame ein hochintelligenter Diplomat und
Meister des Fährtenlegens gewesen ist. Solche Eigenschaften
sind für seine außergewöhnliche Mission Voraussetzung,
denn im napoléonischen Europa hat sehr viel gegen ihn und
die zu beschützende Prinzessin auf dem Spiel gestanden.
Napoléons Arme sind mächtig, nicht zu unterschätzen sind
auch die Bourbonen und die Habsburger und keinesfalls der
russische Zar Alexander I. In das kaum entwirrbare Szenario,
und das ist längst bewiesen, sind die wichtigsten europäischen

---

47   Nach: HUMAN I. – S. 17.

48   STEIN: Aus dem Leben meines Vaters Dietrich Freiherrn von Stein.
– S. 72.

49   HUMAN: Dunkelgraf I. – S. 17.

110

Herrscherhäuser und sogar der Vatikan verstrickt. Es hat sich hinlänglich bestätigt: Sie wissen alle von dem Geheimnis, das sie selbst jedoch geheim halten wollen.

Ankunft in Hildburghausen

Am 7. Februar des Jahres 1807, etwa um Mitternacht, passiert ein eleganter Reisewagen das „Römhilder Tor" in der Residenzstadt Hildburghausen. Das Gefährt wird weder angehalten noch kontrolliert.[50] Das ist äußerst ungewöhnlich. Geht das Verhalten der Torwächter auf eine Order des regierenden Herzogs Friedrich persönlich zurück?

Der ältere weißhaarige Kutscher lenkt die vierspännige Karosse über den menschenleeren nächtlichen Marktplatz zum hell erleuchteten „Gasthaus zum Englischen Hof"[51], dem

---

50 Die Ankunft des Paares ist in keiner Quelle dokumentiert. Das Hildburghäuser Kreisgericht datiert in entsprechenden Bekanntmachungen das Eintreffen auf das Jahr 1806. Der Autor Karl Kühner verwahrt sich nach umfangreichen Recherchen und Zeitzeugenbefragungen auf eine frühere Ankunft als 1807. Der Dunkelgrafenforscher Otto Victor Maeckel legt das Datum 7. Februar 1807 fest, dem die Autoren aus logistischen Gründen ebenfalls folgen.

51 Als der junge Herzog von York, ein Urenkel des Bruders von Prinz Joseph von Sachsen-Hildburghausen, bei seinem ersten Besuch in der Residenzstadt nicht im Schloss absteigen will, lässt Prinz Joseph das Brunnquellsche Haus (heutige Obere Marktstraße 44, das nachmalige Gebäude des Bibliographischen Instituts von Joseph Meyer) als Gasthaus markieren und mit einem Wirtsschild versehen. Er selbst ist im Kostüm eines Gastwirts erschienen und weist dem hohen Gast seine Zimmer an. Das Schild wird dann dem danach benannten Gasthaus zum „Englischen Hof" verliehen. Nach dem Stadtbrand von 1779 errichtet Caspar Friedrich Weber in der südöstlichen Ecke des Marktplatzes u. a. ein repräsentatives Haus, in dem eine Metzgerei betrieben wird. W. bemüht sich beim Regenten um die Konzession zum Betrieb eines Gasthauses mit dem Namen „Zum

renommiertesten Etablissement des knapp 3 600 Einwohner zählenden Residenz- und Ackerbürgerstädtchens Hildburghausen, fährt durch den Torbogen und hält vor dem
Treppenhaus im Hausflur an. Das Personal – so ist es Bedingung – hat sich bereits zurückgezogen, ebenso die Wirtin
Marquardt, die dafür zu sorgen hat, dass die Ankömmlinge
unbeobachtet in die vorbereiteten Räume gelangen können.

Dem geöffneten Wagenschlag entsteigt ein elegant geklei-
deter etwa vierzigjähriger Herr. Er wendet sich sofort um und
bietet einer verschleierten jungen Dame mit tiefer Verbeugung die Hand zum Aussteigen. Sie und der Herr beziehen
gemeinsam mit dem Kutscher die obere Etage des Hauses.
Niemand beobachtet sie, niemand nimmt Notiz von ihnen.
Das Dienstpersonal des Hotels ist nicht vonnöten, denn der
Kutscher ist zugleich der Kammerdiener des Paares.

Englischer Hof – Herzogliches Gästehaus – Radefeldsches Haus

Der Dienerschaft der Herberge ist strengstens untersagt, die
Räume der Fremden zu betreten, ihnen Dienstleistungen
anzubieten oder sie aus irgendwelchen Gründen zu „belästi-
gen". Es gibt unumstößliche Abmachungen. Man wünscht
ausdrücklich, zurückgezogen zu leben. Auch der Wirtin sind
weder der Zweck noch die Aufenthaltsdauer der Gäste bekannt. Der honorige Hofkommissionär und Senator Johann

---

Englischen Hof", die von Herzog Joseph am 10. März 1784 erteilt wird.
Am 8. Januar 1942, also in nationalsozialistischer Zeit, muss auf Druck
von Landrat und Bürgermeister das traditionsreiche Hotel „Englischer
Hof" am Markt wegen der Kriegsereignisse in „Hotel zur Dunkelgräfin"
umbenannt werden.

Im Radefeld'schen Haus

Die Besitzerin des Hauses (die verwitwete Geheimeassistenzrätin Philippine Radefeld) mußte versprechen, wenn zu dem Hause ein Käufer sich fände, es sogleich ihren Mietsmann wissen zu lassen.

Aus jener Zeit kommen etwas deutlichere Nachrichten über das Leben der Unbekannten, deren Geheimnis nunmehr das gute Hildburghausen in große Spannung gebracht hatte. Ehe der Graf das letzterwähnte Haus bezogen hatte, war er fast täglich in eigner Equipage mit schönen Schimmeln den reichbedreßten Diener auf dem Bock spazieren gefahren. Nunmehr hatte er die Pferde abgeschafft und fuhr, zwar im eigenen Wagen, aber mit Postpferden. Bei solchen Fahrten hat die herzogliche Kinderfrau, die damals im jetzigen Batty'schen Hause vor der Stadt wohnte[1], den Grafen einige Male gesehen, und sie erzählte gerne davon, wie vornehm und schön der Mann ausgesehen habe und wie artig er sie und die fürstlichen Kinder gegrüßt habe; doch fuhr er nie im zurückgeschlagenen Wagen und gewöhnlich in die Ecke des Sitzes zurückgelehnt, auch sah man ihn zuweilen mit der tief verschleierten Dame am Arm spazieren gehen. – Einige Handwerker, von denen er Verschläge zu Treppe und Vorplatz bauen und dadurch seine Wohnung von dem übrigen Hausraum absperren ließ, – der Kaufmann und Ratsherr A., den er zum Geschäftsführer angenommen hatte, aber auch nur mit Geldgeschäften betraute, – eine Köchin und eine Aufwärterin, die beide außerhalb des Hauses wohnten, und die Hausbesitzerin selbst waren die einzigen Menschen, die der Graf in jener Zeit sprach.

Die Hausbesitzerin, schon damals eine Matrone, wurde nicht selten zu dem Grafen gerufen. War sie bei demselben eingetreten, so

---

1 Zwischen heutiger Schlossparkpassage und Werra in Hildburghausen.

verschloß er hinter ihr die Thür. Er unterhielt sich dann mit ihr und wußte sich dadurch bald und unvermerkt in den bedeutenderen Persönlichkeiten der Stadt und in den bedeutendsten seiner Nachbarschaft
vollkommen zu orientieren. Mit einer, wie es der Hausfrau vorkam,
kleinlichen Neugierde, aber höchst wahrscheinlich tieferer Absicht, er-
kundigte er sich nach den Fremden, die in Hildburghausen ab- und
zugingen. Die fremde Dame war bei solchen Besuchen nie zu sehen; sie wurde von ihrer Hauswirtin nur einige Male beim Ausgehen
flüchtig erblickt, und die Witwe wußte daher von der Dame nichts zu
erzählen, als daß sie jung und sehr schön gewesen sei.

Die Fenster waren stets dicht verhängt, die Treppenthüre verschlossen; man erzählte, der Fremde habe scharf geladene Gewehre zu
seinem Schutze; gewiß scheint, daß er einen Handwerksburschen, der
unberufen eingedrungen war, im höchsten Zorn mit der Pistole in der
Hand verjagte.

Wenn der Graf zugleich mit der Dame (meistens am frühen Morgen) spazieren fuhr, stiegen sie innerhalb des verschlossenen Hof-
raumes in den Wagen; dem Postillon war es untersagt, sich nach der
Herrschaft umzusehen, und als einst die Kinder der Hausfrau sich an
ein auf den Hof gehendes Fenster drängten, um die Gräfin einsteigen
zu sehen, führte der Graf darüber Beschwerde bei der Mutter und
forderte Schutz vor solcher Neugierde. Die zahlreichen Briefe, welche unter der Adresse Vavel oder Vavel de Versay ankamen, mußte
die Hausfrau in Empfang nehmen, in einen Korb werfen, der zu solchen Zwecken an der Treppe hing, und dieses dem Grafen mit einem
Zeichen der Glocke andeuten. Im Hause durfte keine Thüre mit Geräusch geschlossen werden, kein lautes Lachen sich hören lassen. Als
einst die erwachsenen Söhne der Hausfrau in ihrem Wohnzimmer
zu ebener Erde mit Rappieren fochten, drohte der Graf mit Aufkün-
digung, weil er solche Unruhe nicht vertragen könne. Im obern Stock

114

herrschte fast immer lautlose Stille; doch hörte man häufig noch spät
in der Nacht den Mann die Zeitungen mit starker Stimme und großer
Lebhaftigkeit vorlesen.

In jener Zeit war der Graf mit der Dame oft mehrere Tage lang ab-
wesend. Niemand, als der vertraute Diener, begleitete sie auf solchen
Reisen. Niemand, als er, hat erfahren, wohin diese geheimnisvollen
Ausflüge führten. Während einer solchen Abwesenheit hatte die stets
außer dem Hause wohnende Köchin es gewagt, die Küche zu betreten, zu welcher sie einen Schlüssel hatte. Ihr Besuch wurde bei der
Rückkehr des Grafen entdeckt und sie selbst sofort ihres Dienstes
entlassen. Auch das Auge der Köchin hatte die Dame, der sie diente,
nie erblickt. Der Hausfrau wurde die Miete für Wohnung und Mobilien reichlich bezahlt und dadurch Entschädigung gewährt für die
klösterliche Stille, die sie in ihrem Hause erhalten mußte. Als aber der
Graf einst erfuhr, daß seine Hausfrau ohne sein Vorwissen sich auf
Anerbietungen zum Verkauf des Hauses eingelassen hatte, kündigte
er und mietete das herrschaftliche Schloß auf dem Domainengut zu
Eishausen, fast 1½ Stunden von Hildburghausen entfernt.[2]

---

2   [Kühner]: Die Geheimnisvollen im Schlosse zu Eishausen. – S. 11 ff.

Carl Andreä, der auch zugleich Kommissionär des Herzogs ist, hat bereits im Januar Verhandlungen zur Ankunft der Fremden vermutlich im Auftrag des Frankfurter Handelshauses Goullet geführt. Die Wirtin hinterfragt nicht, denn der in Aussicht gestellte hohe und im Voraus zu zahlende Mietpreis ist in der wirtschaftlich schlechten Rheinbundzeit mehr als eine Entschädigung. Es ist ein Mietvertrag abgeschlossen worden, der eine Kündigungsfrist von nur einer Woche vorsieht, doch die Einquartierung des Paares dauert nahezu ein halbes Jahr. – Zur weiteren Verbesserung der Sicherheit im „Gasthaus zum Englischen Hof" lässt der Graf im 2. Stockwerk doppelte Türen und Fensterläden einbauen.

Es vergehen mehrere Tage, bis man in der Stadt die Gäste aus der Nobelherberge wahrnimmt und zu Gesicht bekommt. Allmählich rücken sie in das Interesse der braven Bürger Hildburghausens. Klatsch, Tratsch und Wichtigtuerei sind in einem kleinstädtischen Kosmos die sichersten Verbreitungsmechanismen von Nachrichten. So kommt es zu der skurrilen Vermutung, die Dame verberge ihr Gesicht wegen ihres entstellten Aussehens.

Die Zeiten in Napoléons Europa aber sind längst nicht mehr bedächtig, selbst im entferntesten Winkel nicht. Es kommt wiederholt vor, dass französische Emigranten in kleinen deutschen Residenzstädten wegen ihrer Beziehungen zu den Höfen oder wegen verwandtschaftlicher Bindungen einen längeren Aufenthalt nehmen. Um solche Emigranten scheint es sich auch hier zu handeln. Später erst entnimmt man den Briefadressen, dass der Herr „Vavel de Versay" heißt. Das Volk kann mit diesem Namen nicht viel anfangen und verballhornt ihn zu „Pfaffel". Seines vornehmen Auftretens wegen nennt man ihn aber allgemein nur den „Grafen", zumal der Kammerdiener stets von dem „Gnädigen Herrn" spricht. Bemerkenswert ist, dass die Namen des Paares nicht offiziell bekannt werden. Wenn sonst Gäste und Reisende die Stadttore passieren, werden deren Namen mit weiteren Angaben zu ihrer Reise in der „Hildburghäusischen wöchentlichen Anzeige" und dem „Regierungs- und Intelligenzblatt" publiziert. Die Ankunft der Unbekannten bleibt jedoch unerwähnt.

Im Juni 1807 sind der Graf und die Gräfin für einige Wochen veschwunden. Bereits Human stellt fest, dass das Paar zum Zeitpunkt in Frankfurt am Main und in Mainz gewesen ist und der Graf in Gotha prominente französische Aristokraten getroffen hat. Sein holländischer Pass lässt darauf schließen, dass er in Mainz von Samuel Ulricus Gronovius am 30. Juni erneuert worden ist.

Ungehörigerweise haben zwei Hausdiener des Gasthauses „Zum Englischen Hof" ständig die Fenster des Paares beobachtet, um von der geheimnisvollen Dame einen Blick zu erhaschen. Eine zweite Begebenheit ist überliefert, die den Grafen erzürnt und umgehend zur Kündigung des Mietvertrags führt: Bei einer Hausschlachtung haben der Metzger und sein Gehilfe über die Gräfin gesprochen. Der Gehilfe hat mit seinem blutigen Messer auf das Fenster gewiesen, wo er den Aufenthaltsort der Gräfin vermutet hat.

Im August 1807 kommt es zum Umzug des Paares in das zweite Obergeschoss des von Senator Andreä gemieteten Kavaliershauses oder Regierungsgebäudes, ebenfalls an der Südseite des Marktplatzes gelegen.

Auch in der neuen Unterkunft, im herzoglichen Gästehaus, den heutigen „Markt-Passagen", ist die Verweildauer nur kurz bemessen. In der Druckerei von Johann Gottfried Hanisch im Erdgeschoss kommt es zu einem blinden

Feueralarm, der den Grafen außerordentlich beunruhigt. Umgehend beauftragt er den Kommissionär Andreä, ein neues Quartier zu beschaffen. Das Radefeldsche Haus in der Neustadt, im Hugenottenviertel, seit 1794 im Besitz der Familie Radefeld, wird das neue Domizil. Doch bevor die Hausbesitzerin, Assistenzrätin Philippine Radefeld, einwilligt, hat es der persönlichen Fürsprache von Herzogin Charlotte bedurft, die gesagt haben soll, *daß das stille, verborgene, namenlose Unglück in erster Linie Anspruch auf Teilnahme und Hilfe machen könne.*[52]

Das repräsentative Gebäude ist 1757/58 vom Hofmaler Johann Valentin Tischbein, dem ältesten Maler aus der berühmten Tischbein-Künstlerfamilie, erbaut worden.

Das Dunkelgrafenpaar zieht im Frühjahr 1808 in das erste Obergeschoss des Radefeldschen Hauses, wo es zweieinhalb Jahre für eine ansehnliche Miete wohnen bleibt. Es werden vierteljährlich 300 Gulden Miete bezahlt und für Möbelstücke 34 Gulden und 35 Kreuzer. Das Haus hat an seiner westlichen Rückseite rechts und links Gebäudetrakte, die verhindern, dass man von außen in den Hof schauen kann. Hier steigt das Paar bei seinen täglichen Spazierfahrten unbeobachtet in die Kutsche ein und aus. Wie auch in Ingelfingen sitzt der weißhaarige Diener Scharr in Livrée und in strammer militärischer Haltung auf dem Kutschbock. – Die zwei prachtvollen Schimmel, mit denen das Paar nach Hildburghausen gereist ist, werden verkauft. Für die Ausfahrten werden Postpferde gemietet. Das ist wesentlich effizienter gewesen, haben sich doch das Thurn und Taxissche Lehnspostamt und die Posthalterei für die Paket- und Personenpost in unmittelbarer Nachbarschaft direkt an der Stadtmauer

---

52   HUMAN: Dunkelgraf I. – S. 9.

befunden.[53] Der alternde Scharr, den so manches körperliche Gebrechen plagt, nimmt zwar weiterhin seine Dienerfunktion wahr, er ist aber inzwischen nicht in der Lage, sie voll auszufüllen.

Die Sicherheitsmaßnahmen werden weiter perfektioniert. So lässt sich Vavel de Versay täglich vom Polizeidiener Heun gegen eine honorige Belohnung eine Liste der Leute bringen, die in die Stadt eingereist sind. Der Graf will den Überblick behalten. Er will erkennen, welche Personen seine Mission gefährden können. Auf die militärischen Durchzüge und Einquartierungen in der Rheinbundzeit hat er jedoch keinerlei Einfluss.

Der Aufenthalt im Radefeldschen Haus wird 1808 wegen einer längeren Reise des Paares nach Holland unterbrochen, für die der französische Bevollmächtigte Bacher in Regensburg erneut einen Pass ausgestellt hat. In Holland wohnt das Paar vermutlich auf Schloss Keukenhof.

Auf besondere Vermittlung von Königin Luise von Preußen, der Schwester der Hildburghäuser Herzogin Charlotte, wird die Dame wegen eines schweren Leidens von dem königlichen Leibarzt Dr. med. Franz Heinrich Joseph Katzenberger, der zugleich ein angeheirateter Vetter van der Valcks ist, behandelt. Nach damaligen Bestimmungen darf Dr. Katzenberger in Holland aber nur praktizieren, wenn er dort auch promoviert hat. Und obgleich er in Deutschland schon längst ein berühmter Arzt gewesen ist, wiederholt er die Promotion an der Universität Utrecht am 7. September 1807 noch einmal. So wichtig ist dieser Krankheitsfall für alle Beteiligten gewesen.[54]

---

53 Heute: Standort des Stadtmuseums Hildburghausen.

54 SACHSEN-ALTENBURG: Das Rätsel der Madame Royale. – S. 137.

Unter dem Schutz des Hildburghäuser Herzogspaares

Inzwischen steht außer Frage, dass das Paar von Anfang an in Hildburghausen unter dem besonderen Schutz von Herzog Friedrich und Herzogin Charlotte von Sachsen-Hildburghausen gestanden hat. Die Mutter Charlottes, Herzogin Friederike Caroline Luise von Mecklenburg-Strelitz geborene Prinzessin von Hessen-Darmstadt, ist eine Jugendfreundin der französischen Königin Marie Antoinette gewesen. Die Herzogin des Duodezfürstentums selbst ist als Kind und junges Mädchen mit ihrer Mutter wiederholt am französischen Hof zu Besuch gewesen, sie kennt die Bourbonenfamilie sehr genau, vor allem die Kinder des französischen Königspaares.

Von besonderer Bedeutung für den Grafen sind seine Kommissionäre Johann Carl Andreä und nach 1819 Heinrich Andreä, Vater und Sohn, die ihm alle äußeren Angelegenheiten, Mietregelungen und Geldgeschäfte, abgenommen haben und sie außerordentlich verantwortungsbewusst wahrnehmen. Johann Carl, der Vater, ist ein geachteter Senator. Er wohnt damals am Häfenmarkt 104, wo auch die am 1786 gestiftete St.-Johannis-Loge „Karl zum Rautenkranz" ihr Domizil hat, mit der der Graf vermutlich in Verbindung steht. Eine Mitgliedschaft ist nicht nachweisbar.[55]

Heinrich Andreä, der nach dem Tod seines Vaters im Dienst des Grafen steht, ist Reserveoffizier im Hildburghäuser Landregiment. Er weiß um das Geheimnis und demzufolge, mit wem er es zu tun hat. Ein Neujahrsglückwunsch in schöner Handschrift und gutem Französisch deutet darauf hin, bei dem besonders die Anrede „Monseigneur" auffällt, die im Stile der Zeit nur Fürstlichkeiten zukommt.

---

55   SALIER, B.: Freimaurer in Hildburghausen. – 2005.

Beschreibung des Gemeindewappens von Eishausen

Die Gemeinde Eishausen, Lkrs. Hildburghausen, mit den Ortsteilen Steinfeld und Adelhausen, seit 1993 Teil der Einheitsgemeinde Straufhain, hat sich im September 1991 ein neues Wappen gegeben. Das Wappen zeigt auf blauem Grund, geteilt von einem goldenen, mit rotem Wellenband belegten Balken, oben die goldenen Lilien, unten einen in Lindenblattschnitt ausgehenden goldenen Schildfuß. Der rote Wellenbalken in Gold symbolisiert, dass sich die Gemeinde in einem wasserreichen Gebiet mit mineralhaltigen Quellen befindet, die teilweise zu einer Rotfärbung des Wassers führen. Die drei goldenen bourbonischen Lilien symbolisieren die Asylzeit der „Dunkelgräfin" und des „Dunkelgafen" von 1810 bis 1837 bzw. 1845 in Eishausen. Die Dunkelgräfin gilt als eine Tochter Ludwigs XVI. und Marie Antoinettes von Frankreich. Der Lindenblattschnitt verweist auf die bekannte große Dorflinde in Steinfeld. Darüber hinaus verdeutlicht er die Existenz sowie Zusammenhalt und Verwachsenheit der drei Gemeindeteile. Die Ortsfarben sind Gelb (Gold)/Blau.[1]

1   Nach: Thüringisches Hauptstaatsarchiv Weimar (03.09.1991) und F. Jung Ars Heraldica, Erfurt (06.09.1991). Mit freundlicher Genehmigung Einheitsgemeinde Straufhain.

Schloss Eishausen – Das neue Domizil

Seit dem 1. September 1810 kommt es für das Paar zu weitreichenden Veränderungen. Die herzogliche Regierung hat das 1780 umgebaute Schloss des heßbergischen Ritterguts Eishausen mitsamt dem dazugehörigen Domänengut von den weiblichen Nachkommen des letzten Herrn von Heßberg 1802 erworben und später an den Senator Andreä vermietet.[56] Der wiederum vermietet es dem Grafen, der somit Untermieter seines Kommissionärs wird. Durch diesen wohlüberlegten Schachzug hat der Graf späterhin niemals selbst mit den Behörden verhandeln müssen.

Das Dorf Eishausen, 837 erstmals als Sitz bzw. Besitz des fränkischen Grafen Assis erwähnt, zählt Mitte des 19. Jahrhunderts zirka 450 Einwohner. Es liegt am südlichen Abhang der Frankenschwelle. Hier gibt es einige Handwerker, aber im Wesentlichen ist die Viehhaltung für die agrarische Lebensweise der Menschen bestimmend, die in 67 privaten und in 10 öffentlichen Häusern leben. Zudem werden noch sechs Werkhäuser genannt.[57]

Das Eishäuser Schloss hat links der ehemaligen Poststraße nach Coburg gelegen. Es ist ein schlichtes Gebäude mit jeweils 27 Fenstern an der Vorder- und Rückfront und je 18 Fenstern an den Schmalseiten. Das Schloss ähnelt mehr einem großen Gutshaus. Es ist mehrfach im Laufe von 250 Jahren umgebaut worden, zuletzt 1780 als Herrensitz innerhalb des dazugehörenden Domänengutes mit der Eingangs-

---

56 Eishausen ist von 1363 bis 1801 Rittersitz der Herren von Heßberg gewesen, erst im alten Castrum, seit 1780 im neu erbauten dreistöckigen Schloss mit großen Kellern im Souterrain und Rittersaal im dritten Stock.

57 Brückner: Landeskunde des Herzogthums Meiningen. Bd. II – S. 316 f.

Übersiedlung nach Eishausen

Am 30. September 1810 übersiedelte der Graf in das Schloß zu Eishausen. Er nahm dort die zweite und dritte Etage in Besitz, während zu ebener Erde noch ein ergrauter herrschaftlicher Schloßverwalter mit seiner ebenso alten Frau wohnte. Durch diesen stand die Bel-Etage des Schlosses im ungehinderten Verkehr mit dem Dorfe; nur tiefe Stille wurde den Besuchenden anempfohlen. Der Verwalter selbst so wie seine Frau waren stille, sehr brave Leute: das einzige Amt, das sie noch zu verwalten hatten, nämlich dies: die Stille und Ruhe des Schlosses zu hüten, stimmte zu ihrer Neigung, und überdies spornten Geschenke aus Küche und Keller des Grafen zum Eifer an. ...

Ungeachtet dieses treuen Eifers für Bewahrung der Stille und Ruhe, konnte der Graf die Hausgenossenschaft der alten Leute nicht ertragen. Er bot ihnen überreiche Entschädigung, wenn sie sich in einem Hause des Dorfes einmieten wollten, und das alte Ehepaar ging endlich darauf ein, überlebte aber nur ein oder zwei Jahre die Verbannung aus dem Schlosse. Nunmehr war der Graf im ausschließlichen Besitz der drei Etagen des Schlosses. Er und die Dame scheinen vorzugsweise in der mittlern, selten in der obern Etage gewohnt zu haben, in der Bel-Etage wohnten der Kammerdiener und die Köchin. So waren vier einsiedlerische Menschen die alleinigen Bewohner des großen Gebäudes, in dem nicht viele Jahre früher ein pensionierter General mit seiner Familie und seiner zahlreichen Bedienung gewohnt hatte, und tiefe Stille herrschte jetzt in den öden Räumen, in denen sonst die Zechgenossen des alten Kriegers gelärmt hatten. Nur der Fruchtboden des Schlosses blieb, zum großen Verdruß des Grafen, noch dem Kammergutspachter zur Benutzung überlassen. Obschon die Pachtersknechte, wenn sie die Getreidesäcke brachten oder holten, gewöhnlich in Strümpfen leise die Treppe auf- und abschlichen, konnte der Graf die Hausgenossenschaft des Getreides doch nicht ertragen, und nach mehreren Jahren gelang es ihm, durch bedeutende Geldopfer (er schoß das Geld zur Erbauung einer neuen Pachterwohnung vor und zahlte erhöhte Miete) sich auch in den Besitz des Bodens zu setzen.

Nach dem Auszuge des oben erwähnten Verwalters lebten, wie gesagt, im ganzen Schlosse neben dem Grafen und der Gräfin nur noch zwei Personen: der „Kammerdiener", der mit dem Unbekannten gekommen war, und die Köchin.[1]

---

1 [KÜHNER]: Die Geheimnisvollen .... – S. 13 ff.

front zum Gutshof parallel zur großen Scheune. Einziger Schmuck des schlichten, rechteckigen Gebäudes ist sein geschwungenes Mansardendach mit vier schmiedeeisernen Wasserspeiern. Rückseitig und seitlich hat es noch mehrere Ausgänge zum Gutshof und über den Mühlgraben zu einem Grasgarten gegeben. Die Front des Schlosses hat sich nicht – wie bisher angenommen – an der Straße nach Coburg befunden, sondern am Verwaltungshof zur Scheune. Der Aufgang zum rustikalen Eichenportal ist mit einem schmiedeeisernen Gitter und einem bronzenen Löwenkopf als Türklopfer versehen gewesen[58]. Über dem Portal hat sich ein Glöckchen befunden, mit dem zu Mittag, Feierabend oder besonderen Benachrichtigungen der Gutsarbeiter gerufen worden ist.[59]

Das Paar bezieht als Wohnung die obere Etage, die Dame die Zimmer nach Süden mit Blick in die Landschaft, der Graf das Eckzimmer nach Nordwesten, von wo aus er mit seinem Fernrohr den Ort und die Straße in das unmittelbar benachbarte Steinfeld überblicken kann. 1873 ist das in die Jahre gekommene Gebäude, weil es nicht mehr verkauft werden kann, abgerissen worden.[60] Die Gutsscheune, in der der Graf zeitweise seine Pferde und seine Kutschen stehen hat, ist noch erhalten sowie die Pächterswohnung, Brauhaus,

---

58   Jetzt im Stadtmuseum Hildburghausen.

59   Heute steht das Modell des Schlosses, hergestellt von Mitgliedern des Eishäuser Heimatvereins unter Roland Eyring, vor der eindrucksvollen Dorfkirche und erinnert an seine früheren Bewohner, vor allem an das Dunkelgrafenpaar.

60   Doch noch vor dem Abriss des Gebäudes (1873) ist 1869 Jan Johannes Schmitz aus Amsterdam, ein Enkel von Jan Schmitz, und zum Zeitpunkt Erbe des Van-der-Valck-Nachlasses, in Eishausen gewesen, um das Schloss zu besichtigen, wo einst sein Großonkel gewohnt hat. Er hat damals von dem bereits sehr baufälligen Gebäude eine kolorierte Zeichnung angefertigt, die sich heute im Pfarrarchiv Eishausen befindet.

Backhaus und das Brückchen über den Mühlgraben zum Grasgarten, in dem das Paar auf engem, hoch abgezäuntem Raum lange Zeit, jeweils einzeln, seine täglichen Spaziergänge unternommen hat.

Noch ist aber nicht die erwünschte Abgeschiedenheit garantiert, obgleich statt der vierteljährlich geforderten Miete von 448 Gulden horrende 500 Gulden für das wohnlich viele Wünsche offen lassende Haus gezahlt werden. Ein wenig Wohnlichkeit geben die aus dem Hause Radefeld stammenden Möbel, die Vavel de Versay bis 1813 gemietet hat. 1814 liefert das Handelshaus Goulett in Frankfurt/Main einiges Mobiliar.

Der vom Dunkelgrafen ungeliebte und in die Jahre gekommene Verwalter Handschuh[61] und seine Frau müssen das Schloss verlassen. Die braven Leute erhalten eine Wohnung im Dorf und vom Grafen ein großes Geldgeschenk. Es wird vermutet, dass das alte Paar aus Sicherheitsgründen auf Befehl der Herzogin Charlotte ihre Wohnung im Erdgeschoss verlassen muss. – Lästig ist für den Grafen auch der Gutspächter, der einige Räume zur Lagerung landwirtschaftlicher Produkte nutzt. Auch er wird finanziell großzügig entschädigt. Nahe des Schlosses wird 1811/12 für den Pächter gebaut.

Human schreibt, dass über die Jahrzehnte hinweg im Haus keine nennenswerten Reparaturen vorgenommen worden sind. Man hat auf Verschleiß gelebt. Defekte Möbel und selbst Öfen sind nie repariert, sondern immer ausgetauscht worden, um zu vermeiden, dass fremde Menschen in das Schloss gelangen.

Nun endlich herrscht Stille im Schloss, in dem nur noch

---

61 In manchen Quellen auch Handschuch.

vier Menschen leben: das Dunkelgrafenpaar, der Kammerdiener Philipp Scharr und die Köchin Johanna Weber.

Für höchste Anspannung sorgt dagegen die Quartiernahme französischer Truppenteile unter Marschall Augereau in der Region und in Eishausen, auch das Regiment der Herzöge von Sachsen steht unter seinem Befehl. Die Reste der einst stolzen Grande Armée befinden sich nach der Niederlage im Russlandfeldzug zum Jahresbeginn 1813 auf dem Rückzug. Herzogin Charlotte kann die Einquartierung nicht verhindern. Das Militär wird im Untergeschoss des Schlosses untergebracht. In dieser angespannten Situation kommt es allerdings zu keinerlei Kontakten zum Grafen und seiner Gefährtin. Die Truppe verhält sich ruhig, sie ist nach der nahezu vernichtenden Niederlage physisch am Ende und psychisch demoralisiert.

Der Graf kann aus reichlich 200 Metern Entfernung auf das Pfarrhaus und die Kirche der evangelisch-lutherischen Kirchgemeinde schauen, die mit ihrer für die dörflichen Verhältnisse monumentalen Größe Ort und Landschaft überragt. Dort gehen die gläubigen Dorfbewohner und die Dienerschaft des Schlosses, einschließlich des Dieners Scharr, sonntags in den Gottesdienst, der Graf und die Dame jedoch nie. Das Dunkelgrafenpaar und der Diener Scharr gehören der römisch-katholischen Konfession an, und Hauptanliegen van der Valcks ist, keine Kontakte mit der Bevölkerung aufkommen zu lassen.

Sogar die täglichen Ausfahrten mit der Kutsche, den nahezu einzigen Kontakten zur Außenwelt, sind der strengen Sicherheit untergeordnet. Bei einer Fahrt auf der Straße nach Rodach, die stets vor der Rodacher Chausseegeldeinnahme endet, wird der Graf eines Tages vom Chausseegeldeinnehmer aufgefordert, die Gebühr zu entrichten. Das geschieht

127

auch, aber der ob dieser Forderung erboste Herr meidet künftig die kurze Wegstrecke und wendet sein Gefährt hinter Adelhausen, das noch zum Herzogtum Sachsen-Hildburghausen gehört. Seine Kutsche wird sich künftig der Grenze zum Coburger Land nicht wieder annähern.

Nachdem der Kammergutspächter Kaiser, bei dem die Pferde eingestallt und mit Futter versorgt werden, nach Jahren überhöhte finanzielle Forderungen stellt, veräußert der Graf seine nach dem Umzug nach Eishausen gekauften edlen Rösser spontan zu einem geringen Preis an den Dorfschulzen. Erstaunlich ist, dass er aber dem Kammergutspächter bis zu dessen Tod weiterhin Stallmiete und Futtergeld zahlt. Hierfür gibt es nur einen Grund: Der Graf lässt sich nicht reglementieren und möchte andererseits auch keine Vorteile haben. Entscheidend ist, dass er sich in keiner Angelegenheit in seine Regie hineinreden lässt, auch auf die Gefahr hin, dass er wirtschaftlich unrentable Vereinbarungen oder Verträge abschließt.

Ab diesem Tag haben sich die Ausfahrten in das Umfeld Eishausens erledigt. Vom Grafen wird ein dem Schloss angrenzender mit hohen Hecken bepflanzter Grasgarten gemietet. Aber auch dieses Stückchen Natur ist für ihn ein Sicherheitsrisiko. Er lässt zusätzlich einen zweieinhalb Meter hohen geschlossenen Bretterzaun errichten, um sich jeglichen fremden Blicken entziehen zu können.

Übertriebene Sicherheitsvorkehrungen
van der Valcks?

Wer aber hatte von der Personenvertauschung nach ihrem Zu-standekommen Kenntnis? Es ist heute nicht möglich, eine Liste aller Mitwisser aufzustellen, es müssen wohl aber eine ganze Rei-he gewesen sein. Wichtig ist, daß allen, wie auch schon Benézéch, bewußt war, daß sie durch die Preisgabe ihres Mitwissens kei-nem Menschen nützten und keinen Dank erwarten konnten, daß sie vielmehr gewärtig sein mußten, sich selbst in Gefahr zu bringen und einer Bestrafung auszusetzen. Von fürstlichen Per-sonen aber, deren Eingeweihtsein bereits erwähnt worden ist, war eine Indiskretion aus den jeweils erörterten Gründen noch weit weniger zu befürchten. Für fast alle Mitwisser aber wäre es schon vom Jahre 1799 an ein gewagtes Unternehmen gewesen, mit einer Behauptung hervorzutreten, die nur zu beweisen war, wenn man die echte Prinzessin hätte ins Treffen führen kön-nen. Das aber war, wie wir gesehen haben, von dem Moment an nicht mehr möglich, als sie unter den Schutz van der Valcks kam.

Nunmehr werden aber alle so übertrieben erscheinenden Maßnahmen ihres Beschützers van der Valck in ihrem ganzen Umfang verständlich. Er mußte die Prinzessin nicht nur vor Mörderhand, sondern auch vor jedem Bekanntwerden bewah-ren, was, wie man jetzt verstehen wird, zu den schlimmsten Fol-gen hätte führen können. Da van der Valck niemals sicher sein konnte, ob nicht eine der Dame begegnende Person etwas von dem Geheimnis wußte und nach Erkennen der Prinzessin nichts Eiligeres zu tun haben würde, als die Entdeckung denen zu ver-raten, für die diese Mitteilung von größerem Wert gewesen wäre, so blieb tatsächlich nichts anderes übrig, als eine Maßnahme zu ergreifen, zu der man sich vielleicht schwer genug entschlossen hat, aber nach den in Ingelfingen gemachten Erfahrungen ja doch gezwungen war, nämlich die Gesichtszüge der Dame allen Blicken dadurch zu entziehen, daß sie sich nie anders als tief verschleiert zeigte. Man kann sich jetzt auch erklären, daß van der Valck viele Stunden am Tag mit dem Durchstudieren von Zeitungen beschäftigt war, um womöglich eine Notiz zu finden, daß man dem Aufenthaltsort seiner Schutzbefohlenen trotz aller Vorkehrungsmaßnahmen auf die Spur gekommen sein könnte. Auch seine ausgedehnte Korrespondenz mag demselben Zweck gedient haben. Wir wissen, daß der Graf die meiste Zeit des Tages mit Schreiben zugebracht hat und eine ebenso große Menge Briefe absandte, wie er empfing. Er schreibt einmal an Pfarrer Kühner, daß ihm täglich oft nur eine Stunde zur Lektüre übrig bleibe. Die Briefe, die er an seine Familie in Holland schrieb, können demnach nur einen kleinen Teil seiner Gesamtkorrespondenz ausgemacht haben. Wer aber die vielen anderen Empfänger seiner Briefe waren, konnte selbst nach seinem Tod nicht mehr festgestellt werden und wird auch nie mehr festzustellen sein.[62]

Alltag im Schloss Eishausen

Eishausen ist und bleibt für das Paar ein selbst gewähltes Gefängnis.

Karl Kühner schreibt:

Früh um 4 oder 5 Uhr klopfte die „Aufwärterin" (...) an einem Fenster des Schlosses, gab durch das Fenster die Milch an die Köchin ab, erhielt die Zeitung für den Pfarrer und andere Aufträge. Um 9 Uhr sah man die „Bötin" aus der Stadt kommen; sie brachte Nahrungsmittel und andere Bestellungen aus

---

62   SACHSEN-ALTENBURG: Das Rätsel .... – S. 176 f.

Neujahrsschießen in Eishausen

In anderen Zusammenhängen ist bereits verdeutlicht worden, dass der Graf um jeden Preis Lärm und jegliche Belästigung wegen der ihm anvertrauten Dame ahndet oder verfolgen lässt, auch wenn es sich um das Gehabe oder bubenhafter Streiche pubertierender Jugendlicher handelt.

In einer Neujahrsnacht erregt sich der Graf über eine Schießerei Eishäuser Jugendlicher so, dass er nachts die Köchin Johanna Weber zum Pfarrer schickt, er möge für Ruhe sorgen. Karl Kühner schreibt, die Köchin sei zu dieser Zeit außer der Gräfin die einzige Person im Schloss gewesen, so kann es sich nur um die Neujahrsnacht 1817/18 nach dem Tod des Kammerdieners Scharr gehandelt haben. Das erstaunt, denn dann haben Graf und Gräfin schon viele Neujahrsnächte zuvor Schießereien ertragen müssen. Vielleicht ist seine Gefährtin in all den Jahren des Verborgenseins empfindlicher und ängstlicher geworden, vielleicht haben die ständigen Truppendurchzüge zwischen 1812 und 1815 dazu beigetragen.

In der besagten Neujahrsnacht 1817/18 hat Leutnant Heinrich Andreä von seinem Vater, dem Senator, die Aufgaben als Kommissionär des Grafen übernommen und erhält damit die erste große Chance, seinen Eifer und seine Anhänglichkeit zu beweisen. Und so beschwert er sich im Auftrag des Grafen mit äußerstem Nachdruck beim Hildburghäuser Amt und bewirkt, dass etwa zehn der Burschen einem Verhör unterzogen werden und ins Gefängnis kommen. Als Offizier kann er erreichen, dass in der nächsten Neujahrsnacht zwei Landjäger mit einem Militärkommando nach Eishausen entsandt werden. Bereits am Nachmittag verpflichtet ein Regierungsbeamter zwölf angesehene Bauern, die Wache

131

mit zu übernehmen. Humorvoll hat Kühner[1] geschildert, wie die Polizeimannschaft, das Militär und die verpflichteten Bauern mit dem Glatteis kämpfen müssen. Die pfiffigen Eishäuser Burschen ihrerseits bekommen aus den Nachbarorten Verstärkung. Und es wird in der Neujahrsnacht noch wilder als in den Vorjahren herumgeknallt. Mit gleichem Aufwand an Polizei, Militär und sogar mit einer aus Bauern gebildeten Schutzmannschaft hat sich das Spektakel noch zwei, drei weitere Neujahrsnächte wiederholt. Erst dem Pfarrer ist es gelungen, die Burschen mit einer gräflichen Geldspende zur Kirmes zur „Vernunft" zu bringen.

Der Graf nimmt dieses Ereignis zum Anlass, sich mit einem Brief bei seinem Kommissionär auf das herzlichste zu bedanken. Wie immer schreibt er ohne Jahr, ohne Anrede sowie ohne Unterschrift und verlangt vom Adressaten, dass sein Brief mit einer Antwort postwendend zurückgesandt wird:

1. Jan. [vermutlich 1820]

Mit dem größten Vergnügen kann ich Ew: Wohlg: die Nachricht, geben, daß heute alles in der besten Ordnung abgelauffen ist. Ich sehe in dem guten Erfolg der genommenen Maßregeln einen neuen Beweys der immer treu und geneigten Andréischen Familie.

Es war ein Doppeltes Glück daß die Nacht über alle Erwartung ruhig und stille vorüberging. Ich leide seit 8 Tagen an einer Diarhée, die vorgestern sich zu bessern schien, diese Nacht sich aber wieder eingestellt hat, und mich immer mehr herabstimmt. Wenn Ew: Wohlg: glauben, daß man dem Herrn Oberjäger, der die Nacht hier war und

---

1 [KÜHNER]: Die Geheimnisvollen im Schlosse zu Eishausen. – S. 28.

bei seiner Ankunft sich meldete, ein douceur [Süßigkeit, Trinkgeld, Geschenk] *anbieten durfte, so würde ich auch hier dero Gefälligkeit in Anspruch nehmen.*

Zum Schluß, den ich leider heute will, nun noch mein Dank für die mir, bei allen Vorfallen, und in allen Verhältnissen, erwiesene treue Diensten; die Bitte für deren Fortdauer, mit den aufrichtigsten Wunsch für das Wohl Ew: Wohl & der mir immer schätzbaren Familie

W. Ew: Gn: Gn: W.

Die Abkürzungen an der rechten unteren Ecke des Briefes sind von Andreäs Hand und sollen heißen: Wollen Ew. Gnaden Gnädigst Wenden.

Die Rückantwort Andreäs:

Sehr erfreut bin ich, dass diese Neujahrsnacht endlich einmal ruhig abgelauffen ist und Ew. Gnaden wenig beunruhigt hat. Sehr leid thut es mir jedoch dass Ew: Gnaden dennoch durch diese Unpässlichkeit leiden müssen und ich wünsche vom Herzen die baldigste Herstellung.

Es liegt zwar in der strengen Instruction der Feldjäger, keine Geschenke annehmen zu dürfen, doch würde ich es der Zukunft wegen, gerne auf eine schickliche Art zu bewerkstelligen suchen, wenn Ew: Gnaden das Nähere deswegen, gnädigst bestimmen würden.

Unverändert den Diensten Ew: Gnaden gewidmet verharre mit vollkomner Unterthänigkeit.[2]

---

2   Das Schreiben befindet sich im Pfarrarchiv Eishausen.

133

Der Brief des Grafen und die Antwort Andreäs sind bezeichnend für die Art ihres Umgangs miteinander. Doch darüber hinaus ist der Brief ein Beweis, dass der mehr als mysteriöse Einsatz von zehn Landjägern und ihrem Kommandeur zur Verhinderung einer harmlosen neujahrsnächtlichen Knallerei tatsächlich stattgefunden hat, ja, dass der Landjägermeister sich selbst beim Grafen vor diesem Einsatz gemeldet hat. Kann es überhaupt noch einen Zweifel geben, dass es sich dabei nicht nur um eine willkürliche Laune des Grafen gehandelt hat. Andreä hat sicherlich gewusst, wer unter allen Umständen geschützt werden muss.

Der Testamtsvollstrecker der Erben des Grafen, Gerichtsadvokat Jacobi, hat diesen Brief im Nachlass gefunden und es für richtig befunden, ihn Heinrich Andreä zu übergeben. Nach seinem Tod ist der Brief auf Umwegen in die Hände von Dr. Human gelangt, in dessen Nachlass er vor einigen Jahren überraschend gefunden worden ist. Er befindet sich jetzt im Pfarrarchiv Eishausen.

der Stadt und die Briefe und Zeitungen der Morgenpost; ihr wurde das Schloß geöffnet; sie besorgte das Reinigen der Zimmer und dergleichen mehr.

Der Kammerdiener besorgte, neben seinem geheimen Dienste im Schlosse, die Wartung der Pferde, welche wieder angeschafft worden waren. Um 10 Uhr hielt gewöhnlich die Equipage des Grafen vor der Schloßthüre. Der Graf erschien mit der tief verschleierten Dame, führte sie mit dem Hut in der Hand die Treppe herab an den Wagenschlag, hob sie nach einer Verbeugung hinein, setzte sich dann selbst ein, und nun brausten die zwei riesengroßen pechschwarzen Rappen mit dem niemals zurückgeschlagenem Wagen, den „Kammerdiener" in dreieckigem Hute und silberstrotzender Livree als Kutscher auf dem Bock, das Dorf hervor auf dem Wege nach Rodach zu, einem kleinen koburgischen Landstädtchen. Ein paar Hundert Schritte vor der Stadt wendete der Wagen um und fuhr nach Hause. Mitunter fuhr der Graf allein, ohne Begleitung der Dame, sehr selten des Nachmittags. Niemals ist die Dame allein ausgefahren.

Gegen Mittag verließ die „Bötin" das Schloß; am Nachmittag kam der „Bote" mit den Nachmittagszeitungen und zur Besorgung neuer Geschäfte. Am Mittwoch und Sonnabend Nachmittag ging noch ein dritter Bote, ein Mann vom Dorfe, in die Stadt, um die Abendzeitung zu holen.[63]

„Zettelfreundschaft" mit Pfarrer Heinrich Kühner

Der Graf duldet keine Annäherung an seine Person. Selbst ein Schreiben der Herzogin Charlotte, die sich für die erbrachten Wohltaten des Grafen für das kleine Land bedankt,

---

63 [KÜHNER]: Die Geheimnisvollen .... – S. 16 f.

wiegelt er „artig" in einem französisch geschriebenen Brief ab, der keine Anknüpfungspunkte für eine Antwort gibt. Der gesamte amtliche und geschäftliche Schriftverkehr wird ansonsten von seinen jeweiligen Kommissionären erledigt.

Ganz anders verhält er sich zu dem protestantischen Pfarrer und ehemaligen Hofprediger Heinrich Kühner[64], dem Lehrer und Erzieher der herzoglichen Kinder des Hauses Hildburghausen, darunter die spätere Königin Therese von Bayern, und Prinzessin Luise, ab 1826 Herzogin von Nassau. Den Grafen und den Geistlichen verbindet über vierzehn Jahre hinweg eine Brief-, richtiger gesagt eine „Zettelfreundschaft". Kühner, eine hochgebildete Persönlichkeit, ist seit 1812 Pfarrer in Eishausen. Die Korrespondenzpartner können sich gegenseitig in die Fenster schauen. Miteinander gesprochen haben sie aber nie. Der Graf hat weltmännische Interessen und bezieht bedeutende in- und ausländische Zeitungen sowie Zeitschriften, die er nach Durchsicht auch dem Pfarrer zukommen lässt. Eine Dienerin muss die Zettel oft bis zu zehnmal täglich hin- und hertragen, wobei sie die Zeilen des Grafen stets wieder zurückzubringen hat. Das Hygienebedürfnis des Grafen verlangt, dass die Papiere nur mit Glacéhandschuhen angefasst werden. Auf den Korrespondenzblättern verzichten die Partner auf Anrede, Datum und Unterschrift. Dieser sonderbare Gedankenaustausch,

---

64   Die Autoren gehen gegenwärtig dem Verdacht nach und suchen nach entsprechenden Hinweisen, dass es keinen Grund gegeben hat, den Hofprediger Heinrich Kühner auf irgendeine bedeutungslose Dorfpfarrstelle zu setzen, sondern dass er vom Herzogspaar bzw. vom Konsistorium (Dr. Carl Ludwig Nonne) zum Schutz von Vavel de Versay und seiner Begleiterin diesen Auftrag in Eishausen erhalten hat, den er fürsorglich und in größter Verschwiegenheit erfüllt. – Die Aussage bleibt jedoch spekulativ, muss aber bei künftigen Untersuchungen mit in Betracht gezogen werden.

136

bei dem politische, literarische, religiöse und freimaurerische Themen diskutiert worden sind, hat höchstes intellektuelles Niveau und ist für den Grafen in seiner Abgeschiedenheit wichtiger Lebensinhalt.

Karl Kühner zum Schriftwechsel und zu den intellektuellen Interessen des Dunkelgrafen

Die Korrespondenz des „Grafen" zeugte von umfassenden und gründlichen Kenntnissen, von einem scharfen Urteil überhaupt und von tiefer politischer Einsicht, insbesondere, von einer lebendigen, selbst in der größten äußeren Abgeschlossenheit nie rastenden, die in vorgefaßten Meinungen erstarrenden Teilnahme an Wissenschaft, Kunst, Politik, von einem staunenswerten Gedächtnis, das sich namentlich in reichen und treffenden Citaten aus französischen, englischen, italienischen, lateinischen und deutschen Schriftstellern äußerte. ...

Er hatte bei mehreren Veranlassungen eine Sympathie für die Bourbonen geäußert, die mehr als eine nur politische zu sein schien. ...

Nach den Büchern, die er lieh, läßt sich z. B. annehmen, daß er mehrere Jahre hintereinander Naturphilosophie (französische und deutsche) studierte und hierauf christliche Ketzer von den ältesten Zeiten an und christliche Kirchengeschichte überhaupt. – Voltaire schätzte er sehr hoch. Er war, was man sagt, ziemlich bibelfest; doch in Sachen des Glaubens stand er mit Lessings Nathans auf einer Linie. Er las David Friedrich Strauß mit großem Interesse ...

So finden wir ... die Korrespondenz über tierischen Magnetismus, Locke, Kant, Schelling, Schleiermacher, de Wett; spezielle Vorsehung, Unsterblichkeit, positive Religion, Stolbergs

*Übertritt, Reform des Universitätswesens, Ursprung der alten
Ägypter, neben anderen Tagesfragen sich verbreiten.*[65]

Tod des Dieners Johann Philipp Scharr

Das erste einschneidende Ereignis für die Schlossbewohner in Eishausen ist der Tod des alten Dieners Scharr am
6. April 1817, der zwei Tage später in aller Stille in Eishausen
begraben wird.

Er wohnt seit 1810 mit der Köchin Johanna Weber zusammen im Erdgeschoss und hat mit ihr zwei Kinder: Philipp Papageno[66] und Dorothea Papagena. Die Beinamen als
Kinder der freien Liebe aus der Mozart-Oper „Die Zauberflöte" hat ihnen der Graf gegeben. Aus den Eintragungen
in den Kirchenbüchern von Eishausen geht hervor, dass der
vornehme Diener Johann Philipp Scharr geheißen hat und
dass auch die beiden Kinder auf den Namen „Scharr" getauft
worden sind. Ob sie allerdings seine Kinder gewesen sind, ist
ein weiteres Rätsel, ist er doch zu jener Zeit schon ein sehr
kranker Mann. Die beiden Kinder sind nicht im Schloss,
sondern von ihren jeweiligen Taufpaten im benachbarten
Steinfeld erzogen worden.

Scharr ist bei seinem Tod 73 Jahre alt, also 1744 geboren
worden. Es ist nachweisbar, dass der an Brustwassersucht
Verstorbene *aus der Schweitz* stammt. So steht es in seiner
Sterbeurkunde. Ob der zutiefst verschwiegene Mann ein

---

65 Nach: [KÜHNER]: Die Geheimnisvollen ... – S. 35 ff.

66 Nach Karl Kühner ist Philipp Papageno von den Dorfbewohnern
auch „Papperle" genannt worden. Er soll, ist überliefert worden, dem
Dunkelgrafen später wegen seines liederlichen Lebenswandels viel Ver-
druss bereitet haben.

ausgedienter Schweizergardist im Dienste des französischen Königs gewesen ist, bleibt ungeklärt.

Die herzogliche Freundin Charlotte

Das zweite schmerzliche Ereignis folgt am 14. Mai 1818 – der frühe Tod der außerordentlich beliebten Herzogin Charlotte, die im Alter von 48 Jahren verstirbt. Die musisch talentierte Landesherrin, eine geborene Prinzessin von Mecklenburg-Strelitz, unterstützt viele Reformen in dem kleinen deutschen Land. Sie engagiert sich für die Entwicklung des Geisteslebens, vor allem für Kunst und Literatur. [67] Die Herzogin begeistert sich für die Lehren des Schweizer Schulreformers Pestalozzi, den sie im Sommer 1817 mit Carl Ludwig Nonne im schweizerischen Yverdon (Ifferten) besucht. Sie treibt die Schulreform unter ihrem Konsistorialrat Nonne voran. Charlotte, vom Volk wegen ihrer Sangeskünste liebevoll „Singlotte" genannt, ist eine Schwester der ihr in den Tod vorangegangenen Königin Luise von Preußen, die viele Monate ihres Lebens in Hildburghausen verbracht hat. Von Luises patriotischem Engagement gegen die Fremdherrschaft Napoléons und ihrer Lebensweise geht eine große

---

67   Der Dichter Jean Paul kommt auf Einladung Herzogin Charlottes nach Hildburghausen. Herzog Friedrich ernennt den populären Dichter zum Legationsrat. Sein Logis findet er im Gasthof „Zum Erbprinzen" bei Hofbüttner Christian Gehring (später: Gasthaus Fränkische Leuchte), und seine Wohnung nimmt er am Schlossplatz in einer ehemaligen Amtswohnung. Den politischen Bildungsroman Titan (1800 – 1803, in Meiningen vollendet) widmet er den vier königlichen Schwestern auf dem Thron (Friederike v. Hannover, Therese v. Thurn und Taxis, Luise v. Preußen, Charlotte v. Sachsen-Hildburghausen). Nach Zerwürfnissen mit dem Hof verlässt er die Stadt.

moralische Wirkung auf das deutsche Volk aus, das inzwischen allmählich und unter Schmerzen zu einem Nationalgefühl gefunden hat. – Ihrer Schwester lässt Charlotte im Hildburghäuser Schlosspark ein Denkmal setzen, das erste für die Königin außerhalb Preußens.

Dem Paar in Eishausen ist Herzogin Charlotte insgeheim in besonderer Weise sehr verbunden gewesen, sie ist über elf Jahre hinweg der gute Geist für Marie Thérèse Charlotte von Frankreich und ihren Beschützer Leonardus Cornelius van der Valck. Sie gilt neben van der Valck als d i e Beschützerin und Wahrerin des Geheimnisses um das Dunkelgrafenpaar. Die Herzogin kennt die einsame Prinzessin von kleinauf und mit ihrem Tod wird das letzte Band zu Kindheit, Elternhaus und zu ihren ermordeten Eltern zerrissen.

Heikle Situation nach dem Teilungsvertrag

Am schwersten wird der Graf am 17. November 1826 getroffen: An diesem Tag verlässt Herzog Friedrich mit dem größten Teil des Hofstaates das Land und übernimmt nach dem Teilungsvertrag von Hildburghausen vom 12. November 1826[68] das verwaiste, aber wirtschaftlich attraktivere Sachsen-Altenburg. Damit verliert das Paar vor Ort einen weiteren Beschützer, unter dem es neunzehn Jahre lang unbehelligt hat leben können. Doch der Herzog hat vorgesorgt: Er hinterlässt eine Anordnung für seine Regierung, einen so genannten „Schutzbrief".

---

68   Das Herzogtum Sachsen-Hildburghausen fällt mit Ausnahme der beiden Exklaven Sonnefeld und Königsberg/Franken an das Herzogtum Meiningen.

Dunkelgrafenspende für die Eishäuser Armenkasse[1]

Wir Endunterzeichnete bekennen hiermit
Im Namen der hiesigen Gemeinde Eishausen, daß
uns am untenbezeichneten Dat: von hiesiger Armencasse 50 fl. rhn. Schreibe mit Worten:
   Fünfzig Gulden rhn.
Welche H. von Vavel allhier an die hiesige Armen-
Casse verschenkt hat, in die hiesige Gemeindecasse als
Ein zu fünf Procent jährlich zu verzinsendes Capital
baar vorgeschossen und dargeliehen wurde. Wie wir nun
den hiermit und kraft dieses den baaren und richtigen Empfang des obigen Darlehns von 50 fl. rhn. bescheinigen:
so versprechen wir auch solches Legat und eiserne
Capital in hiesige Gemeinde aufgenommen zu haben, mit
2 fl. 30 kr. rhn. jährlich, und nemlich am heilichen Christabend
an hiesige Armencasse zu verzinsen, und denselben Tag unter
die hiesigen Armen zu vertheilen. Zu mehrerer Urkunde
haben wir diesen Schuldschein eigenhändig unterschrieben und mit
dem Gemeindesiegel bestädigt. So geschehen Eishausen
   d. 24t. Dec. 1840

[Siegel]   Johann Georg Amberg Schultheiß
                           Joh: Friedrich Wüst DorfsMstr.
                           Joh: Georg Kuß
Joh Friedrich Reger   Joh: Nicolaus Fischer,
Johannes Amberg   Joh. Caspar Brückner
Joh. Adam Keyser.

---

1   Dokument im Besitz des Heimatvereins Eishausen e.V.

141

Schutzbrief des Herzogs Friedrich
von Sachsen-Hildburghausen

Wir Friedrich von Gottes Gnaden, Herzog zu Sachsen, souveräner Fürst von Hildburghausen haben auf die Uns von dem Leutnant und Kaufmann Andreä allhier als Commissionär des Herrn Grafen Vavel gemachte Anzeige von einer seinem gedachten Prinzipal bei dem Abschlusse des Mietvertrages über die im Schlosse zu Eishausen befindliche Böden gestellten missfälligen Bedingungen die Finanzabteilung unserer Landesregierung angewiesen, dergleichen Bedingungen aus dem abzuschließenden Vertrage hinweg zu lassen und über diejenigen Bedingungen, welche den Wünschen desselben mehr entsprechen möchten, sich vorerst mit ihm, dem Commissionär zu benehmen, indem Wir gegen den Herrn Grafen Vavel durchaus diejenigen Rücksichten beobachtet und betätigt wissen wollen, auf welche er sich durch sein bisheriges benehmen selbst Ansprüche erworben und welche Wir ihm gleich bei seinem Eintritte in unser Land haben gedeihen lassen. Wie Wir denn den Herrn Grafen solange er seinen Aufenthalt in diesem fortsetzen wird, beständig unter Unseren besonderen Schutz nehmen und nicht zugeben werden, dass ihm irgendeine Unannehmlichkeit zugefügt werde, zu welchem Ende der Herr Leutnant und Kaufmann Andreä, wo ein solcher Fall eintreten könnte, uns sofort unmittelbare Anzeige zu erstatten hat.

Hildburghausen, den 12. März 1824,
Friedrich Herzog z. Sachsen.[69]

---

69   Quelle: ThStAMgn, Oberlandesgericht Hildburghausen, Nr. 2021, Bl. 29. Bei der Quelle handelt es sich um eine notariell beglaubigte Abschrift (Andreä hat sich mehrere Abschriften beglaubigen lassen), s. Horbas: Das Geheimnis von Eishausen.

Im Schutzbrief lässt also Herzog Friedrich dokumentieren, dass es für alle Zeiten sein Wunsch sei, dass das Paar beschützt und unbehelligt leben möge. Er wolle auch vorsorgen, dass das Geheimnis innerhalb der herzoglichen Familie bewahrt werde.

Es ist bekannt geworden, dass Friedrichs Söhne Joseph und Georg, die späteren Herzöge von Sachsen-Altenburg, ihm als junge Husarenoffiziere einen feierlichen Eid aufs Kreuz leisten müssen und über die wahre Identität des Paares in Eishausen niemals etwas verlauten lassen. Sie haben diesen Eid gehalten, auch ihre Geschwister und ihre Nachkommen haben davon gewusst.

Neuer Landesherr und Ehrenbürgertitel

Neuer Landesherr wird 1826 der 26-jährige Herzog Bernhard II. Erich Freund[70] von Sachsen-Meiningen-Hildburghausen. Der scheidende Herzog Friedrich hat seinem Nachfolger sicherlich den Schutz des Paares ans Herz gelegt. Auch wenn der neue Landesherr gewusst hat, um wen es sich handelt, drängt seine Meininger Regierung auf eine Legitimation der Fremden, die der Herzog nur schwer verhindern kann, ohne das Geheimnis preiszugeben. In dieser Situation droht der Graf, das Land zu verlassen. In offiziellen Kreisen weiß man, das kann einen ungeheuren Verlust an Wohltätigkeit für die Region nach sich ziehen. Der Dunkelgraf ist ohnehin durch den plötzlichen Tod von Pfarrer Heinrich Kühner am 9. Februar 1827 zutiefst betroffen. Sein letztes aktives Band zur Außenwelt ist damit zerrissen, schreibt er. Und dieses Band

---

70   hinfort: Bernhard II.

ist durch nichts erneuerbar, auch wenn er mit der Pfarrwitwe über viele Jahre hinweg eine rege Korrespondenz geführt hat, die nach dem bekannten Prozedere abläuft. Doch sein Kommissionär, der umtriebige und findige Oberleutnant Heinrich Andreä, hat den Magistrat der Stadt Hildburghausen bewogen, den Grafen zum Ehrenbürger zu ernennen, was am 24. Mai 1827 erfolgt ist. Damit ist seine Legitimation gerettet und seine Wohltätigkeit gewürdigt worden.[71]

Ehrenbürgerbrief für Vavel de Versay:

Wir Bürgermeister und Magistrat der Stadt Hildburghausen beurkunden hierdurch, dass wir anheute mit Zustimmung des Gemeinderates Sr. Hochwohlgeboren dem Herrn de Vavel das Bürgerrecht der hiesigen Stadt verliehen haben.

In Erwägung dass des Herrn de Vavel hochwohlgeboren bereits über 20 Jahre lang in der hiesigen Stadt oder Gegend nächst derselben Wohnsitz gehabt und während dieser Zeit stets thätigen Anteil an dem Wohl der Stadt und ihre Bewohner genommen haben, zweifeln wir nicht, dass Hochdieselben dieses Ehrenbürgerrecht, als einigen Beweis unserer Verehrung und des Dankgefühles der Vorsteher der hiesigen Stadt aufnehmen und nach hohem Gefallen gebrauchen mögen, wobei wir nochmals die Gelegenheit ergreifen, unsere Stadt dem neuen erhabenen Mitbürger zur hohen Geneigtheit zu empfehlen.

Urkundlich ist dieses Bürgerdiplom unter des Magistrats größerem Insiegel ausgefertigt und mit unserer Unterschrift bestätigt worden.

---

71   Nach Helga Rühle v. Lilienstern befindet sich der Ehrenbürgerbrief im niederländischen Nationalarchiv Den Haag, das Dokument ist nach de Lannoy bislang nicht gefunden worden. s. auch Anhang: „Liste des sich in 2 Paketen befindenden schriftlichen Nachlasses des verstorbenen Leonardus Cornelius van der Valck verstorben zu Eishausen – 8. April 1845".

„So geschehen, Hildburghausen,
den 24. Mayi 1827.
                    Magistrat allhier.[72]

Der Graf entschließt sich nach dieser ungewöhnlichen Ehrung, in Eishausen zu bleiben und bedankt sich mit dem
Kauf eines Hauses am Rande der Stadt Hildburghausen, das
durch den Fortgang des Hofes frei geworden ist. Sein Kommissionär Heinrich Andreä erwirbt für 3 300 Rheinische
Gulden das nahe dem Spital gelegene attraktive Schwarzkopfsche Haus, die spätere Villa Vogel[73]. Andreä wird beauftragt, das gesamte Haus renovieren zu lassen und stattet
es mit eleganten Möbeln aus. Der Garten wird gestaltet
und aus Sicherheitsgründen mit einem hohen Zaun umgeben. Parterre wohnt das Dienerpaar Johann und Katharina
Schmidt mit den Söhnen Johann Ehrhardt und Simon. Das
Dunkelgrafenpaar bezieht das erste Obergeschoss.

Für seine Fahrten zur neuen Besitzung am Rande der ehemaligen Residenzstadt Hildburghausen kauft der Graf vier
Postpferde und in Frankfurt am Main einen eleganten Reisewagen, außerdem noch einen grün lackierten halbverdeckten
Reisewagen mit Vorwagen. Das Paar muss nun nicht mehr
durch die Stadt fahren, aber die Aufenthalte haben sich immer nur auf einige wenige Stunden beschränkt. Zu Über-
nachtungen ist es nie gekommen. Meist am späten Nachmittag oder in der Dämmerung kehrt das Dunkelgrafenpaar
nach Eishausen zurück. Wenn es sich in der Villa aufgehalten
hat, sind Laternen angezündet worden, um nach außen zu
signalisieren, dass es anwesend ist.

---

72   HUMAN: Der Dunkelgraf I. – S. 63.

73   Auf dem heutigen Parkplatz gegenüber der Bahnhofstraße in der
Rückertstraße, das Haus ist 1911 abgerissen worden.

Bei einer dieser Fahrten sind die beiden in der Marienstraße ausgestiegen und hinter dem Wagen einhergegangen. Die Dame schlägt den Schleier zurück, und in dieser Situation begegnet ihnen der alte einflussreiche Senator, Geheimrat Carl Friedrich von Bibra, der bei der Dame eine auffallende Ähnlichkeit mit der Königsfamilie von Frankreich feststellen kann, die er vor Jahren in Versailles kennen gelernt hat. Bemerkenswert ist, dass er die Dame in dem entlegenen Ort Hildburghausen unerwartet als Bourbonin identifiziert. Es hat auch keine Nachricht gegeben, dass sich Madame Royale auf Reisen befunden habe. Diese Szene ist mehrfach überliefert worden. Sie erinnert sehr an ähnliche Beobachtungen in Ingelfingen, doch in Hildburghausen hat man damals von dem früheren Aufenthalt des Paares weder etwas gewusst noch geahnt.

1831 hat sich das geheimnisvolle Paar zum letzten Mal in der Villa aufgehalten, hat es doch, so berichtet Human, einen unangenehmen Zwischenfall gegeben.[74]

Im Garten hat sich ein Mann namens Schubart aufgehalten, der seine unglücklich verheiratete Tochter sprechen will. Dort trifft er mit dem Grafen zusammen und es kommt zu einem hitzigen Wortgefecht. Der Hausherr ist zutiefst empört und meidet künftig das Anwesen.

Die Söhne Schmidt heiraten 1832 und die Schwiegertöchter ziehen mit in das Schwarzkopfsche Haus ein. Nach der Schwangerschaft von Dorothea wird es im Haus zu eng, und das Ehepaar Simon und Dorothea Schmidt zieht in das im Juni 1833 vom Grafen über Andreä für 800 Gulden gekaufte Haus „Schulersberg" ein.[75] Dort wird dem jungen Paar am

---

74 HUMAN: Dunkelgraf II. – S. 28.

75 Mit dem Haus und einem großen Garten wird Vavel am 24. Juni 1833 belehnt und von Gewerbe- und Personalkosten freigestellt.

10. November 1833 ihr Sohn Johann Ludwig geboren, der vom Grafen Pedrillo genannt wird.

Der Stadtberg – Lieblingsdomizil und letzte Ruhestätte von Marie Thérèse Charlotte von Frankreich

Vom Weg aus entdeckt das Dunkelgrafenpaar eines Tages am Nordabhang des Hildburghäuser Stadtberges ein eindrucksvolles Haus. 1833 kann es der Dunkelgraf vom Kammerherrn Geheimrat von Schuler[76] käuflich erwerben. Das Anwesen wird der Lieblingsort der Prinzessin, die hier ein besonderes Refugium gefunden und sicherlich den herrlichen Blick auf Hildburghausen sehr genossen hat. Eine längere Verweildauer hat es jedoch auch hier aus Sicherheitsgründen nie gegeben. Vor Einbruch der Dunkelheit erfolgt stets die Rückfahrt nach Eishausen.

In den dreißiger Jahren ist Madame Royale von Krankheiten gezeichnet, aber auch der Graf ist gealtert und leidet schwer an der Gicht. Die Dame bedarf der ständigen Pflege und wird, so wird berichtet, im Eishäuser Schloss vom Grafen auch mit einem Rollstuhl gefahren. In Krisensituationen ruft er die Ärzte Dr. Carl Hohnbaum und Dr. Christian Knopf herbei. Die erfahrenen Mediziner können sich aber nicht selbst ein Bild von der Patientin machen und eine Diagnose stellen, sondern sie müssen in einem Nebenzimmer

---

76   Schuler, Carl Christian v.: Großherzoglich Mecklenburg-Strelitzscher Kammerherr (1756 – 1838), hat von Herrn v. Gussio den ehemaligen Heßbergschen Berggarten gekauft, der später „Schulersberg" genannt wird. Von Schuler ist Teilnehmer am amerikanischen Unabhängigkeitskrieg gewesen. – Da das ehemalige traditionsreiche Haus „Schulersberg" vor wenigen Jahren wegen Baufälligkeit eingestürzt ist, verwenden die Autoren hinfort nur den geografischen Namen „Stadtberg".

warten und werden vom Grafen nach ständiger Rücksprache mit der Leidenden über das Krankheitsbild informiert. Erst nach angemessener Zeit können die beiden Ärzte diagnostizieren und entsprechende Arzneien verschreiben, die umgehend aus einer Coburger Apotheke herbeigeschafft werden. Über die Krankheit(en) ist später ohne Ergebnis viel gerätselt worden.

Veränderungen in der Dienerschaft

Im Jahr 1835 kommt es im Personalbestand des Dunkelgrafen zu einschneidenden Veränderungen.[77] Es gibt zwei wesentliche Gründe: Aus Sicht des Grafen stellt die Köchin Johanna Weber inzwischen ein Sicherheitsrisiko dar und andererseits sind die in die Jahre gekommenen Diener nur schwer in der Lage, die Pflege des kränklich gewordenen Paares wahrzunehmen.

Die Dienerschaft wird verjüngt, dabei konzentriert sich der Graf auf eine junge Familie, auf die er sich absolut verlassen kann, nämlich auf Johann Ehrhardt und Friederike Schmidt.

Für die Köchin Johanna Weber wird schnell ein Entlassungsgrund gefunden: Johanna nimmt bei einem Gewitter ihren inzwischen erwachsenen Sohn, zu dem sie kaum Kontakt hat, mit ins Schloss. Damit sie weiterhin schweigsam bleibt, und da plagen den Grafen erhebliche Zweifel, wird sie finanziell gut abgesichert. Auch der alternde treue Johann Schmidt muss seinen Dienst quittieren. An seine Stelle kommt sein Sohn Johann Ehrhardt in die Funktion

---

77 Einzelheiten dazu im Kapitel „Die Dienerschaft".

des Kammerdieners und seine Frau Friederike wird Köchin. Als Ersatzleute für die Botendienste stellt der Graf Johann Amberg, den Schwiegersohn der „Teichgreth" ein, der mit seiner Frau Dorothea den Grafen bis zu seinem Tod versorgt. Katharina Schmidt, die weiterhin die Gräfin pflegt, darf bis zu ihrem Tod 1843 das Schloss nicht wieder verlassen.

Ein königliches Leben in Stille und Einsamkeit hat sich vollendet

Im Oktober 1837 erkrankt die gesundheitlich angeschlagene Königstochter nach einem Schwächeanfall im Garten sehr und kann sich nicht wieder erholen. Marie Thérèse Charlotte von Frankreich stirbt am 25. November 1837 gegen 22 Uhr im Alter von 58 Jahren.

Der Graf will sie an ihrem Lieblingsort beerdigen lassen. Bis das aber genehmigt wird, bedarf es der Lösung des Konflikts um die Identifikation der Dame, die die Behörden beharrlich verlangen.

Am 26. November wird die Verstorbene von den Dienern in das Erdgeschoss des Eishäuser Schlosses getragen und von dem Chirurgen J. Bachmann untersucht. Er stellt eine natürliche Todesursache fest, ihr Alter schätzt er auf etwa 60 Jahre. Die befragte Dienerschaft erklärt, dass die Gräfin an allgemeiner Schwäche gestorben sei.

Eine Sonderkommission fordert vor Ort die Identität der Dame. Der Graf weigert sich konsequent und betont, dass die Dame nicht seine Gemahlin gewesen sei und dass er sie nie dafür ausgegeben habe.[78] Damit ist aber das Problem

---

78   Nach MAECKEL: Das Rätsel von Hildburghausen – 1926, S. 38.

nicht gelöst und die Behörde reagiert weiterhin hartnäckig.

Letztlich ist es dem Grafen aber gelungen, die Erlaubnis des Herzogs für die Beisetzung seiner Lebensgefährtin auf dem Berggarten zu erhalten, sicherlich auch auf Vermittlung von Mitgliedern des ehemaligen Hildburghäuser Herzogshauses. Hier kommt in erster Linie Herzogin Paul von Württemberg, die geborene Prinzessin Charlotte von Sachsen-Hildburghausen[79], in Betracht, die ihren Wohnsitz nach der gescheiterten Ehe mit Herzog Paul von Württemberg wieder in Hildburghausen genommen hat und 1826 nicht mit dem Hof nach Altenburg umzieht.

Es hat jedoch seitens der Kirchenbehörde und ihres Oberkonsistorialrats Dr. Carl Ludwig Nonne einer Legitimation der Verstorbenen bedurft.

Nach längerer Weigerung macht der Graf handschriftlich folgende Angaben: Sophia Botta, ledig, bürgerlichen Standes, aus Westphalen, 58 Jahre alt. Er lässt das versiegelte Schriftstück mit den Personalien der Verstorbenen Dr. Nonne zukommen und bittet ihn, dies bis nach seinem Tode geheim zu halten. Nonne weiß, dass der Graf die Wahrheit weder sagen will noch kann. Er hat ihm seine Bitte erfüllt und macht im „Verzeichnis der Gestorbenen" die seltsam zu nennenden Einträge:

Name „Sophie", Wohnort: „Eishausen", Alter „58", Ledig oder verheirathet: Ledig, Zeit des Ablebens: „den 25. Nov. 1837", Zeit der Beerdigung: „den 28. November früh 6 Uhr", Anmerkung:

---

79 Sie ist die Mutter Augusts von Württemberg, dem Feldherrn der Kriege von 1866 und 1870/71, und der am russischen Zarenhof einflussreichen Großfürstin Helene Paulowna. In Hildburghausen genießt die Herzogin große Beliebtheit und gilt als Wohltäterin der Armen. Die heutige Clara-Zetkin-Straße hat einst ihren Namen getragen.

Begräbnisprotokoll des Hofkirchenamtes

Auf das Gesuch des Grafen, zu gestatten, dass seine im Schloß von Eishausen verstorbene Lebensgefährtin in dem ihm eigentlich zugehörigen Berggarten am Stadtberg von Hildburghausen beerdigt werde, erteilte das dasige Herzogl. Konsistorium unter dem 26. November 1837 die Erlaubnis und wurde dies am selben Tage durch das Kirchen- und Schulenamt dem Petenten notifiziert. Nach der am 28. November geschehenen Beerdigung wurde der Totengräber Knoll von der Herzoglichen Ephorie vernommen und gab zu Protokoll, er sei vom Bürgermeister König angewiesen worden, das Grab für die verstorbene Frau Gräfin Vavel in dem Berggarten zu graben und habe dies am Tage zuvor von früh bis Abends gethan; das Grab sei hinter dem Haus auf der Höhe, die Leiche der Frau Gräfin sei diesen Morgen um 6 Uhr noch bei Nacht auf dem hiesigen vom Anspänner Fritz gefahrenen Leichenwagen in den genannten Garten gebracht worden, in einem zweiten Wagen seien die beiden Bedienten des Herrn Grafen, die Gebrüder Schmidt und eine Totenfrau von Eishausen gewesen. Außerdem seien zugegen gewesen: der alte Bediente Schmidt, der Schneider Marr und 6 Träger, nämlich der Büttner Kleinauf, die beiden Holzknechte Römhild und Günther, der Türmer Schindler, der Ratsbüttner und der Polizeidiener Heun; die Leiche sei still hinaufgetragen, vorher aber der Sarg in der Halle des Hauses geöffnet und die Leiche, die weiß bekleidet gewesen, von allen Anwesenden gesehen worden. Darauf sei der Sarg geschlossen und versenkt worden. Er habe ein Vaterunser gebetet und dann das Grab bedeckt und die Erde geordnet.

HUMAN: Dunkelgraf II. – S. 38 f.

„Das Nähere über die Verstorbene, welche seit mehr als 30 Jahren mit dem Unbekannten, welcher Graf de Vavel genannt wird, zu Hildburghausen und zuletzt in dem Schlosse zu Eishausen gelebt hatte u. daselbst gestorben, ist in dem Hauptkirchenbuch und in dem Pfarrarchiv zu ersehen.

  N... L. Nonne".[80]

Das „Verzeichnis der Gestorbenen" von Eishausen enthält die gleichen Einträge mit folgender Anmerkung:

 † an unbestimmter Krankheit. Die Verstorbene lebte an 30 Jahre lang in geheimnisvoller Verborgenheit mit einem Mann, der sich Graf Vavel nennt, im hiesigen Schlosse und wurde in einem ihr eigenthümlich zugehörigen Berggarten bey Hildburghausen beerdigt. Ihr Name und ihre Lebensverhältnisse wurden mir, ungeachtet wiederholter Anfrage nicht mitgeteilt.

  Pfitz.[81]

Pfitz ist nach Ableben Heinrich Kühners der Pfarrer der Gemeinde Eishausen. Mit ihm hat der Graf jedoch in den folgenden Jahren keine nennenswerten Kontakte.

---

80 „Verzeichnis der Gestorbenen von Eishausen" vom 8. April 1845.

81 Ebenda.

Das Grab der Dunkelgräfin

Auf Wunsch des Grafen lässt Simon Schmidt oberhalb von Haus Schulersberg auf halber Höhe des Stadtberges das Grab mit großen zugehauenen Quadern ummauern.

Die Steinmetzrechnung ist im Dunkelgrafen-Nachlass von Rudolf Armin Human zu finden:

„Nota
über verferdigte Mauerarbeit
Welche ich verauftragt bin worden des Herrn
Kammerdiener Simon Schmidt allhier, ist im Garten
ein Grab, mit Quadersteinen eingefaßt ...
Hildburghausen den 17. Decemp. 1837"

Dazu sind u. a. in Rechnung gestellt: 8 Meistertage, 21 Gesellentage, 8 Lehrtage im Steinbruch; 4 Fuhren Steine zu fahren; für Steine hinaufzutragen und das Grab zu machen, 5 Meistertage, 16 Gesellentage, 3 Lehrtage. Summe 48 Taler, 39 Kreuzer.
  Mit Dank bezahlt erhalten Meister Thein.

Das Steingrab weist eine Sockelbreite von über zwei Metern auf.

Abschied von Madame Royale

Carl Kambach aus Hildburghausen ist mit der Fertigung des Sarges beauftragt worden, der Schlosser Carl Frank übernimmt die Beschlagung. Der Totengräber Knoll hat im Auftrag des Hildburghäuser Bürgermeisters König das Grab ausgehoben und hergerichtet.

Am Abend des 27. November wird der Sarg von C. Frauenberger in das Schloss nach Eishausen gebracht. Beim Einsargen der sich im Erdgeschoss des Schlosses befindenden Leiche sind auch Kambach und Frank zugegen. Den Schlossherrn hat zu diesem Zeitpunkt jedoch niemand zu Gesicht bekommen.[82]

Am 28. November 1837 bewegt sich nachts um 4 Uhr der Trauerzug der Gräfin vom Eishäuser Schloss über Steinfeld und Sophienthal zum Stadtberg nach Hildburghausen. Der Graf hat inzwischen in aller Stille Abschied von seiner Gefährtin genommen, sie aber nicht auf ihrem letzten Weg mit dem städtischen Leichenwagen begleitet. Auch ein Geistlicher ist nicht zugegen. Das ist ungewöhnlich.

Hinter dem von Fackelträgern umgebenen Fahrzeug mit dem Sarg fährt die Kutsche mit den beiden Dienerpaaren Johann Ehrhardt mit Friederike und Simon mit Dorothea Schmidt sowie einer Totenfrau. Ob die 55-jährige Katharina Schmidt, die Mutter der beiden Diener und Pflegerin der kranken Gräfin zugegen gewesen ist, bleibt unbekannt. Die Fackelträger müssen den Sarg das letzte Stück den Berg hinauftragen und setzen ihn dort unter den Arkaden des Hauses ab, wo bereits einige Vertraute, ebenfalls Fackeln tragend, auf den Sarg warten. Zur Überraschung aller öffnet der Diener

---

82   Nach: HUMAN: Dunkelgraf II. – S. 38.

Simon Schmidt den Sarg. Das geschieht sicherlich auf Geheiß des Grafen nach althergebrachter bourbonischer Sitte. Alle Anwesenden sind ergriffen von der Schönheit der in Weiß gekleideten Toten.

Diese in der Dunkelgrafen-Literatur verschieden interpretierte Szene hat wohl auch den Sinn, den Anwesenden, von denen manche das Geheimnis geahnt haben, zu zeigen: Das ist sie, die rätselhafte Hoheit, für deren Verborgenheit und Sicherheit ich nahezu mein ganzes Leben geopfert habe.

Der Sarg wird in die Grube gesenkt, und der Totengräber spricht ein „Vaterunser".

Seitdem mahnt das stille Steingrab auf dem Hildburghäuser Stadtberg an ein im höchsten Maße tragisches und geheimnisvolles Leben.

Nur ein einziges Mal hat der Graf das Grab besucht, im Juni 1838. Er ist aber zu schwach, den Berg selbst noch zu besteigen und lässt sich von zwei Männern hinauftragen. Für den Besuch muss er seine letzten körperlichen und seelischen Reserven mobilisieren. Den Weg vom Berghaus zum Grab nimmt er zu Fuß. Tief bewegt bleibt er am Grab stehen, in Gedanken versunken. Wie ein Geschwisterpaar haben sie zusammen gelebt, der eine Teil hat ohne den anderen nicht sein können. Zu seinem Diener Simon soll er vor Ergriffenheit gesagt haben: Nun, Simon, wo soll denn mein Grab hin?[83] – Für ihn bleibt nur noch die Einsamkeit. Erschüttert kehrt er zu seinem Schloss nach Eishausen zurück.[84]

---

83   HUMAN: Dunkelgraf II. – S. 41.

84   Nach MAECKEL: Das Rätsel von Hildburghausen. – S. 37.

Karl Kühner: Die Dunkelgräfin
Marie Therese Charlotte von Frankreich, Madame Royale

Karl Kühner resümiert seine Beobachtungen in seiner Schrift „Die Geheimnisvollen im Schlosse zu Eishausen":

Im Mittelpunkte dieses Geheimnisses steht die Gräfin. Es ist Zeit, daß ich über dieses geheimnissvolle, bis heute namenlose Weib die spärliche Auskunft gebe, welche sich hat erlangen lassen.

Die wenigen Personen, welche die Gräfin bei ihrer Ankunft in Hildburghausen und Eishausen, aber nur hinter dem Schleier gesehen haben, behaupten, daß sie damals fünfzehn, höchstens achtzehn Jahre alt gewesen sei. Einige Bauern erzählten mir mit Bewunderung von ihrer schlanken Figur, von ihrem zierlichen Gang, ihren lebendigen Bewegungen; sie behaupteten, wenn sie mit dem Grafen – wie es in der allerersten Zeit ihres Aufenthalts einige Male geschah – auf der Wiese beim Schlosse spazieren gegangen sei, so habe man an allem gesehen, daß sie die Vornehme sei; der „gnädige Herr" habe ordentlich wie ihr Untergebener ausgesehen. – Es ist aus mehreren Gründen der bedeutungsvolle Schluß zu ziehen, daß der Takt des Volkes auch hier die Wahrheit fand. Gewiß ist wenigstens, daß diese Dame das eigentliche Geheimnis und somit das ganze Motiv des Einsiedlerlebens im Schlosse zu Eishausen gewesen ist. ...

Ich selbst habe die Gräfin, obschon ich fünfzehn Jahre lang, teils ganz, teils in allen Ferien auf dem Dorfe lebte, überhaupt nur zweimal und nur einmal einigermaßen deutlich gesehen; dies Letztere geschah aus einiger Entfernung mittelst eines Glases. Es mag im Jahre 1818 gewesen sein. Die Gräfin stand am offenen Fenster und fütterte mit Backwerk eine Katze, die unter dem Fenster war. Sie erschien mir wunderschön; sie war brünett; ihre Züge waren ausnehmend fein; eine leise Schwermut

*schien mir eine ursprünglich lebensfrische Natur zu umhüllen;
in dem Augenblicke, wo ich sie sah, lehnte sie in schöner Unbe-
fangenheit im Fenster, den feinen Shawl halb zurückgeschlagen,
wie ein Kind mit dem Tiere unten beschäftigt. Ich sehe noch,
mit welcher Grazie die schöne Gräfin das Backwerk zerbröckelte
und die Fingerspitzen am Taschentuche abwischte.*

*Sogleich in der ersten Zeit ihres Aufenthalts in Eishausen hatte
die Pfarrerin in ganz unbefangener Weise dem Dienstmädchen,
das Bestellungen aus dem Schlosse brachte, den schönsten Strauß,
den der pfarrherrliche Garten hergab, mit unterthäniger Empfehlung an die „Frau Gräfin" zu bestellen gegeben. Das Dienstmädchen versicherte, der gnädige Herr müsse sich sehr gefreut
haben, denn er sei, als sie ihm den Strauß gegeben „wie när-
risch in der Stube herumgesprungen". Bald darauf aber mußte
die Pfarrerin erfahren, daß das närrische Umherspringen des
Grafen der Ausdruck des höchsten Zorns über das wohlgemeinte
Geschenk gewesen war. Natürlich unterblieb das Blumensenden,
– und die Existenz einer Dame des Schlosses wurde von nun an
im Pfarrhause ignoriert.*

*Niemals hat der Graf gegen die, mit denen er verkehrte, auch
nur irgend ein Wort fallen lassen, daß eine Dame bei ihm im
Schlosse wohne. Vierzehn Jahre lang hat er mit dem Geistlichen
des Orts in fast täglicher Korrespondenz gestanden. Beide Männer wurden so vertraut, als es nur immer unter gleichen Verhältnissen geschehen kann; aber gegen seinen Korrespondenten
hat der Graf niemals auch nur mit einem Worte der Dame erwähnt, die bei ihm lebte. Nur in sehr einzelnen Fällen schien
ein unbestimmtes „man" die Anwesenheit einer zweiten Person
im Schlosse anzudeuten. So schrieb der Graf bei einer oben
erwähnten Gelegenheit: „Man hat, wegen der Unruhe in der
Nähe des Schlosses, die Nacht schlaflos zugebracht und fühlt sich
sehr angegriffen."*

157

Der Agent des Grafen, ein bejahrter Ratsherr, dem der Graf einiges Vertrauen schenkte und den er im Anfang seines Aufenthalts in Eishausen mitunter von Hildburghausen zu sich kommen ließ, wagte bei einem solchen Besuche im Schlosse die Äußerung: „man sei in Hildburghauen sehr neugierig, wer die Dame sei." – „Ich halte es für gut", erwiderte der Graf, „wenn Sie in Wirklichkeit sagen können, daß Sie es nicht wissen." Damit klingelte er und befahl, den Wagen des Mannes vorzufahren.[85]

Es ist früher schon bemerkt worden, daß der hoch umfriedete und dicht umwachsene Grasgarten dreißig bis vierzig Schritte vom Schlosse entfernt, der einzige Rest der Erde war, den die Unbekannten außerhalb des Schlosses betraten. Der Besuch dieses Gartens geschah sehr regelmäßig.

An jedem Morgen, in der schönen Jahreszeit, doch nie früher als die Bötin aus der Stadt ins Schloß gekommen war, begab sich der Graf in den Garten; hier ging er eine Stunde lang auf und ab, und kehrte dann ins Schloß zurück. Darauf trat die Bötin aus der Thüre des Schlosses und harrte, dieser den Rücken zugekehrt. Die Thüre wurde von innen aufgeschlossen, die Gräfin, tief verschleiert, trat heraus, und die Bötin, ohne sich nach ihr umsehen zu dürfen, schritt ihr voraus, über den Steg hinüber an die Gartenthüre, schloß diese auf und stellte sich hinter die Thüre, die sie aufzog. Sobald sie merkte, daß die Gräfin hinter ihr in den Garten geschlüpft war, zog sie die Thüre wieder zu, verschloß sie und hielt Wache davor. Der Graf beobachtete vom Fenster aus die im Garten auf- und abgehende Dame. Wenn diese ins Schloß zurückkehren wollte, warf sie ihr Schnupftuch in die Höhe, und nun erhielt die Bötin vom Schlosse aus einen

---

85   Diese Anekdote schrieb der Graf selbst nach der Gräfin Tod der Witwe des Pfarrers Kühner und setzte hinzu: „Es that mir leid, dem alten Manne so begegnen zu müssen."

Wink, die Dame zurückzuführen. Dies geschah auf dieselbe Weise, wie das Begleiten nach dem Garten hin. Dreißig Jahre lang hat so Frau Schmidt die Gräfin vom Schlosse zum Garten und von diesem zum Schlosse geführt, und niemals hat sie gesehen, wen sie geführt hat. Und diese Frau Schmidt war diejenige Person, welcher unter allen Menschen seiner Umgebung der Graf am meisten zu vertrauen schien. Man sagt zwar, die Schmidt sei im Innern des Schlosses in die unmittelbare Nähe der Gräfin gekommen und habe sie selbst gesprochen. Doch muß ich das in Abrede stellen; Frau Schmidt hat, so lange sie lebte, nie zugegeben, daß sie die Gräfin je gesehen habe.

Die früher erwähnte Köchin hat sechsundzwanzig Jahre in dem Schlosse gewohnt. In diesem ganzen Zeitraum, während eines Vierteljahrhunderts also, hat die Köchin (wie sie selbst versichert hat) die Gräfin nur zweimal gesehen. Das erste Mal hörte sie zur ungewöhnlichen Zeit die Klingel des Grafen und eilte in dessen Zimmer. Sie fand ihn im Bette liegend und bedeutend erkrankt; zu ihrem unaussprechlichen Erstaunen war die Gräfin gegenwärtig. „Köchin", sagte der Graf, „wenn ich sterbe, so nehmen Sie sich dieser Dame an." Damit winkte er ihr zum Abtreten. – Das zweite Mal, es war im Winter 1829 auf 30, wurde sie wieder gerufen und fand wieder in dem Zimmer des Grafen auch die Gräfin. „Der Herr", sagte diese, „ist plötzlich erkrankt; helfen Sie mir, ihm einen Trunk bereiten." Die Dame schien aufgelöst in Thränen. Das Leben des Grafen scheint damals in großer Gefahr geschwebt zu haben. Die ersten Zeilen, die er nach seiner Wiederherstellung (mit Bleistift und noch mit zitternder Hand) an seine Korrespondentin schrieb, sagten: „Die Pflege, die ich habe, ist über alles Lob erhaben; die Teilnahme, die ich hier und in Hildburghausen fand; überraschte mich; es fiel mir wie Schuppen von den Augen." ...

Ich werde später noch einige Notizen über die Dame beibringen können, fürchte aber sehr, daß alle zusammengenommen nicht hinreichend erscheinen, um im ganzen Bereiche der Möglichkeit eine einigermaßen genügende Erklärung des wunderbaren Geheimnisses, in das diese Dame gehüllt war, aufzufinden. Schon hier indes drängt sich die Vermutung auf, daß die Dame eine Gefangene gewesen sei. Aber welche Ursache ist denkbar, durch welche die Notwendigkeit einer solchen Gefangenschaft erklärt würde? Wo finden sich Spuren in dem Charakter des Grafen, die es zuließen, ihm die Eigenschaften eines Gefangenenwärters beizulegen? Und hätte die Dame, wenn ihr das schreckliche Schicksal einer lebenslänglichen schuldlosen Gefangenschaft zugedacht war, in den dreißig Jahren ihrer Gefangenschaft nicht einmal die Möglichkeit der Befreiung gefunden? Auf ihren Gängen vom Schlosse zum Garten, obgleich dieser nur dreißig bis vierzig Schritte vom Schlosse entfernt war, wäre es ihr doch wohl einmal möglich gewesen, der Führerin, in deren Rücken sie ging, zu entfliehen und bei dem ersten besten Bauer, oder bei dem Pfarrer Rettung zu suchen. Vom Fenster aus, an dem man sie doch hin und wieder einmal gesehen hat, hätte sie um Hilfe rufen können, und noch leichter wäre ihr wohl bei ihrem frühern Aufenthalte in Hildburghausen eine Hilfe zur Hand gewesen. Wäre aber ihre Gefangenschaft freiwillig gewesen, hätte sie selbst für ihre Person eine Entdeckung zu fürchten gehabt, so hätte sie doch nichts, auch gar nichts gewagt, wenn sie mit Leuten des Dorfes, die ja doch mitunter sie erblickten, auch gesprochen hätte.

In welchen Beziehungen sie zum Grafen gestanden, ob sie ihm durch Verwandtschaft, Freundschaft oder Liebe verbunden war, – Niemand wußte es. Aber die Dame galt bis zu ihrem Tode für die Gemahlin des Grafen. Die Leute nannten sie nicht anders als die Gräfin, oder die gnädige Frau. ...

Ich muß übrigens hier ausdrücklich bemerken, daß damals die öffentliche Meinung nicht mit dem Verdachte eines Verbrechens um die verschlossenen Thüren des Schlosses herumspürte, sondern den wunderbaren Einsiedler für einen hochstehenden ehrenhaften Mann hielt und als Wohlthäter des Dorfes und der Umgegend verehrte, und daß der leise Faden des Argwohns, der sich durch das Leben dieses Mannes zieht, erst gegen das Ende des Verlaufs deutlicher in die Erscheinung trat und beachtet wurde.[86]

Gefahr für das Geheimnis

Für den Grafen ist eine Welt zerbrochen. Alle Vorsicht außer Acht lassend, schreibt er in seinem größten Schmerz der Witwe Kühner von der Dame, die in dem Wunsch gipfeln: *Schreiben Sie mir von dem Glück anderer, damit ich das eigene entbehrend, daran mich erheitere.*[87]

Verbittert schreibt er ihr später:

Keine Macht der Erde soll mir mein Geheimnis entreißen. Ich nehme es mit ins Grab. Ich bin nicht mehr der Klaußner, sondern, da ich wieder in der Welt auftreten muss, bereit, dem Kommenden zu begegnen.[88]

Für den Grafen gibt es zu seinem Schmerz über den Verlust der Lebensgefährtin noch ein unangenehmes Nachspiel: Das herzogliche Amtsgericht will wissen, wer die Verstorbene gewesen sei. Und da er jede Aussage verweigert, droht das Gericht mit einem öffentlichen Aufruf und versiegelt den Nachlass.

---

86   Nach [KÜHNER]: Die Geheimnisvollen ... – S. 40 ff.

87   HUMAN: Dunkelgraf I. – S. 125.

88   HUMAN: Dunkelgraf II. – S. 34.

Der Graf ist nun fest entschlossen, das Land zu verlassen, er will in sein Vaterland zurückkehren. Mit solchen Gedanken hat er sich bereits vor dem Tod seiner Gefährtin getragen. Vorkehrungen sind bereits getroffen worden. Haus und Garten am Schulersberg schenkt er seinem treuen Diener Simon Schmidt, der mit Dorothea Scharr, der Tochter des alten Dieners, verheiratet ist. Die Schenkungsurkunde unterzeichnet er mit Vavel – *Ehren-Bürger in Hildburghausen*, denn dieser Titel ist seine einzige Legitimation.[89]

Aus einem Brief, geschrieben kurz nach dem Tod seiner Gefährtin an die Witwe Kühner, können entsprechende Schlüsse gezogen werden.[90] Van der Valck beschuldigt Talleyrand, dass er am Mord des Herzogs von Enghien beteiligt gewesen sei.[91] Er habe den einflussreichen Politiker mit dem „Hinkefuß", wie er schreibt[92], hassen gelernt und macht ihn dafür verantwortlich, dass er nicht eher ins öffentliche Leben zurückgekehrt sei.

Erst eine Beschwerde seines Kommissionärs Heinrich Andreä an das Oberlandesgerichtskollegium bestätigt, dass der

---

89 Die Schenkung wird am 14. Februar 1839 vom Stadtgericht Hildburghausen bestätigt.

90 HUMAN: Dunkelgraf I. – S. 76.

91 Der politische Schauprozess (20. März 1804) gegen den Napoléon-Feind Louis Antoine Henri de Bourbon-Condé (Herzog von Enghien) und die terroristische Hinrichtung empört das Ausland (Napoléon soll auf diese Reaktionen gesagt haben: Ich bin die Französische Revolution). Innenpolitisch wird Napoléon jedoch gestärkt. Sein Polizeiminister Joseph Fouché urteilt (der Aphorismus wird häufig Talleyrand zugeschrieben): Das war mehr als ein Verbrechen, das war ein Fehler. Napoléon schiebt die Schuld ab auf den seinerzeitigen Polizeiminister Savary und auf Talleyrand.

92 Klumpfuß oder – wie er selbst behauptet – wegen eines nicht ausgeheilten Unfalls aus der Kleinkindzeit.

Beschwerde des Kommissionärs Heinrich Andreä bei der herzoglichen Regierung vom 1. Dezember 1837

Nur wenige Tage ist es her, seit die Prinzessin auf dem Schulersberg in aller Stille beigesetzt worden ist, da entwickelt das Kreis- und Stadtgericht Hildburghausen Eile. Der Nachlass soll versiegelt werden. Die Juristen bleiben hartnäckig, weil der Graf den Namen seiner Gefährtin nicht preisgeben will. Sie beharren darauf, weil sie die Interessen etwaiger noch unbekannter Erben vertreten. Der Kommissionär Heinrich Andreä beschwert sich – vermutlich im Auftrag des Grafen – in geharnischter Weise bei der herzoglichen Regierung in Meiningen:

Der Baron Vavel de Versay aus den Niederlanden wohnt nun schon 30 Jahre im hiesigen Land und besonders 27 Jahre in dem Herzoglichen Schloß zu Eishausen. Bei seiner Hierherkunft machte derselbe die vorgehende durchlauchtigste Herzogliche Familie mit seinen unglücklichen Familien-Verhältnissen, von der französischen Revolution herrührend, bekannt und genoß eines ausgezeichneten hohen Schutzes ... Nachdem derselbe vor zehn Jahren in hiesiger Stadt einige Lustgärten ankaufte, so wurde demselben von der städtischen Behörde das Ehrenbürgerrecht erteilt. Allgemein ist über diesen Herrn Baron nur eine dankbare Volksstimme. Diesen Herrn traf nun vor einigen Tagen noch besonders das traurige Geschick, daß seine bei ihm gelebte nahe Verwandte, so nun von seinen Unterstützungen, ihrem Rang gemäß leben konnte, starb. Von diesem so herben Fall, der ihn ganz einsam in die Welt stellt, noch fast besinnungslos, um wegen deren Absterben und Hinterlassenschaft an das betreffende Gericht, eine formelle Anzeige zu machen, reiste der Herr Kreisgerichts-Assessor Göbel nebst Gefolge, auch gegen das Ersuchen und

Abraten der städtischen Behörde sowohl, als des Herrn Oberamtmann Kost, nach Eishausen um weitläufige gerichtliche Prozeduren,
auf Vermutung beruhend, vorzunehmen. Nachdem diese Deputation
in das Herzogliche Schloß eingegangen war, so wurde ihr die Antwort
erteilt, daß der Herr Baron wegen Kranksein nicht zu sprechen sei,
wohl aber die Zimmer öffnen lassen wollte, wo die verstorbene fremde Dame gewohnt hätte. Übrigens wären deren benutzte Effekten an
die Domistiken eigentümlich zu übergeben. Der Assessor Göbel nahm
darauf eine Inventur vor und legte an diese Zimmer in diesem Herzoglichen Schloß seine Gerichtssiegel an. Unter diesen Verhältnissen
ist diese Formalität empörend, wie mir hier beinahe jedermann sagt
und kann nur dazu führen, daß dieser so geachtete vielfältige Wohltäter und Unterstützer, jedes wohltätigen Instituts, dieses von ihm so
dankbar anerkannte Asyl in seinem hohen Alter verläßt. – Da in den
jetzigen Zeiten, von diesem alten Herrn durch keine Tortur nähere
Angabe von seinen Familien-Verhältnisse kann erpresst werden, die
Neugierde einiger weniger also keine Befriedigung erhalten wird und
die Erben von einer verstorbenen fremden Dame, auch durch formelle
öffentliche Aufforderung sich nicht werden melden können, es also den
Anschein gewinnen müßte, daß eine Befriedigung von Neugierde oder
gar pecuniere Rücksichten der formellen Einschreitung zum Grunde
liegen möchten, ich aber als 28jähriger Mieter dieses herzoglichen
Schlosses, durch dieses Verfahren gegen dieses Herrn, so wieder der
Schloßabmieter von mir ist, mich sehr benachteiligt finden muß und
bedeutenden Schaden erleiden kann, wenn diese Miete mutwillig unterbrochen werden sollte, so tue ich die untertänigste Bitte, daß von
dieser höchsten Behörde ein ferneres Verfahren in dieser Sache von
herzoglichem Kreis- und Stadtgericht allhier untersagt, die Zimmer
im Eishäuser Schloß wieder entsiegelt und mir die höchste Gnade
angedeihen möchte, eine gnädigste baldige Resolution zu erhalten

*um durch deren Vorlegung meinen hohen alten Gönner und Wohltäter
wieder beruhigen zu können.*[1]

Das Schreiben wirbelt viel Staub auf. Selbst Herzog Bernhard II.
Erich Freund wird es vorgelegt, der die Meinung des Landesminis-
teriums wünscht. Die Minister verteidigen die Entscheidung des
Stadt- und Kreisgerichts. Es kommt zu einem langen Hin und Her.
Andreä hat sich bei den Regierenden sehr unbeliebt gemacht,
indem er die geheime Unterredung zwischen dem Grafen und
dem Herzog in seinem Beschwerdebrief preisgibt. Damit hat er
den Herzog gegenüber seiner Regierung bloßgestellt. Das Gericht verurteilt ihn wegen der *gebrauchten injuriöser* (beleidigend,
ehrenrührig) *Schreibart zu dreitägigem Hausarrest mit Wache.* Der
Hofadvokat Mücke leitet beim Kreis- und Stadtgericht Hildburghausen gegen die Verurteilung seines Mandanten Schritte ein, auch
an das Oberappellationsgericht in Jena wendet er sich, das am
3. Juli 1838 entscheidet, dass der Hausarrest an Andreä zu vollzie-
hen sei. Darüber hinaus muss der Kommissionär des Grafen auch
die Gerichtskosten der beiden Instanzen zahlen.

Der Graf ist zu diesem Zeitpunkt fest entschlossen, das Land zu
verlassen, wenn das Gericht weiterhin auf einer Legitimation der
Dame und auf die Versiegelung ihres Nachlasses besteht.

---

1   HORBAS: Das Geheimnis von Eishausen. – S. 146 f.

Dunkelgraf eine Sonderstellung einnimmt und dass er unter dem hohen Schutz des Herzogs von Sachsen-Hildburghausen gestanden hat.

Das Ehepaar Schmidt hat mit dem Besitz des Hauses am Stadtberg auch die Pflege des Grabes der Dunkelgräfin übernommen und sich dabei über viele Jahre hinweg große Mühe gegeben.

Das „Hohnbaum-Gespräch"
„Wenn sie einmal reden, reden sie zu viel!"

Inzwischen hat sich die herzogliche Regierung in Meiningen des „Schutzbriefes" erinnert, den Herzog Friedrich bei seinem Abschied hinterlassen hat. Sie rät dem Grafen nunmehr, den Nachlass der Dunkelgräfin käuflich zu erwerben und die Kaufsumme zu hinterlegen. Der Graf geht auf den Vorschlag ein, und die Siegel werden daraufhin wieder entfernt. Somit entschließt er sich, in Eishausen wohnen zu bleiben. Er ist inzwischen beinahe siebzig Jahre alt, müde geworden sowie an den Grenzen seiner seelischen und körperlichen Belastbarkeit angelangt.

Aus dieser Zeit ist ein Gespräch überliefert, das der alte Herr mit seinem Arzt, dem bekannten Psychiater und Volksaufklärer Dr. Carl Hohnbaum aus Hildburghausen, geführt hat, das so genannte „Hohnbaum-Gespräch". Prinz Friedrich Ernst bemerkt hierzu:

Sehr interessante Mitteilungen über den so seltsamen Menschen verdanken wir dem Obermedizinalrat Dr. Carl Hohnbaum in Hildburghausen, den er kurz nach dem Tod der geheimnisvollen Dame konsultierte und bei dieser Gelegenheit in eine längere Unterhaltung zog. Der Bericht Hohnbaums ist um

Das Grab der Dunkelgräfin

Im Festspiel „Die Dunkelgräfin" der beiden Hildburghäuser Lehrer Wilhelm Abbaß und Albert Buff zum 600-jährigen Stadtjubiläum im Jahre 1924 heißt es im Schlussbild zum Grab von Marie Thérèse Charlotte von Frankreich:

Frieden rauschen diese Bäume
Ueber deinem stillen Grab,
Deiner heißen Sehnsucht Träume
Sanken einst mit dir hinab.
Deckt den Leib auch fremde Erde,
Weil die Heimat ihn gebannt,
Deine Seele, die verklärte,
sieht ein schön'res Vaterland.

so höher zu bewerten, als wir in ihm einen Mann zu sehen haben, dessen Glaubwürdigkeit und Urteilsfähigkeit über allem Zweifel steht.

Hohnbaum fand bei seinem Besuch den Herrn zu Bett liegend, körperlich leidend, aber noch mehr geistig. Der Patient, dem es weniger um ärztlichen Rat als um eine Aussprache zu gehen schien, kam bald ins Erzählen. Er sprach andeutungsweise von seinen Verwandten, die fast alle gestorben wären, erwähnte, daß er in Paris einen Posten bei einer Gesandtschaft bekleidet hätte und daß er die Bourbonen genau kenne; ferner schilderte er seinen Verkehr mit bekannten Männern dieser Zeit wie mit dem französischen Staatsmann Lafayette, dem Schriftsteller Benjamin Constant und dem berühmten Arzt Loder in Jena, der ihn seinerzeit behandelt habe (Loder ist auch der Arzt Schillers und Freund Goethes). Dann kam er auf eine Reise nach Wien zu Zar Alexander von Rußland zu sprechen:

„Denken Sie, damals war die Dame schon bei mir; ich mußte unaufhaltsam mit Kurierpferden reisen; die Dame konnte ich nicht verlassen, sie mußte mich begleiten, und niemand durfte ihr Dasein ahnen; denken Sie, welche Verlegenheit!", ferner: „Ich wollte für die Kranke Sie als Arzt rufen lassen, doch sie wollte das nicht; auch hätte sie Opfer von Ihnen verlangt." Und als Hohnbaum, den Sinn der Worte deutend, meinte, ein Arzt sei gewohnt, Geheimnisse zu bewahren, fuhr der Patient auf: „Herr, Sie wissen nicht, welche Verantwortung Sie auf sich genommen hätten, wenn ich Sie zu dieser Dame geführt hätte!"

Hohnbaum erzählt später, daß ihm der Siebzigjährige wie ein schwer getroffener Löwe erschienen sei; im Gespräch hätte sich jedoch noch das ganze Feuer seines reichen Geistes entzündet, und sein Blick sei so frei und beweglich gewesen, wie der eines Mannes, der eben erst von dem dichtesten Marktgewühl des politischen und wissenschaftlichen Lebens heimkommt. An der Wahrheit der Bemerkungen zweifelte Hohnbaum in keiner Weise, und sein hierfür geschärfter Blick (Hohnbaum war auch Leiter der Hildburghäuser Irrenanstalt) konnte bei dem Patienten auch keinerlei Anzeichen einer geistigen Störung entdecken. Medizinalrat Hohnbaum (übrigens ein naher Verwandter der Familie Kühner[93]) war schon vor dem Tode der Dame mehrere Male zur Behandlung des Grafen herangezogen worden, doch erst danach gab dieser zum ersten Mal tiefere Einblicke in sein Leben. Im Nachlass des Grafen, der in einem Familienarchiv in Amsterdam liegt[94], fand sich ein Zettel an Pfarrer Kühner, in dem er ihn bittet, ihm offen mitzuteilen, welchen Eindruck Hohnbaum von ihm gewonnen hätte. Kühner, dem keine konventionelle Lüge zuzutrauen ist, antwortete darauf, daß der Arzt den denkbar besten Eindruck von seiner Persönlichkeit gewonnen habe und von ihm nur mit höchster Achtung gesprochen hätte.

Nach dem erwähnten letzten Besuch, der über fünf Stunden gedauert hatte, wurde Hohnbaum nicht wieder zum Patienten des Eishäuser Schlosses gebeten, denn der Einsiedler war danach offenbar mit sich selbst unzufrieden: „Es geht mir wie den Nonnen", schrieb er an die Witwe Kühner, „wenn sie einmal reden, reden sie zu viel!"[95]

---

93 Karl Kühners Schwiegervater.

94 Den Nachlass hat der niederländische Historiker Mark de Lannoy erworben.

95 SACHSEN-ALTENBURG: Das Rätsel der Madame Royale. – S. 43 f. – Anmerkung: Die Autoren haben bewusst das umfangreiche Zitat des Prinzen Friedrich Ernst in das Hauptkapitel aufgenommen, weil sein Inhalt weder ergänzt, korrigiert noch kommentiert werden muss.

Umsorgte Einsamkeit und Ende

In seinen letzten Lebensjahren verlässt der Graf das Schloss nicht mehr. Seine Dienerschaft, die Brüder Johann Ehrhardt und Simon Schmidt mit ihren Frauen, ist um ihn bemüht und pflegt ihn fürsorglich. Sein Arzt, Hofrat Dr. Knopf aus Hildburghausen, unternimmt alles, um seine Beschwerden zu lindern, und sein Kommissionär Heinrich Andreä regelt für ihn die äußeren Angelegenheiten. – Sein Lebensende naht. In den letzten Tagen hat er viel Papier verbrannt, so sagen es seine Bediensteten. Am 8. April 1845 erlischt sein hingebungsvolles Einsiedlerleben.

Drei Tage danach, am 11. April, trägt man den Grafen feierlich zu Grabe. Die Einwohner Eishausens begleiten den Toten auf seinem letzten Weg durch die Kastanienallee zum etwas außerhalb gelegenen Friedhof. Voran geht mit dem Kreuz die Schuljugend, danach würdevoll der Ortspfarrer Pfitz und neben ihm der Kantor und Lehrer. Den schweren Eichensarg tragen Bauern und Handwerker. Ihm folgen weder Verwandte noch Freunde, nur die tiefschwarz gekleidete Dienerschaft und die Zöglinge des Waisenhauses der nahegelegenen Stadt Hildburghausen. Der kleine Dorffriedhof kann die Menschenmenge nicht fassen, sie drängt sich vor dem Eingang an das Gittertor. Die am weitesten vorgedrungen sind, stehen im Halbkreis um ein für ländliche Verhältnisse gewaltiges Grabmonument. Auf ihm ist zu lesen: *Ihrem unvergesslichen Lehrer HEINRICH KÜHNER, Hofprediger und Pfarrer von Eishausen widmet dankbar dieses Denkmal THERESE KÖNIGIN VON BAYERN.*

Unmittelbar an der Rückseite hat sich die offene Gruft des Grabes für den Dunkelgrafen befunden, in die die

Gerichtliche Ladung an mögliche Erben der Dunkelgräfin[1]

Seit dem Jahre 1806 hat ein fremder Herr das Schloß auf dem Domänengute Eishausen, eine und eine halbe Stunde Weges von hiesiger Stadt, miethweise bewohnt. Nach dem im Jahre 1845 erfolgten Tode dieses Herrn, welcher bis dahin Vavel de Versay sich nennen ließ, wurde erst ermittelt, daß er in Amsterdam geboren und Leonardus van der Valck getauft war.

Gleichzeitig und in Gesellschaft mit ihm hat eine Dame das Schloß in Eishausen bewohnt, deren Name und Herkunft völlig unbekannt geblieben ist. Denn wenn auch der Herr van der Valck nach dem im Jahre 1837 erfolgten Ableben derselben auf Andrängen der geistlichen Behörde endlich erklärt hat, seine Lebensgefährtin habe Sophie Botta geheißen und stamme aus Westphalen her, so dürfte dieser Erklärung doch ein unbedingter Glaube um so weniger beizumessen seyn, als Herr van der Valck nähere Angaben zu erteilen verweigert und sein eigenes Incognito bis an seinen Tod streng zu erhalten verstanden hat. In dem Nachlasse mehr genannten Herrn van der Valck's haben sich auch eine Reihe in den Jahren 1798/99 von „Mans" datierter und „Agnès Berthélémy née Daniels" unterzeichneter, ohne Zweifel an ihn selbst gerichtete Briefe vorgefunden, aus deren Inhalt, in Verbindung mit anderen bekannten Umständen, zu der Vermuthung Veranlassung gegeben ist, es sey die Verfasserin dieser Briefe die im Jahre 1837 verstorbene Dame selbst gewesen.

Wegen des Nachlasses derselben, verwerthet für 1470 fl. rhn., sind dann ihre Erben gleichzeitig mit denen des Herrn van der

---

1   Quelle: ThStAMgn: Sachsen-Meiningisches Amtsgericht Hildburghausen, Nr. 2552.

Valck in der unter'm 2. Juni 1845 von uns erlassenen Edictalladung auf den 30. Juni 1846 vorbeschieden gewesen. Es ist jedoch in diesem Termine gar Niemand erschienen. Aus diesem Grunde hat der Fiskus eine nochmalige öffentliche Ladung beantragt.

Diesem Antrage stattgebend, laden wir daher alle Diejenigen, welche an dem Nachlasse der oben bezeichneten Dame Erb- oder sonstige Ansprüche zu haben glauben andurch vor

Freitags, den 25. August 1848

Vor uns legal zu erscheinen und ihre Ansprüche anzumelden (...)[2]

---

2 Erschienen 1847 und 1848 u. a. in: Allgemeiner Anzeiger und Na-
tionalzeitung der Deutschen, Herzoglich Sachsen-Meiningisches Regie-
rungs- und Intelligenz-Blatt für das Herzogthum Hildburghausen und das
Fürstenthum Saalfeld; Kölnische Zeitung.

Träger den Sarg hinablassen.[96] Die Schuljugend singt mit
den Waisenkindern ein Lied, das der Kantor zu diesem Anlass verfasst hat. Der Geistliche hält vor der offenen Grabstät-
te in sichtlicher Ergriffenheit eine lange Rede, der folgende
Worte entnommen sind:

*Nur selten wird ein Mann so allgemein betrauert, so schmerz-
lich vermißt, wie dieser verehrungswürdige Greis ...*

*Zwar stand er einsam in der Welt, zwar wurden, soviel wir
wissen, keine näheren Bande durch seinen Tod getrennt ...*

*Aber die Armen waren seine Familie, die Hilfsbedürftigen sei-
ne Kinder, ihnen erwies er sich als ein treuer, liebender Vater ...*

*Doch nicht allein die Menge und Größe seiner Wohltaten,
nein fast noch mehr die Art ihrer Erweisung, das Wohlwollen,
die Herzensgüte, das Zartgefühl, das er dabei zu erkennen gab,
verdient unsere dankbare Anerkennung und Verehrung ...*

*Ja, er entzog sich selbst in stiller Verborgenheit den Äuße-
rungen des Dankes ...*

*Zwar gehörte der Vollendete aller Wahrscheinlichkeit nach ei-
ner anderen christlichen Glaubensgemeinschaft an. Zwar mied er
fortwährend, wie fast jede Verbindung mit Menschen, so auch unsere gottesdienstlichen Zusammenkünfte im Hause des Herrn ...*

*Aber wenn warme, herzliche und tätige Bruderliebe das Kenn-
zeichen des wahren Christen sind, so ist auch dieser edle Menschenfreund ein rechter Christ gewesen ...*

*Zwar hüllte er aus uns unbekannten, gewiß aber triftigen und
ehrenswerten Gründen seine Person und seine früheren Lebensverhältnisse in den undurchdringlichen Schleier des Geheimnisses. Zwar zog er sich ... von dem Glanz und dem Geräusch
der großen Welt, der er seiner Geburt nach angehörte, schon in
der Blüte der Jahre zurück in die tiefe Verborgenheit und führte*

---

96   Das Grab des Dunkelgrafen ist so geplant worden, das späterhin
ohne größeren Aufwand eine Umbettung vorgenommen werden kann.

mitten unter Menschen ein ungeselliges, fast einsiedlerisches Le-
ben. Aber wenn er uns auch seinen persönlichen Umgang ent-
zog, so entzog er doch keinem unter uns sein Herz ... Wie sehr
verdient dieser edle Unbekannte, dieser seltene Menschenfreund,
daß wir ihm lebenslänglich ein dankbares Herz bewahren.

Dann schließen drei schwere Steinplatten die stille Stätte
neben dem Monument für Heinrich Kühner, der, wie der
Pfarrer gesagt hat, sein Freund gewesen sei. Diesen Platz außerhalb der Gräberreihe hat man dem Verstorbenen zugedacht, und vielleicht denkt man dabei auch an den Spruch,
der nun über seinem Grab steht:

Sein wird nimmermehr vergessen
und sein Name bleibet für und für[97]

In das Buch der Verstorbenen trägt der Eishäuser Pfarrer
Pfitz ein:

Zeit des Ablebens: „8te April/Mittags um/1 Viertel auf/1 Uhr"
Zeit der Beerdigung: „11te. April/Vormittags
9 Uhr mit/einer Grabrede."

Anmerkung: „† an Altersschwäche. Der Verstor-/bene lebte seit
dem Herbste des Jahres/1810 unter dem wahrscheinlich ange-
nomme-/nen Namen eines Grafen Vavel de/Versai mit der am
25ten Nov. (1837) Verstorbenen (...) im hie/sigen Schlosse in
tiefster Verbor-/genheit und Abgeschiedenheit und/machte sich
nur durch die vielen Wohl-/thaten bekannt, die er den Armen
und/milden Anstalten von seinem sehr/bedeutenden Vermögen
unausge-/setzt erzeigte."

Die vorgedruckten Spalten: „Name", „Stand", „Geburts-
ort", „Wohnort", „Alter", „ledig oder verheiratet" muss der

---

97   Er wird niemals mehr vergessen werden, und noch nach seinem Tode
bleibt ihm dieser Name. (Jesus Sirach, Kapitel 39 Vers 13)

Tod des Grafen

Dr. Karl Kühner schreibt in seinem Werk „Die Geheimnisvollen im Schlosse zu Eishausen":

Im Jahre 1845 erreichte endlich das wunderbare Leben des Einsiedlers sein Ende. Seit mehreren Jahren war der Graf leidend. Er hatte sogleich nach dem Tode der Gräfin die Köchin[1] aus ihrer zweiunddreißigjährigen Gefangenschaft entlassen und statt ihrer den einen Sohn der „Schmidt" nebst dessen Frau und zwei Kindern ins Schloß genommen. Er bedurfte der Pflege. Er klagte über die schwere Hand des Alters, namentlich über Gichtleiden; doch blieb sein Geist in ungeschwächter Frische; sein Humor zeigte sich noch immer, aber in noch milderer Auffassung, als vordem. Der früher erwähnte Arzt war nicht wieder zu ihm gerufen worden. Er schien den Grafen verletzt zu haben, – vielleicht dadurch, daß er ein bedeutendes Geldgeschenk ablehnte. Medizinalrat K. war öfters ins Schloß gerufen worden. Das Leiden des Grafen verschlimmerte sich aber. Die Frau seines Dieners pflegte ihn mit Sorgfalt. Wohl mochte er an seinen Tod denken, aber, wie nahe er sei, nicht berechnen können.

Schon bei einer frühern Krankheit, im Winter 1829 bis 1830, hatte er die Absicht gehabt, ein Testament zu machen. Aber da das Gericht eine persönliche Übergabe desselben fo[r]derte, so unterblieb die Ausführung des Vorsatzes. Nach dem Tode der Dame äußerte er wieder dieselbe Absicht, doch abermals ohne sie auszuführen. „Über mein Vermögen", schrieb er damals, „sind längst alle Bestimmungen fest getroffen; ich habe nur noch über das Wenige zu verfügen, was

---

1 Die Köchin hat einst ihren Sohn wegen eines schweren Gewitters ins Schloss einsteigen lassen.

175

ich hierherum besitze. Ich habe Verwandte, die sehr reich sind, mich herzlich lieben und an diese Kleinigkeiten keine Ansprüche machen." Schon weit früher hatte er einmal dem Geistlichen mitgeteilt, daß in einem Prozeß mit seinen Verwandten ihm eine bedeutende Erbschaft zugesprochen worden sei, daß er aber, da jene Verwandten ihn zu Gevattern baten, die gewonnene Erbschaft dem Paten geschenkt habe.

Die Tage vor seinem Tode brachte er in großer Unruhe zu. Möglich ist es, daß der Wunsch zu testieren ihn beunruhigte; doch würde er eine solche Absicht wohl seinen Dienern, zu deren Vorteil er doch testiert hätte, mitgeteilt haben. Weit wahrscheinlicher ist es, daß er im Angesicht des Todes sich gedrängt fühlte, wichtige Enthüllungen über das Geheimnis seines Lebens und das seiner Lebensgefährtin zu geben, und daß er in der peinlichen Ungewißheit schwankte, ob der Moment, für den er diese Enthüllungen aufsparen wollte, nämlich sein Tod, wirklich schon in nächster Nähe sei. „Daß ich doch zu keinem Entschlusse kommen kann!" hörte ihn seine Pflegerin einmal sagen. – Er ließ den einen der Schmidt'schen Söhne von Hildburghausen kommen, um ihm Aufträge an das Gericht zu geben, und schickte ihn wieder fort, weil er zu keinem Entschlusse kommen konnte.

Am Tage vor seinem Tode soll er noch viel und lebhaft, aber unverständlich, wahrscheinlich in fremder Sprache gesprochen haben. Wenige Stunden vor seinem Tode, so behauptet die Krankenwärterin, erhielt er sein volles Bewußtsein wieder. Wenn ich sterbe", soll er da zu seiner Dienerin gesagt haben, „wird man einen öffentlichen Aufruf erlassen; hierauf wird eine Dame kommen – denn der einzige männliche Verwandte, den ich habe, ist kürzlich verunglückt – dann werdet Ihr sehen, daß gut für Euch gesorgt ist.

„So schloß der Unbekannte sein großartiges Einsiedlerleben, ein Leben von staunenswerter Konsequenz. – Keine befreundete Hand *drückte ihm die Augen zu; kein Verwandter gab ihm das Grabgeleite. Aber in aufrichtiger Trauer geleitete die Gemeinde, in der er fast vierzig Jahre gelebt, den Toten zum Grabe, den nur sehr wenige von ihnen im Leben erblickt hatten. Die Waisenkinder waren mit ihrem Lehrer von Hildburghausen herausgezogen und reihten sich um das Grab ihres Wohlthäters. Neben dem Denksteine, den die edle Königin Therese von Bayern ihrem Lehrer, dem verstorbenen Geistlichen des Orts, errichtet hat, war dem Grafen sein Grab bereitet.[2] „Er ruht nun neben seinem Freunde", sagte der Pfarrer in seiner Grabrede.*

Ich gebe auch diese Umstände, um anzudeuten, daß die öffentliche Meinung einstimmig darin war, es sei ein ehrenhafter Mann, den man dort begrub, und der dichte Schleier des Geheimnisses, der sein Leben verhüllt, berge ein großes Unglück oder ein Vergehen der Jugend, das nunmehr reich gesühnt sei, sicher aber nicht ein Verbrechen, vor dem die Moral zurückbeben müsse. Die Teilnahme für den Toten war allgemein.

Nach: [KÜHNER]: Die Geheimnisvollen im Schlosse zu Eishausen. – S. 60 ff.

---

2   Weshalb der Wunsch des Verstorbenen, im Berggarten zu Hildburghausen neben seiner Lebensgefährtin begraben zu werden, nicht erfüllt worden ist, weiß auch Karl Kühner nicht zu sagen.

Pfarrer offen lassen, weder die Diener noch der Arzt können ihm eine konkrete Auskunft geben.

Was aber soll dem verehrten Wohltäter auf den Gedenkstein geschrieben werden, den man ihm aus Dankbarkeit schuldig gewesen ist? Nach Hinweis ist der Verstorbene Feind jeder „Solenität" (Feierlichkeit) gewesen. 80 Jahre später, 1924, entschließt man sich aus Anlass des 600-jährigen Stadtjubiläums von Hildburghausen endlich für eine schlichte Tafel:

„DUNKELGRAF
1810 – 1845"[98]

Die „Dorfzeitung" Hildburghausen zum Tode des Dunkelgrafen

Einen Tag nach der Beisetzung des Dunkelgrafen berichtet die weithin bekannte „Dorfzeitung" in Hildburghausen über den Geheimnisvollen:

Vor einigen Tagen starb in unserer Nähe in hohem Alter ein merkwürdiger Unbekannter, dessen Abkunft und Leben ein tiefes Geheimnis deckt. Er lebte seit 1806 in hiesigem Lande, seit 1810 im Schlosse Eishausen des Domänengutes Eishausen, eine Stunde von Hildburghausen, ganz abgeschieden von der Welt, mit der er nur durch Schriften und Zeitungen aller Länder und durch reiche Wohltaten, die er durch die dritte Hand an Bedürftige und besonders an öffentliche Anstalten gab, in Verbindung lebte. Seit vor einigen Jahren auch seine Lebensgefährtin, über welche ein gleiches Dunkel wallet, starb, sah er außer seinen Dienern gar niemanden. Ungeachtet seiner gänzlichen

---

98 Die Jahreszahlen werden oft missdeutet. Sie weisen auf den Zeitraum hin, in dem der Verstorbene in Eishausen gelebt und gewirkt hat.

Abgeschiedenheit, nahm er an den Begebenheiten der Welt und den Fortschritten der Zeit den größten Anteil, und besaß wissenschaftliche und feinste Weltbildung. Offenbar hatte er früher in den höchsten Kreisen und außerhalb Deutschlands gelebt und hatte auch über ein sehr reiches Vermögen in der Fremde zu verfügen. Man nannte ihn Graf Vavel de Versay. Noch jetzt nach seinem Tode ruht das selbe Geheimnis über ihm wie bei seinem Leben, gewiß in unserer Zeit eine seltene Erscheinung.[99]

Diese Zeilen stammen vermutlich von einem bei der Trauerfeier anwesenden Lokalredakteur des Blattes, der mehr der Mystifizierung und nicht der Aufklärung des Geschehens dient und somit jeglicher Spekulation Tür und Tor öffnet, aber das ist gewiss im Sinne des Verstorbenen.

Karl Kühner: Der Dunkelgraf
Leonardus Cornelius van der Valck

Karl Kühner vermittelt in seiner Schrift „Die Geheimnisvollen im Schlosse von Eishausen" ein relativ detailliertes Bild der Persönlichkeit, des Charakters und der Lebensweise des Leonardus Cornelius van der Valck:

„Mein Noviciat in dem Schlosse zu Eishausen", so schrieb der Graf viele Jahre später, „ist mir schwer, sehr schwer geworden." – Daß es der Anfang einer lebenslänglichen Klostereinsamkeit sein würde, vermutete niemand. Die Einrichtung im Schlosse deutete auf die Absicht eines nur vorübergehenden Aufenthalts. Alle Möbel und Betten waren nur gemietet, und die reichliche Miete wurde von Monat zu Monat gezahlt, als ob man sich für jeden

---

99   Die Dorfzeitung. Ausgabe vom 12. April 1845.

Augenblick zur Abreise bereit halte. Allgemein glaubte man, daß nach Entwirrung der französischen Zustände das Geheimnis der Unbekannten sich enthüllen und sie selbst aus ihrer Verbannung in Eishausen scheiden würden. Erst viele Jahre später verlautete, daß alle gemieteten Möbel und Betten, obschon die Miete dafür noch fortlief, schon lange auf den Boden geschafft und durch heimliche Sendungen aus der Ferne nach und nach vollständig ersetzt worden waren.

Von dem Leben der Einsiedler im Innern des Schlosses drang fast gar keine Kunde heraus. Unter den Erzählungen, die darüber kursierten, zog mich als Kind besonders die an, daß man im Schlosse den artigen Zeitvertreib habe, Hunde an einen Wagen zu spannen und damit die Katzen[100] durch die Zimmer und Säle des Schlosses hindurch spazieren zu fahren. Auch eine große Drehorgel befand sich in einem Hinterzimmer und wurde öfters gehört. Sonst war, so viel ich weiß, kein musikalisches Instrument im Schlosse, und außer den Klängen der Orgel, die nach den ersten Jahren des Aufenthalts aber auch verstummten, hat man Sang und Klang nie aus den immer totenstillen Räumen des Schlosses herausschallen hören. − Die Gräfin war, so viel erfuhr man, selbst der Köchin und dem Kammerdiener unsicht-

---

100 Der Kreisamtsdirektor Rommel berichtet 1843, dass ca. 70 Katzen das Schloss bevölkert haben. Es gibt auch Quellen, die besagen, dass im Schloss mindestens ein Dutzend Hunde zur gleichen Zeit gelebt hat. Lannoy schreibt in „Das Geheimnis des Dunkelgrafen" (S. 161 f.) zum Besuch zur Regelung der Erbangelegenheiten des holländischen Rechtsanwalts Martini und des Hildburghäuser Hofadvokaten Jacobi in Eishausen und zitiert aus einem Schreiben Martinis an die Gebrüder Schmitz in Holland: *Das Schloss hat nichts zu bieten, es stinkt entsetzlich nach Katzenpisse. Die gnädige Dame hatte ja 22 Katzen.* Und *Alles ist sehr schmutzig und verwildert, eines Holländers völlig unwürdig.* Lannoy bemerkt, dass auch die Bibliothek des Verstorbenen in seinen Augen keine Gnade gefunden hat. − Diese Aussage steht im Widerspruch zu dem hohen Reinlichkeitsbedürfnis und den hygienischen Forderungen van der Valcks.

bar. *Die Speisen wurden im Vorzimmer serviert und von hier durch den Grafen selbst in das Speisezimmer gebracht.*

Der Graf wurde, als er sich in Eishausen niederließ, für einen Mann von ungefähr vierzig Jahren gehalten. In der ersten Zeit seines Aufenthalts zeigte er sich einige Male allein, oder auch in Begleitung der Dame auf einer Wiese in der Nähe des Schlosses; aber bald wurde seine Abschließung noch strenger.

Ich selbst habe den Mann einige Male gesehen, wenn er spazieren fuhr, und einmal in unmittelbarer Nähe. Dies letztere Begegnen ist mir unvergeßlich. Es war nämlich unter den Bauern des Dorfes allmählich stillschweigende Verabredung geworden, damit Geräusch in der Nähe des Schlosses soviel als möglich vermieden werde, daß die Kinder nicht dort spielten, daß niemand nach den Fenstern des Schlosses gaffe. Mir selbst war dieses Verbot durch meinen Vater eingeschärft. ...

Einmal jedoch rannte ich im Spiel vor mich hin bis in die Nähe des Schlosses. Plötzlich auf einem schmalen Stege, der aus der Nähe des Schlosses über einen Bach führte, sehe ich den Geheimnisvollen, der auf eben dieser Brücke mit raschen Schritten mir entgegenkommt. Ein Knabe vom Riesengebirge, der urplötzlich die Gestalt Rübezahl's neben sich erblickt, kann nicht mehr erschrecken, als ich bei dem Anblicke des Unbekannten; noch sehe ich ihn im grauen Filzhute, langem dunklen Oberrocke, weißen Strümpfen – sein kräftiges, scharfgezeichnetes Gesicht, die frische, dunkle Farbe, beschattet von rabenschwarzem Haar und starkem Backenbart, die blitzenden Augen, den entschiedenen raschen Gang. Ich drückte mich an das Geländer des Stegs, zog schüchtern meine Mütze und stand unbeweglich. Der Graf ging, ohne mich anzusehen vorüber, kehrte aber, wie im Zorn, rasch wieder um, und ehe ich noch von meinem Platze losgekommen war, ging er wieder zurück an mir vorüber und verschwand im Schloß. ...

181

Der brave Chirurg Bachmann, der alte Schulze Schlund, der Schreiner Christ, den er besonders liebte, und zwei bis drei andere Handwerker sind die einzigen Männer des Dorfes gewesen, welche bei einzelnen Gelegenheiten Zutritt ins Schloß erhalten und dabei den Grafen gesprochen haben. Diese rühmten seine Vornehmheit eben so, wie seine Freundlichkeit und bewunderten die erstaunliche Macht seiner fließenden Rede. Außer diesen sprach der Graf einige Male die Frau des Kammergutspachters Kaiser, welcher in seiner unmittelbaren Nähe wohnte. ...

Einen Gast hat das Schloß nie aufgenommen, obschon der Graf, wie er selbst später sagte, Verwandte hatte, welche reisten.

Die Lebensweise der Unbekannten zeigte, so weit sie der Beobachtung zugänglich war, die feinste Vornehmheit. Der gräflichen Küche wurden die besten Ergebnisse der Jagd und des Fischfanges geliefert; das feine Backwerk mußte die Köchin selbst bereiten. Auf Ostern wurde bis zum Tode der Dame regelmäßig ein Osterlamm gegessen. Der Graf trank seine Liqueure, nur teure französische Weine (vor allem Haut Sauterne), Porter und manches seltene Getränk, und im gräflichen Keller war so starker Umsatz, daß die Dienerschaft des Grafen mit den leeren Bouteillen in der Umgegend einen einträglichen Handel treiben konnte. – Die Garderobe für Herr und Dame kam stets von Frankfurt, und die Moden, welche die Damen auf den Pariser Boulevards entfalteten, konnten wenige Wochen später, über den hohen Bretterzaun hinüber, die Weidenbäume im einsamen, düster beschatteten Garten zu Eishausen an der unbekannten Gräfin bewundern. Der Graf trug stets Schuhe, weißseidene Strümpfe und ein und dasselbe Paar nie länger als vierzehn Tage. Alles deutete auf eine Gewohnheit zu fast übertriebener Reinlichkeit und diese, wie manches andere, auf holländischen Ursprung. Sein Dienstmädchen, an deren Bruder er freundlichen Anteil nahm, wies ihm einst einen Brief, den dieser aus der Fremde geschrieben; der Graf las den Brief, aber ohne ihn zu berühren; das Mädchen mußte ihn in der Hand halten. Niemals las er eine Zeitung, die schon eine andere Hand berührt hatte; Papier, Briefe und dergleichen, die nach Taback rochen, ekelten ihn an. Bei einer Klage über Unreinlichkeit that er die Äußerung: „in meinem Schlosse daheim, auf den großen Marmortreppen, die zum Eingang führen, durfte nie in Stäubchen liegen, und hier finde sich selbst im Zimmer Staub".

Das Geld, das dem Grafen zuging, kam gewöhnlich über Frankfurt; er erhielt es durch jenen Geschäftsführer, den er in Hildburghausen hatte[101]; ich schlage seinen Aufwand auf achttausend bis neuntausend Gulden jährlich an. Die Post behauptete früher, daß sie jährlich zwölftausend Fl. ins Schloß befördere. Nach den spätern Ermittelungen des Gerichts sollen die Jahreseinkünfte des Grafen siebentausend Fl. betragen haben. Daß ihm aber weit größere Hilfsmittel augenblicklich zu Gebote standen, bewies er bei einigen Gelegenheiten. Es ist übrigens deutlich, daß diese Einkünfte des Grafen, so außerordentlich sie auch im Verhältnis zu seiner Eingezogenheit und zu den dörflichen Umgebungen erschienen, nicht zugereicht haben würden, den Luxus eines vornehmen Hauses in einer großen Stadt zu befriedigen.[102] ...

Er haßte die Bettelei. Wenn ich einen einzigen französischen Gendarmen hier hätte, entfuhr ihm einmal, so wollte ich die ganze Umgegend von Bettlern säubern. Die Köchin erhielt zwar

---

101   Senator Johann Carl Andreä und nach seinem Tod dessen Sohn Heinrich Andreä.

102   Human behauptet, dass der Graf in den Jahren 1810 – 1845 die gigantische Summe von 500.000 Gulden verausgabt hat. Ein Währungsvergleich zur Gegenwart ist schwer nachvollziehbar, man kann aber davon ausgehen, dass es sich um 20 bis 25 Mio. € gehandelt hat. – Die Geldquellen sind in Holland und in Frankreich für ihn geflossen. Die französischen Quellen sind unbekannt und bleiben vermutlich immer ein Geheimnis.

täglich vierundzwanzig bis sechsunddreißig Kreuzer, um damit die Bettler, die ans Fenster kamen, zu befriedigen; er gab aber mit Widerwillen, wenn er gebeten wurde. Desto großartiger übte er freiwillige Wohlthätigkeit. Wo er von Notleidenden hörte – und er besaß die Kunst, bei all seiner Abgeschiedenheit Not und Armut in näherer und weiterer Entfernung zu erkunden – da half er, und wo er einmal Not gefunden, da war sein Gedächtnis treu für deren fortwährende Unterstützung. Die Armen Eishausens erhielten ein bestimmtes monatliches Almosen und daneben verteilte er noch weit reichere Geschenke; an Feiertagen erhielten die Armen Fleisch, Reis und Weißbrot. Aber das Bedürfnis durfte nicht betteln bei ihm; er mußte unter der Hand davon in Kenntnis gesetzt werden; „nur die freiwillige Gabe hat Wert", schrieb er später einmal.

In Hildburghausen war kein wohlthätiges Institut, das nicht den Grafen zu seinen ausdauerndsten und freigebigsten Unterstützern gezählt hätte. Als bei einer solchen Gabe der Vorsteher der Industrieschule in Verlegenheit war, auf welchen Namen er den Empfang des Geldes bescheinigen sollte, sagte die damalige Beschützerin der Schule, die Erbprinzessin Amalie, mit glücklichem Takte: „Schreiben Sie: von einem Manne der unserm Lande nur durch seine Wohlthaten bekannt ist." Dieser Ausdruck wurde von da an stehend, und es verging selten ein Monat in dem nicht unter diesem Titel reiche Gaben (wohl keine unter einem Louisdor) für wohlthätige Anstalten im Hildburghauser Regierungsblatt bescheinigt wurden. ...

Seine Wohlthätigkeit schien natürliches Ergebnis der Menschenfreundlichkeit. Einst war sein heftiges Temperament durch eine Unbilligkeit des Kammergutspächters aufs äußerste gereizt; da hörte er, daß das einzige Kind des Pächters gefährlich erkrankt sei. Sogleich sendet er Erquickungen ins Krankenhaus und läßt sich zu jedem Dienst bereit erklären.

Der Nachlass der Dunkelgräfin

Nachdem sich die nebenbezeichnete Kreisgerichtsdeputation acto nachmittags 1/2 4 Uhr hierher verfügt hatte, ließ auf die Anmeldung Herr de Vavel durch seinen Cammerdiener Johann Ehrhard, derselben zu erkennen geben, dass er krank darnieder liege, den gesamten Nachlass der vor wenigen Tagen Verstorbenen aber in eine Picor des hiesiegen Schlosses zur Disposition des Gerichts habe bringen lassen. Man begab sich daher in das hiesige Schloß selbst und wurde durch den obengenannten Kammerdiener und dessen Mutter, Catharina, verehelichte Schmidt in die belle etage in ein Zimmer gegen Südost geführt, an welches eine Picor stößt, die ein Fenster nach Südost und ein zweites gegen Nordost hat und in der sich ein Schrank, einige Kommoden, mehrere Kisten und Körbe, in und auf welchen unverschlossen eine Menge weiblicher Kleidungsstücke aller Art, Wäsche, Arznei und andere Gläser sich befinden und von welchen Gegenständen die genannte de Vavelsche Dienerschaft versichert, dass sie und nichts mehreres der Verstorbenen ihres Wissens zuständig gewesen sei ...

Die Kammer ist anschließend verschlossen und gesiegelt worden. Bei einer späteren Sichtung und Wertefeststellung sind 261 Positionen aufgelistet. Das Verzeichnis befindet sich heute im Thüringischen Staatsarchiv Meiningen. Die Liste enthält folgende Stücke:

39 gute Kleider, 28 Leinenkleider, 17 Oberröcke, 2 Mäntel, 43 Röcke, 10 Schürzen, 3 Jacken, 1 Pelzkragen, 26 Schals, 18 Halstücher, 136 Taschentücher, 7 Kragen, 4 Jäckchen, 1 Unterrock, 3 Leibchen, 132 Frauenhemden, 2 Strumpfbänder, 146 Strümpfe, 17 paar Schuhe, 11 Damenbeinkleider, 8 Sonnenhüte, 4 Strohhüte, 2 Hüte, 7 Sonnenschirme, 2 Mützen, 6 Hutfedern, Brille mit ‚ordinärem

Gestell', 4 Paar Ohrringe, I Halskette, 8 Armbänder, 8 Ringe sowie diverse Möbelstücke.

Papiere oder sonstige Unterlagen zum Identitätsnachweis der Dame sind nicht gefunden worden.

„Am 20. Juli 1847 meldet das Kreis- und Stadtgericht Hildburghausen der Landesregierung, daß an die Erben der im Jahre 1837 im Schloß zu Eishausen verstorbenen unbekannten Dame Edictalladungen erlassen worden sind, daß der Termin auf Freitag, 25. August 1848 bestimmt ist und daß die Ladungen im Regierungsblatte, dann im Allgemeinen Anzeiger der Deutschen und in der Kölnischen Zeitung werden abgedruckt erscheinen.[1]

Da am 25. August 1848 keine Erben erschienen, wurde das Erbe der unbekannten Dame als ein bonum vakans erklärt und in Höhe von insgesamt 1504 Fl. 45 Kr. vom Staat eingezogen.

---

1   Horbas: Das Geheimnis von Eishausen. – S. 160 f.

Der mysteriöse Todte.[1]

Über die mysteriöse Figur, über deren vor kurzem bei Hildburghausen erfolgten Tod wir nach Angabe der Dorfzeitung (vor einigen Tagen, Nr. 87.) berichtet, erfahren wir aus glaubwürdiger Mittheilung noch Folgendes: Als dieselbe sich 1806 im Schlosse des Domainengutes niederließ, trat sie gegen die Gerichte, welche sich nach ihrem Woher und Wohin erkundigten, mit dem eigenhändigen Cabinetsschreiben eines sächsischen Fürsten auf, des Inhalts: daß die Gerichte sich in keiner Art um Herkunft, Namen, Erwerbsmittel u.s.w. derjenigen Person, welche sich unter dem Namen eines Grafen Vavel de Versay in hiesigen Landen ansiedeln wolle, zu bekümmern, sondern sie in ihrem Thun und Treiben unbehindert gewähren zu lassen hätten. Diese Ordre war nach einer mehrstündigen Audienz beim Fürsten bei verschlossenen Thüren erwirkt. Mit jedem Tag wurde das Geheimniß dichter. Die Schloßfenster wurden mit dunklen Jalousien verschlossen, die Mauern erhöht, mit Staketen versehen, kein Fremder hatte Eintritt; selbst die kleine vertrautere Dienerschaft hatte ihre gemessenen Räume, welche sie nicht überschreiten durfte. Der Schloßhof war gegen die Wirtschaftsgebäude, wo des Grafen Amtmann wohnte, wenigstens so weit offen, daß man bei Kerzenlicht die Schatten der im Schlosse sich bewegenden Gestalten sehen konnte. Der Graf ließ hier mit großen Kosten eine hohe Mauerwand aufführen, welche Schloß und Wirthschaftsgebäude auf gleiche Weise beeinträchtigte.

Er war verheirathet, die Gräfin war mit im Schlosse eingezogen; aber Niemand hat sie zu Gesicht bekommen. Wenn sie mit dem Grafen ausfuhr, war sie in tiefe Schleier verhüllt, die Kutsche hatte bunte

---

1   „Königlich privilegirte Berlinische Zeitung von Staats- und gelehrten Sachen" (Vossische Zeitung), Nr. 4, 4. April 1845.

187

Glasfenster. Sie war einst krank, der Graf eilte zum berühmtesten Arzt der nächsten Stadt, und brachte ihm eine so detaillirte Beschreibung der Krankheit, daß derselbe die Medikamente verschreiben konnte. Aber sie ward kränker. Der Arzt wollte nun nicht eher verschreiben, als bis er sie persönlich gesehen. Der Graf gerieth in große Unruhe, setzte dem Arzte alle mögliche Gegengründe entgegen, mußte indeß endlich nachgeben, und man kapitulirte dahin, daß der Arzt das Schloß und selbst das Krankenzimmer betreten, aber nicht mehr als die Hand der Kranken sehen solle. In Bezug alles Uebrigen, was er etwa bemerken dürfte, mußte er sich im voraus durch Handschlag zu ewigem Schweigen verpflichten. Aus den schwarzen Bettvorhängen ward ihm eine wohlgebildete, weiße Hand entgegengestreckt, er fühlte den Puls; dies war aber das Einzige, was er erfuhr und geglaubt hat, weiter erzählen zu dürfen.

Daß die Neugier in der Umgebung aufs Aeußerste gereizt war, versteht sich von selbst. Namentlich die Frauen gaben sich alle mögliche Mühe hinter das Geheimniß zu kommen. Einige junge Mädchen wollten doch wenigstens wissen, ob die Gräfin entweder ein Engel von Schönheit oder ein Ausbund von Häßlichkeit sei, was beides behauptet wurde. Eines derselben unterließ nie im Vorübergehen ihr Auge nach den Jalousien zu richten; sie versteckte sich hinter Büsche, sie ward auch wohl betroffen, wie sie sich auf die Zehen hob und die Mauer zu erklettern strebte, um durch die Pallisaden oben einen Blick zu werfen. Es erging ihr schlimm, oder vielmehr ihrem Vater, der die Neugierde nicht bestraft hatte. Der Fremde kaufte Schuldforderungen gegen denselben an, und verfolgte ihn in Prozessen, bis er fast ein ruinirter Mann wurde. Dagegen war derselbe unbestreitbar ein Wohlthäter der Gegenden. Zu allen gemeinnützigen Zwecken steuerte er reichlich bei. Insbesondere aber bedachte er die jungen Mädchen, welche sittsam am Schlosse vorübergingen, ohne ihre Augen dahin zu richten. Er schien förmlich ein Controlebuch darüber zu führen. Einige derselben erhielten bei ihrer Verheirathung reiche Aussteuern, bis zu vielen hundert Gulden. Er zahlte immer baar, nie in der Landesmünze, sondern in holländischen Dukaten oder Speciesthalern.

Endlich hieß es: die Gräfin ist gestorben. Ein bleierner Sarg sollte ihre Hülle aufnehmen. Aber kein Arzt, keine Krankenwärterin, kein Zeuge war bei ihrem Tode zugegen gewesen. Man wußte weder, ob sie nicht eines unnatürlichen Todes oder ob sie überhaupt gestorben sei; da glaubten die Gerichte ernstlich einschreiten zu müssen. Allein mit Courierpferden war der Graf nach der Residenz geeilt, und als die Gerichte ankamen, kam auch er schon zurück mit einer fürstlichen Verordnung, in aller Form, daß Niemand Grund und Recht haben solle, sich in die Angelegenheiten des Fremden, ob sie Todte oder Lebendige betreffen, einzumischen. – Der Graf begrub seine Gattin, und jetzt ist er selbst begraben worden, ohne daß sich das Geheimniß nur im geringsten gelüftet hätte. Von den tausend Vermuthungen über ihn hat keine einzige etwas mehr für sich als Recht der Phantasie.

Anmerkung

Eigentlich hat sich das bekannte „Königlich privilegirte" Blatt einen derartigen Artikel, dessen Wahrheitsgehalt im Schlusssatz („Von den tausend Vermuthungen ... hat keine einzige etwas mehr für sich als Recht der Phantasie.") vom Autor selbst infrage gestellt wird, gar nicht leisten dürfen, denn er ist weiter nichts als eine völlig verdrehte Vermischung des zwei Tage zuvor erschienenen Aufsatzes des Herrn von Bibra in der Augsburger Allgemeinen Zeitung, vermengt und ergänzt durch die Gerüchteküche einer Kleinstadt. „Viel Unsinn und ein Fünkchen Wahrheit" hat der Titel lauten müssen, denn wahr ist sicher nur die Erwähnung des Schutzes der herzoglichen Regierung, die dem Fremden zuteil geworden ist. Der Leser erkennt, wie die Zeitungsschreiber schon damals leichtsinnig und nachlässig zugleich berichtet haben, und dass es ihnen nur darum ging, das Mysteriöse nur noch mysteriöser zu machen. Solche und noch weit boshaftere Artikel gingen nämlich damals durch die deutsche Presse, teils unabhängig voneinander. Die merkwürdigsten Behauptungen und Mutmaßungen haben sich gegenseitig überboten und lösen ihrerseits wieder Entgegnungen und Widerlegungen aus, die nicht weniger irreführend gewesen sind.

Am 10. Mai 1845 schreibt die „Dorfzeitung" Hildburghausen eine Entgegnung und gibt dabei endlich die erste fundierte Information:

Noch immer beschäftigen sich die Zeitungen viel mit dem geheimnisvollen Grafen Vavel, der kürzlich in der Nähe von Hildburghausen verstorben ist. Die meisten dieser Nachrichten sind abermals mehr oder minder unrichtig und abenteuerlich. Einstweilen können wir nur so viel versichern, daß der Schleier gelüftet ist, und daß sich sicherem Vernehmen nach ergeben hat, daß der Verstorbene, Leonardus Cornelius van der Valk, 1769 zu Amsterdam geboren, im Jahr 1798 Gesandtschaftssekretär der batavischen Republik in Paris war und von da mit vollgiltigen Pässen nach Deutschland ging, wo er seitdem still und in selbsterwählter Abgeschiedenheit mit seiner Freundin lebte. Unwahr ist es, daß er je eine Unterredung mit dem Herzog oder der Herzogin von Hildburghausen gehabt, unwahr auch, daß er seine Lebensgefährtin in Gefangenschaft gehalten habe. Zu dem Argwohn eines verborgenen Verbrechens liegt nirgends ein hinreichender Grund vor. Eine merkwürdige und psychologisch rätselhafte, in vieler Beziehung ehrenwerte Erscheinung bleibt der Verstorbene, dessen viele dankbar gedenken, indessen immer.

Der Nachlass des Dunkelgrafen

Der Nachlass des Dunkelgrafen wird von Kriminalrat Göbel und von Kreisgerichtsaktuar Heim erfasst, es handelt sich um insgesamt 625 Einzelpositionen. Für die Forschung ist bedauerlich, dass die umfangreiche Bibliothek und die Zeitschriftensammlung wegen des zu hohen Zeitaufwands nicht taxiert und mit als eine ansehnliche Zahl vermerkt worden ist.

Da finden sich u.A. 200 Stück Doppellouis'dors hannoversche Münze, 35 Stück desgleichen dänische, 33 Stück sächsische, braunschweigische und mecklenburg'sche, 79 Friedrich Wilhelms'dor, 29 Stück einfache Louis'dor, 174 holl. Dukaten, 2 Doppelkarolin, 6 Doppeldukaten, 4 unbekannte Goldmünzen, 576 Kronthaler, 577 preußische Thaler, 141 fl. rh. Alles in allem 1038 fl. Ferner viele Preziosen[1], goldene Ringe, darunter ein kostbarer mit 6 blauen und einem roten Stein, drei mit falschen Steinen, goldene Ketten und Kreuze, eines mit 11 Steinen, steife Armbänder von Golddraht, goldene und silberne Repetieruhren, eine Standuhr mit Alabastersäule und eine in Bronze, silberne Zahnstocher, goldene Herrennadeln, mehrere weiße, aber unechte Perlenschnüre, krystallene Riechfläschchen mit silbernem Deckel, einige Dutzend silberne Messer, Gabeln, Löffel, Messerböcke, Theeseier, Salzbüchsen, übersilberte Serviettenhalter und übergoldete Nachtlichtgestelle, silberplattierte Armleuchter zu 3 Lichtern, ferner 2 große Salonspiegel mit Goldrahmen, 48 Stühle und 38 Tische, viel Bettwerk und Wäsche, 36 Dutzend Herrenhemden, von denen die Elle 1 Thlr. kostete, mehrere Dutzend Tischtücher und Servietten, schwarzblaue, hellgraue, und dunkelgelbe Herrenoberröcke,

---

1 Kostbarkeiten, Schmuck.

hellgraue, braune und silberfarbene Kasmirhosen, ein groß blumierter heller Seidenhut, ein grauer Filzhut mit breiter Krempe, eine schwarze Pelzmütze, 52 weiße Nachtmützen, 5 Brillen mit Silbergestell. Weiter gelbe, kirschrote, ziegelrote, lila, braune, schwarzblaue, gelbbraune, grüne, veilchenblaue und schwarzseidene Frauenkleider, citronengelbe Shawls, viele weiße Schleier, grüne, hellblaue, weiße und rote Seidenhüte, grün- und braunseidene Sonnenschirme, schwarze Sonnenfächer mit Goldflitter, viele seidene Geldbeutelchen, Arbeitsbeutel von weißer Seide mit rotem Untergestell, gelbseidene Strickbeutel, eine ungezählte Menge Kölnischer Wassergläser, endlich noch mehrere Waffen, wie z.B. ein Musqueton mit Feuerschloß, ein paar Doppelterzerole, ein Hirschfänger und ein Dolch, Sonnenuhren mit Magnetnadel, Lupen und Brenngläser, Spielkasten im Wert von 18 Gulden, Spieldosen, Puderschachteln, Windharfen, eine schwarze Maske, 7 Thermometer und 3 Barometer, mehrere Schachspiele und Vogelhäuser, Sprachrohre und Klingeln, Fernrohre, 2 Katzenhalsbänder mit silbernen Schellen, ein großer gelb lackierter Stadtwagen und ein halbverdeckter viersitziger, lackierter Reisewagen in einer Remise bei den Gutsstädeln. In des Grafen Studierzimmer war eine ansehnliche Bibliothek mit vielen klassischen, historischen, politischen, juristischen und medizinischen Werken. Im Erdgeschoß fand sich nur ein Sopha mit 6 grün beschlagenen Stühlen, 5 verschiedenartig beschlagene, 1 geflochtener Stuhl, 2 Tische, 1 Spiegel, 3 Vorhänge, 2 blecherne Öfen und eine Badewanne, im Hauskeller blos noch 24 versiegelte Flaschen 1825er Chambertin, 2 desgleichen alter Malaga und 3 ohne Etikette.[2]

---

2 HUMAN: Dunkelgraf I. – S. 24 f.

Anmerkung

Es fällt auf, dass sich im Münzbestand von Leonardus Cornelius van der Valck kaum heimische Münzen aus den ernestinischen Herzogtümern und so kaum welche aus Sachsen-Hildburghausen – befunden haben. Es gibt zwei Gründe: Die Zahlungsmittel hat der Dunkelgraf – wie an anderer Stelle bereits dargestellt – von außerhalb erhalten, zum anderen sind beispielsweise Hildburghäuser oder Meininger Münzen als Zahlungsmittel reichlich unbeliebt gewesen, weil minderwertiges Geld geschlagen worden ist und es auch zu Zeiten des Deutschen Bundes einige Münzverrufe gegen die Münzpolitik der Duodezfürstentümer gegeben hat.

Der Kommissionär Heinrich Andreä über seinen
verstorbenen Kommittenden Graf Vavel de Versay[1]

Ueber den zu Eishausen bei Hildburghausen verstorbenen „Grafen Vavel de Versay", der auch noch andere Namen führte, sind in jüngster Zeit so viele grundlose Gerüchte durch die Tagesblätter gegangen, daß man sich in der Lage sieht diesen hiermit entgegen zu treten. Graf Vavel de Versay – so hieß er eigentlich nicht, obgleich er ein Recht auf diesen Namen hatte – wohnte früher nicht in den angegebenen Orten, sondern zuerst in der Rheingegend, dann an einem anderen Orte, den anzugeben man nicht ermächtigt ist, und kam vor etwa vierzig Jahren in Folge von politischen Vorgängen nach Hildburghausen, um daselbst ruhig und unbekannt zu leben. Bald nach seiner Ankunft überreichte er der damaligen Herzogin von Hildburghausen ein Schreiben von sehr hoher Hand, theilte ihr die Gründe mit weßhalb er unbekannt bleiben wollte, was die Fürstin gern gewährte, und stand später mit derselben hohen Frau noch lange in Correspondenz. Letzteres dürfte in Hildburghausen wohl noch bekannt seyn, weßhalb es eine Verletzung der Pietät ist, wenn ein Zeitungscorrespondenz vermuthend ausspricht, der Graf habe der Fürstin etwas weiß gemacht. Ob der nachmalige Landesherr, der jetzige Herzog von Sachsen-Meiningen, von den Verhältnissen des Grafen unterrichtet war, weiß man nicht anzugeben; aber er hatte jedenfalls Tact genug den Grafen, der schon zwanzig Jahr im Lande lebte und so viele Wohltaten ausübte, in seiner Ungestörtheit zu belassen und bei einem gewissen Vorkommniß den Behörden deshalb Anweisung zu geben. So lange der Graf

---

1 Dieser Aufsatz ist in der „Augsburger Allgemeinen Zeitung" am 10. Mai 1845 in der Rubrik „Vom Rhein" erschienen. Alle bekannten Dunkelgrafenautoren haben ihn wortgetreu zitiert.

in dem Städtchen oder in dessen Nähe lebte, ist nirgends seiner öffentlich gedacht worden, obwohl brodhungrige Schriftsteller längst sich bemühten, des Grafen Verhältnissen nachzuforschen um einen Roman daraus zu fabriciren.

Seine Hand streute überall eine Menge Wohlthaten aus, und manche Thräne hat er getrocknet, so daß selbst die Stadtbehörde einen schicklichen Anlaß benützte und ihm das Bürgerrecht schenkte. Nachdem also der Graf fast vierzig Jahre in der Gegend von Hildburghausen gelebt und während dieser ganzen Zeit Niemand es gewagt hatte auch nur einmal eine schlimme Vermuthung gegen ihn öffentlich zu äußern, treten plötzlich jetzt, wo er sich nicht mehr vertheidigen und den Verleumdern die Stirne bieten kann, verschiedene unberufene Leute auf und schleudern Vermuthungen gegen den edlen Mann, welche nur von gemeinen Verbrechen reden. Wahrlich, das hätte der Graf nicht gedacht, und es hat jene welche an dem Verstorbenen Antheil nehmen nicht wenig geschmerzt daß gerade der Dorfzeitungsredacteur, dessen Verwandte doch selbst sich erweißlich dem Grafen verbunden fühlen muß, nachdem er bisher immer geschwiegen, jetzt auf einmal mit geheimnisvoller Miene in das große Horn bläst über einen Mann dessen Wunsch unbekannt zu bleiben auch nach dem Tode zu achten schon die Pietät verlangt hatte. Obwohl man sich nicht für befugt hält Verhältnisse hier zu erörtern über welche der Graf stets Stillschweigen beobachtete und wonach zu fragen Niemand berechtigt ist, so erfordert doch die Pietät gegen den Verstorbenen daß man nachfolgendes der Oeffentlichkeit übergibt: Der Graf stammt aus einer alten vornehmen Familie, und gelangte in eine Sphäre wo er mancherlei wichtigen Ereignissen nahe stand und von woher ihn einige noch jetzt Lebende wohl kennen dürften. Die politischen Ereignisse zu Anfang dieses Jahrhunderts veranlaßten ihn seinen Wohnort mehrmals zu verändern, auch verlangte es einmal sogar eine Sicherheit sich den Nachstellungen seiner Feinde zu entziehen. So kam er nach dreimaligem Ortswechsel nach Hildburghausen, wo er auf hohe Briefe hin eine sichere Wohnstätte fand.

Als die Verbündeten gegen Frankreich zogen, gedachte der Graf Hildburghausen zu verlassen und reiste an den Rhein um mit einem Diplomaten Rücksprache zu nehmen, aber den Kaiser Alexander sah und sprach er in Frankfurt nicht. Nun erhielt der Graf seine Güter zurück, darunter ein schönes Gut an der Seeküste, der größte Theil seines Vermögens lag aber in der englischen und holländischen Bank, und durch einen dieser Bankiers ging seine ganze Correspondenz. Die Gründe, welche den Grafen ursprünglich zu so strenger Zurückgezogenheit bewogen hatten, fielen nun zwar hinweg, aber schmerzliche Erinnerungen und der Rath von hoher Seite hielten ihn ab die Heimath wieder aufzusuchen, und so beschloß er in Hildburghausen zu bleiben, wo man sein Geheimniß ehrte, und er außer aller Berührung mit Menschen bleiben konnte, da er durch traurige Erfahrungen das ganze Leben hindurch eine Art Menschenhaß in sich eingesogen hatte. Später, nach einer Reihe von Jahren, ergab sich wieder eine Veranlassung für den Grafen von Hildburghausen zurückzukehren, aber die Gewohnheit siegte über ihn, so daß er beschloß da zu sterben wo er so lange gelebt und auch seine Begleiterin Ruhe gefunden hatte.

Diese Begleiterin vorzüglich ist es welche leichtfertige Correspondenten zu Vermuthungen veranlaßte, die den Grafen als Verbrecher erscheinen lassen und Ursache zu diesen Zeilen sind. Die erwähnte Dame lebte durchaus ganz freiwillig bei dem Grafen in solcher Abgeschiedenheit, auch trug sie nie eine Larve, und nur um den Blicken der Zudringlichen auszuweichen, ließ sie häufig den Schleier nieder; Viele haben sie in ihrem Leben von Angesicht gesehen, und selbst die Leichenträger sahen sie noch im Sarge. Daraus folgt doch gewiß daß sie sich nicht vor den Menschen zu verbergen brauchte; auch hätte sie täglich Gelegenheit genug gehabt den Grafen zu verlassen und die Freiheit zu suchen, wenn wahr wäre was die Correspondenten sagen, daß der Graf sie gefangen gehalten wie Kaspar Hauser, eiserne Maske u. dergl. daß die Dame ihre Befehle nicht mündlich zu geben pflegte, kam einfach daher daß sie nicht deutsch reden konnte. Ein Verbrechen oder Vergehen liegt also überall nicht vor, und daß auch die meiningen'sche Regierung keinen Grund zu solcher Vermuthung sah, beweist der Umstand daß sie die ganze Zeit hindurch nicht in die Geheimnisse des Grafen einzudringen suchte, während sie sich doch wahrlich von dem Vorwurf frei halten mußte ein Verbrechen zu dulden und zu fördern. Da es den Grafen bestimmter Wunsch gewesen daß auch nach dem Tode seine Verhältnisse unbekannt bleiben, so hat er alle darauf bezüglichen Papiere theils in geeignete Hände gelegt, theils vernichtet, jedoch durch Testamente, die er längst bei seinem Bankier niedergelegt hatte, über seinen Nachlaß in rechtlicher Form verfügt. Das eine auf Hildburghausen Bezug habende, worin für seine Diener und wohlthätigen Zwecke all sein dortiges Vermögen bestimmt wurde, ist wahrscheinlich nach Eishausen zurückgekehrt; sollte aber dieß nicht der Fall seyn, so wird nach des Grafen Anordnung (wenn diese nicht inzwischen geändert wurde) auf die gerichtliche Todesanzeige im Amsterdamer Handelsblad, dem Hamburger Correspondenten und dem Pariser Moniteur dasselbe ausgefolgt werden, und vielleicht selbst eine mit der Ausführung des letzten Willens beauftragte Person in Hildburghausen erscheinen.

Inzwischen dürfte es Pflicht der Behörden seyn den Nachlaß unversehrt Jahr und Tag zu belassen. Das langbewahrte Geheimniß zu erforschen, ist die Behörde jetzt nicht mehr befugt, nachdem sie es zu Lebzeiten des Grafen nicht gethan; läge aber sogar auch die Vermuthung eines Verbrechens vor, so wäre ohnehin mit vierzig Jahren eine

Verjährung längst eingetreten, und der Graf hätte nicht nöthig gehabt unbekannt zu bleiben, da er ohnehin früher nicht in Deutschland gelebt hatte. Mehr darüber zu sagen sind wir nicht ermächtigt. Für die wenigen noch lebenden Männer, welche den Grafen vor einem halben Jahrhundert kannten, wird beigefügt daß die nöthigen Anknüpfungspunkte allein in Holland zu suchen sind*), und man ist überzeugt daß bei fortgesetzten Verleumdungsversuchen einer dieser Wenigen sich erhebe und durch sein Wort dieselben niederschlage, da diese Zeilen gewiß einem derselben zu Gesicht kommen.

Zu diesem Artikel fügt die Redaktion hinzu:
Die Besitzungen des Grafen, auf die oben gedeutet wurde, lagen aber doch wohl schwerlich an der holländischen Küste. Nach einer uns von anderer Hand zugekommenen Privatmittheilung wird das Geheimniß später wohl gelöst werden, wenn nicht mehr befürchtet werden darf durch vorzeitige Enthüllungen Lebende schmerzlich zu berühren. So viel scheint aber gewiß zu seyn daß auf des Grafen Ehre keinerlei Vorwurf lastet.
R.d.A.Z.[2]

---

2   R.d.A.Z = Redaktion der Ausgburger Zeitung.

Die Spendenfreudigkeit des Grafen,
die Verleihung der Ehrenbürgerrechte
und das Verhältnis zu Vater und Sohn Andreä

Viele Seiten sind zu füllen, um auch nur einen Teil der Großher-
zigkeit des Grafen gegenüber den Schwachen und Hilflosen in
einem armen kleinen Land auch nur annähernd darzustellen oder
gar zu bewerten. Seine Motive kennt niemand. Es wird immer
wieder spekuliert, er habe mit seinen karitativen Gaben von seiner
eigentlichen Mission ablenken wollen bzw. er habe um die Gunst
der Landesherren gebuhlt. Zudem hat er seine Bediensteten ver-
gleichsweise gönnerhaft entlohnt.

Ein Brief an seinen Kommissionär Andreä steht stellvertretend
für seine Menschlichkeit. Datiert ist er wieder ohne Jahresangabe,
es fehlen – wie sonst auch – die Anrede und die Unterschrift:

30. Mai
Ich bitte Ew: Wohlg: die erwähnten f. 25 nicht als eine limitierte anzu-
sehen; sondern dieselbe dahin zu erhöhen, dass die erwähnten Arme
reichlich gespeist und auch einen Drunk dazu erhalten.

Ew: Wohlg: sehen, dass ich mich immer an Denenselben wende und
Sie öfters behellige: aber wo vinde ich wohl einen Manne der meiner
Hochachtung würdiger, und dessen Familie mir von jeher nahe, und
ununterbrochen in einer Reihe von vielen Jahren die uneigennützigste
Dienste geleistet hat? – In der That ich glaube, dass wenig Fremde
im Ausland eine solche freundliche Auszeichnung, als Schreiber diess,
gefunden haben. Dies sind keine gewöhnlichen Ausdrücke der Höf-
lichkeit: es ist hier das innere Gefühl das sich (zwar in schlechtem
Deutsch) aber rein und offen ausspricht.

199

Andreäs rückseitige Antwort:

Nach gnädigen Befehl werde ich befohlne Speißung der angege-benen öffentlichen Armen, dem Stadtmagistrat übertragen, und Nä-heres unterthänigst berichten.

Nur das Glück, daß meinem seeligen Vatter, die hohe Gnade Ew: Gnaden zuerst, vor seinen andern hiesigen Mitbürgern zu theil ge-worden ist, macht, das Ew: Gnaden die einigen Handlungen zu hoch und verdienstvoll erheben; denn außerdem bin ich überzeugt, daß der größere Theil der hiesigen Einwohner, ebenso würde gehandelt und die Fortsetzung der hohen Gnade, Ew: Gnaden sich würde erworben ha-ben. Uebrigens ist die Uneigennützigkeit so groß nicht, da Ew: Gnaden jeden kleinen Dienst sogleich überhoch belohnten und die genoßene Auszeichnung von Ew: Gnaden meiner Familie hier ein Ansehen er-worben, welches sie zum unendlichen Schuldner Ew: Gnaden gemacht hat. Ich bin daher innigst erfeut, wenn Ew: Gnaden, Höchstdero hohe Gnade, ihrem unterthänigen Diener, auch ferner schenken wollen.

Hier fragt man sich, ist die heute völlig ungewohnte übermäßig untertänige Ausdrucksweise von Andreä wirklich echt? Ja, sie ist es, der Briefstil entspricht dem Ton der Zeit von Untergebenen. Der wahre Charakter und die echte Anhänglichkeit Andreäs ist vielfach bewiesen.

In dem oben zitierten Brief fällt auf, dass der Graf wiederholt die Familie Andreä dankbar erwähnt, was besagt, dass er sie kennt und auch bei ihr zu Besuch gewesen ist. Andreä Vater und Sohn haben damals das Haus Häfenmarkt 104 in Hildburghausen bewohnt, wo seinerzeit auch die Freimaurerloge „Karl zum Rautenkranz" ihr Domizil gehabt hat.

Derartige Kontakte haben zu Anfang seines Aufenthalts in Hild-burghausen offensichtlich noch bestanden und dann später in

Eishausen ganz aufgehört, denn was hat näher gelegen, als dass der Graf statt der täglichen Zettelkorrespondenz mit Pfarrer Heinrich Kühner auch persönlichen Kontakt mit ihm gepflegt hat.[1]

Andreä hat sich nicht gescheut, die Interessen des Grafen auch an allerhöchster Stelle vorzutragen und damit stets Erfolg gehabt. Am 12. März 1824 hat Herzog Friedrich an seine Regierung geschrieben, der Leutnant Andreä, Bevollmächtigter des Grafen Vavel, habe ihm wegen seiner ungünstigen Bedingung im Mietkontrakt des Grafen eine Beschwerde gemacht, derzufolge er, der Herzog, dem Département der Finanzen empfohlen habe, diese genannte Bedingung sofort aufzuheben und durch eine gänzlich andere zu ersetzen, die mehr den Wünschen des besagten Grafen entspreche. Zudem seien gegen den Graf de Vavel auch ferner alle Rücksichten zu nehmen, wie sie ihm seit seinem Eintritt in das Land zuteil geworden seien.

Wörtlich fährt Herzog Friedrich fort:
Wie Wir den Herrn Grafen, so lange er seinen Aufenthalt in Unserem Lande fortsetzen will, beständig unter Unsern besonderen Schutz nehmen und stets die Rücksichten gegen ihn beobachten, auf die er sich durch sein bisheriges Verhalten selbst begründete Ansprüche erworben und nicht zugegeben werden, daß irgend eine Unannehmlichkeit zugefügt werde, zu welchem der Lieutenant Andreä, wenn ein solcher Fall eintritt, Uns sofort unmittelbar Anzeige zu erstatten hat.[2]

---

1 [KÜHNER]: Die Geheimnisvollen im Schlosse zu Eishausen. – S. 28.

2 HUMAN: Dunkelgraf II. – S. 51. – Vgl. Horbas, Eva: Das Geheimnis von Eishausen. Wieder aufgefundene Ministerialakten zur Dunkelgrafenproblematik. – 1993, S. 144 f.

Mit diesem Brief hat der Herzog, ausgehend von der Regelung eines Mietkontraktes, ganz grundsätzlich den Wunsch ausgesprochen, man möge den Grafen jedes nur mögliche Entgegenkommen zuteil werden lassen, und nicht zu Unrecht hat das Schriftstück dadurch die Bezeichnung „Der Schutzbrief" erhalten, wie es auch allgemein genannt wird. Gleichzeitig wird darin dem „Lieutenant Andreä" befohlen, im Wiederholungsfalle solch einer Situation dem Herzog sofort Anzeige zu erstatten.

Einen Wiederholungsfalle hat es jedoch nicht gegeben. Mit dem Erbteilungsvertrag von Hildburghausen geht Herzog Friedrich im November 1826 nach Altenburg, und Hildburghausen fällt an Sachsen-Meiningen. Mit einem Schlag ist auch für den Grafen eine andere Situation entstanden. Die neue Regierung kann es nicht verstehen, warum er sich nicht ausweisen will und ständig damit droht, er wolle aus dem Land gehen. Sie ahnt nicht, dass er sich als Graf Vavel de Versay gar nicht ausweisen kann. Heinrich Andreä weiß das und sucht nach einer Möglichkeit, dem Grafen zu einer Legitimation zu verhelfen, damit er in Eishausen bleiben kann und vor weiteren Belästigungen verschont bleibt. Er erklärt dem Magistrat, dass es ein großer Verlust sei, wenn alle Wohltaten des Grafen wegfallen. Damit erreicht er letztlich, dass der Magistrat ihn zum „Ehrenbürger der Stadt Hildburghausen" ernennt:

Wir Bürgermeister und Magistrat der Stadt Hildburghausen beurkunden hierdurch, daß wir anheute mit Zustimmung des Gemeinderates Sr. Hochwohlgeboren dem Herrn de Vavel das Bürgerrecht der hiesigen Stadt verliehen haben.

In Erwägung, daß des Herrn de Vavel Hochwohlgeboren bereits über 20 Jahre lang in der hiesigen Stadt oder in der Gegend nächst derselben ihren Wohnsitz gehabt und während dieser Zeit stets thätigen

Anteil an dem Wohl der Stadt und ihrer Bewohner genommen haben, zweifeln wir nicht, daß Hochdieselben dieses Ehrenbürgerrecht als einigen Beweis unserer Verehrung und des Dankgefühles der Vorsteher der hiesigen Stadt aufnehmen und nach hohem Gefallen gebrauchen mögen, wobei wir nochmals die Gelegenheit ergreifen, unsere Stadt neben dem neuen erhabenen Mitbürger zur hohen Geneigtheit zu empfehlen.

Urkundlich ist dieses Bürgerdiplom unter des Magistrats größerem Insiegel ausgefertigt und mit unserer Unterschrift bestätigt worden. So geschehen Hildburghausen, den 24. Mayi 1827.

Magistrat allhier[3]

Die Ernennung hat in der Tat bewirkt, dass die neue Regierung in Meiningen auf eine Legitimation verzichtet. Dem Grafen gegenüber bemerkt Andreä, dass diese mit sehr großen Schwierigkeiten verbunden gewesen sei. Johanna Weber hat später in Eyba ausgesagt, der Graf habe dem Herzog von Meiningen sein Geheimnis anvertraut, was mitgespielt haben mag.

Natürlich hat es sich gehört, dass der Graf sich für diese Ehrung persönlich oder brieflich bedankt, aber auch diesmal will er nicht als „Graf Vavel de Versay" in Erscheinung treten. Statt seiner schreibt Andreä an den Magistrat, *dass er das Ehrendiplom dem Herrn de Vavel zu Eishausen übersendet und sogleich den Auftrag erhalten habe, den verehrten Herren für dieses unerwartete und unverdiente Ehre seinen aufrichtigsten Dank zu bezeugen, seine vorzügliche Hochachtung an den Tag zu legen und vorläufig denselben zu versichern, das ihn gewiss freuen würde, eine Gelegenheit zu finden, sich dieser ehrenvollen Auszeichnung würdig zu machen.*

---

3   Human: Dunkelgraf I. – S. 63.

Bei diesem Schreiben fällt auf, dass es Andreä selbst gewesen ist, der dem Grafen das Ehrendiplom übersendet hat, was entschieden dafür spricht, dass er der Urheber dieser Auszeichnung gewesen ist. Ehrendiplome dieser gewichtigen Art sind im allgemeinen in einer Feierstunde überreicht, vom Magistrat persönlich überbracht oder zumindest persönlich übersandt worden.

Als der Graf im Winter 1829/30 gefährlich erkrankt, hat der Magistrat seinem Ehrenbürger die „wärmste Anteilnahme" zum Ausdruck gebracht. *Die Pflege, die ich habe, ist über alles Lob erhaben; die Teilnahme, die ich hier und in Hildburghausen fand, überraschte mich; es fiel mir wie Schuppen von den Augen,* hat er an seine Korrespondentin, die Witwe des Pfarrers Kühner[4] geschrieben. Das mag ihn veranlasst haben, sich beim Magistrat der Stadt im März 1830, in hohem Maße bewegt für die Zeichen der Teilnahme, erneut zu bedanken, jedoch wieder nur durch die Feder seines Kommissionärs, dem er diktiert:

Die Teilnahme meiner hiesigen Mitbürger ist mir sehr schmeichelhaft, und ich finde mich durch die erhaltenen Beweise davon sehr gerührt, sehr geehrt. Ist etwas im Stande, den kranken Gemütszustand eines Hypochondristen zu erheitern, zu erhellen, so kann es nur auf diese so tief rührende, teilnehmende Weise geschehen. Wodurch ich als einzelner Bürger diese so ehrenvolle Auszeichnung verdiene, ist mir nicht bewußt, doch bitte ich außer meinem innigsten Dank zugleich den Wunsch zu erwähnen, diese ehrenvolle Gesinnung in der Zukunft verdienen zu können.

Andreä fügt diesen Zeilen hinzu: *Hierbei bedauert derselbe nichts mehr, als durch seinen noch sehr schwachen Gesundheitszustand ver-*

---

4   [KÜHNER]: Die Geheimnisvollen ... – S. 44.

hindert zu werden, weder mündlich noch schriftlich sein Dankgefühl selbst aussprechen zu können, doch sieht er bei dem herannahenden Frühjahr seiner vollkommenen Herstellung entgegen.

Diesen Brief hat Human in den Ratsakten gefunden.

Unter den Kindern des Dorfes suchte er sich (mit dem Fernrohr) Lieblinge aus, und einige von diesen wurden zu Weihnachten ins Schloß gerufen, um Geschenke aus des Grafen Hand zu erhalten. — Eine besondere Zuneigung hatte er zu dem braven Schreiner Christ gefaßt; er hatte den Geburtstag des Mannes erfahren und versäumte nie, ihn mit einem Kuchen und anderen Geschenken zu begrüßen. Wenn der Schreiner Arbeit ins Schloß lieferte, ließ ihn der Graf gewöhnlich vor sich kommen, und er unterhielt sich mit ihm gern, auch dann noch, als der alte Mann sehr harthörig geworden war. Aber auch Christ vermochte nicht die entfernteste Notiz über das Geheimnis des Grafen zu geben.

Im Winter fütterte er die Sperlinge auf seinem Blumenbrette. Tierquälerei empörte ihn; so weit sein Fernrohr reichte, durfte kein Bauernjunge es wagen, ein Vogelnest auszunehmen. Noch lange bedauerte er den Tod eines alten Pfauen, den er besessen hatte. Er zeigte entschiedenen Abscheu gegen alle Lüge und jede Unrechtlichkeit, und konnte solche nie verzeihen. ...

Der Graf und die Dame zeigten sich fast nie am Fenster, und die Beobachtungen, die vom Schlosse aus angestellt wurden, müssen mit dem Tubus hinter den Fenstervorhängen gemacht worden sein.

Ruhestörungen in der Nähe des Schlosses, besonders zur Nachtzeit, konnten den Grafen in den heftigsten Zorn versetzen, und es ist anzunehmen, daß dieser Zorn seinen Grund nur in der Teilnahme für seine Gefährtin hatte; denn der Graf selbst schien eine Natur, die auch unter etwas Kanonendonner weder Gemütsruhe, noch ruhigen Schlaf verlor. ...[103]

---

103   Nach: [Kühner]: Die Geheimnisvollen ... – S. 20 ff.

Auf der Suche nach des Rätsels Lösung

Anschuldigungen und eine Verteidigungsschrift mit einer sensationellen Vermutung

Die Hildburghäuser „Dorfzeitung" hat am 12. April 1845, einen Tag nach der Beerdigung, einen kurzen Bericht über den seltsamen Toten gebracht, und zehn Tage später liest man im „Fränkischen Merkur", dass der Verstorbene vor 35 Jahren nach Hildburghausen gekommen sei und dort von Anfang an unter dem besonderen Schutz des Herzogspaares gelebt habe. Merkwürdigerweise wird dieser Artikel sofort auf das heftigste dementiert: Der Herzog habe niemals gewusst, wer der Fremde gewesen sei! Aus dieser Kontroverse entwickelt sich eine Pressekampagne, bei der der Wohltäter schließlich zum Verbrecher deklariert worden ist, der 27 Jahre seine Geliebte gefangen gehalten und zu Tode gequält habe. Das wiederum bleibt nicht ohne Widerspruch, und sogar die „Augsburger Allgemeine Zeitung" veröffentlicht eine Richtigstellung, die dann erneut für Zündstoff sorgt.

Bei diesem Hin und Her der Extreme platzt Dr. Karl Kühner, Sohn des 1827 verstorbenen Eishäuser Pfarrers Heinrich Kühner und Schwiegersohn des Arztes Dr. Carl Hohnbaum, förmlich der Kragen, und er verfasst eine klassische Verteidigungsschrift über „Die Geheimnisvollen im Schlosse von Eishausen".

Die Gründe, warum er diese Schrift nicht sofort, sondern erst sieben Jahre später und dann auch noch anonym in der 1852 bei Brockhaus erschienenen Reihe „Geheime Geschichten und rätselhafte Menschen" von Friedrich Bülau veröffentlicht hat, mögen gewesen sein, dass er vermeiden will, *noch Lebende schmerzlich zu berühren*. Die Anonymität hat der Pfarrerssohn aus Eishausen nicht nötig, er ist damals 41 Jahre alt gewesen, er wirkt als Superintendent und leitender Direktor des gesamten Schulwesens im Raum Saalfeld. Seit seinem achten Lebensjahr hat er das Eishäuser Schloss und seine geheimnisvollen Bewohner vor Augen gehabt und kann aus Erfahrung vieles richtig stellen. Dabei verspricht er dem Leser:

Ich werde stets der Spur der Wahrheit zu folgen suchen und in das Gebiet der Dichtung und Sage, so nahe es hier auch an die Wirklichkeit grenzt, nirgends abschweifen.

Aus dieser Grundhaltung heraus widmet er dem Grafen die ergreifende Nachrede:

Ein Mann von Geist und Welt, der ohne erkennbares Motiv vierzig Jahre lang mit nie wankender Konsequenz sich gegen die Welt abschließt, – eine Frau neben ihm, die zweiunddreißig Jahre lang sich in ihr Zimmer verschließt, in dieser ganzen Zeit nur zweimal zu einer anderen Person, als zu dem Gefährten ihrer Einsamkeit, spricht, dies ist eine so außerordentliche Erscheinung, daß zu ihrer Erklärung auch die außerordentlichsten Vermutungen gestattet sein müssen.

Weiter schreibt er:

Ich erkenne sehr wohl, daß ich das Vertrauen zu der Nüchternheit meiner Kritik gefährde, wenn ich den abenteuerlichen Spuren, welche zu der Höhe eines Königsthrones zu führen scheinen, noch einige Schritte weiter nachgehe. Indes selbst auf diese Gefahr hin soll es geschehen. ...

Das Alter der Dame, wie es der Graf angab[104], würde mit dem der Tochter Ludwig des XVI. zusammenstimmen, und es würde

---

104   achtundfünfzig Jahre.

Apotheke in Ingelfingen. Hist. Ansichtskarte, um 1910.
Sammlung Helga Rühle v. Lilienstern.

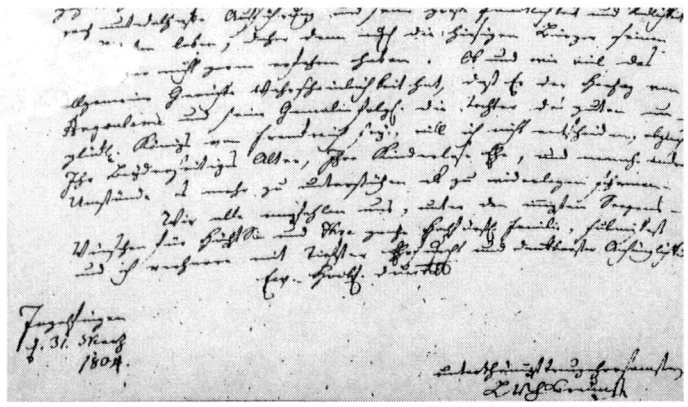

Schreiben des Geheimrats Ludwig Wolfgang Hiskias Braun aus Ingelfingen, 31. März 1804, an den Fürsten Friedrich Ludwig von Hohenlohe-Ingelfingen über die Flucht des fremden Paares. Staatsarchiv Hohenlohe im Schloss Neuendorf.

Leonardus Cornelius van der Valck alias "Graf Vavel de Versay" alias "Der Dunkelgraf". Miniatur um 1798 aus seinem Nachlass.

rechte Seite oben:
Fürstentum, ab 1806 Herzogtum Sachsen-Hildburghausen.
Georg Schreiber, Leipzig, um 1800. Sammlung Hans-Jürgen Salier.

rechte Seite unten:
Blick vom Fuß des Stadtberges auf die Residenzstadt Hildburghausen. Zeitgen. Stich. Sammlung Hans-Jürgen Salier.

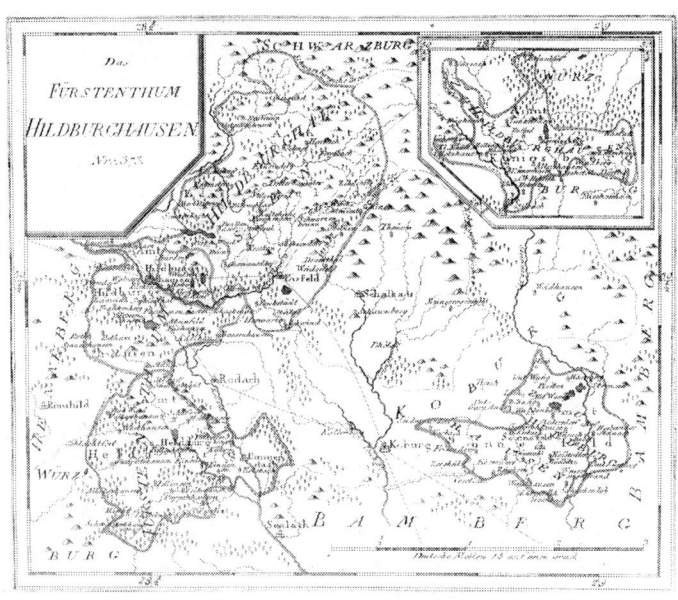

279 Hildburghausen.

211

Das "Gasthaus zum Englischen Hof" an der Südostseite des Hildburghäuser Marktplatzes. Hist. Ansichtskarte, Sammlung Salier.

Hildburghausen – Markt mit Rathaus. Hist. Ansichtskarte, um 1900. Sammlung Hans-Jürgen Salier.

Das Radefeldsche Haus in Hildburghausen, gesehen von der heutigen Geschwister-Scholl-Straße. Die beiden Nebengebäude verdecken den Hof, in dem das Paar von der Straße her unbemerkt die Kutsche besteigen und ausfahren kann. Zeichnung: Georg Lilie.

213

Herzogin Charlotte und Herzog Friedrich von Sachsen-Hildburghausen, ab 1826 von Sachsen-Altenburg.

Das Hildburghäuser Residenzschloss vom Südwesten.
Nach einem Aquarell.

214

Modell des Domänengutes Eishausen (Teilansicht), um 1837.
Foto: Helga Rühle v. Lilienstern

Das Schloss zu Eishausen, 1845. Stich von Bernhard Metzeroth
nach einer Zeichnung von Plato Ahrens.

215

Der Eintrag vom Tod der Unbekannten am 25. November 1837 im "Verzeichniß der Gestorbenen" von Eishausen durch den Pfarrer Pfitz:

"† an unbestimmter Krankheit. Die Verstorbene lebte an 30 Jahre lang in geheimnißvoller Verborgenheit mit einem Manne der sich Graf Vavel nennt, im hiesigen Schlosse und wurde in einem ihr eigenthümlich zugehörigen Berggarten bey Hildburghausen beerdiget. Ihr Name und ihre Lebensverhältnisse wurden mir ungeachtet wiederholter Anfrage nicht mitgetheilt. Pfitz"

Das Grab der Dunkelgräfin auf dem Stadtberg zu Hildburghausen, 1838. Zeitgen. Abbildung.

Das Grab des Dunkelgrafen, Leonardus Cornelius van der Valck,
auf dem Friedhof Eishausen.
Foto: Hans-Jürgen Salier, 2003

König Ludwig XVI. und die Herzogin von Angoulême (Vater und Tochter) auf zeitgenössischen Stichen.

Zwei unterschiedliche Schriftbilder: Handschrift der Prinzessin Marie Thérèse Charlotte aus dem Temple, Dezember 1795, ...

... und die der Herzogin von Angoulême vom 22. Dezember 1833.
Aus: Frédéric de Saxe-Altenbourg: L'Enigme de Madame Royale.

Herzog Ernst II. von Sachsen-Altenburg besucht am 18. März 1927 das "Gasthaus zum Englischen Hof" in Hildburghausen. Foto: Aubrey Le Blond. In: "The Dunkelgraf Mystery" von Otto Victor Maeckel.

Fritz Nothnagel, Herzog Ernst II. und Viktor Otto Maeckel vor dem Grab des Dunkelgrafen in Eishausen.

Prinz Friedrich Ernst von Sachsen-Altenburg beim Signieren seines französischen Buches im November 1954 in Paris.
Sammlung Helga Rühle v. Lilienstern.

223

M^{de} ROYALE DE FRANCE.

De mes Larmes au Ciel J'Offre le Sacrifice.

Das Porträt der Madame Royale, entdeckt von Otto Victor Maeckel beim Grafen von Bentinck in Ammerongen (Holland). Zeichnung: Sauvage; Stich: L. A. Claessens.

einem Romandichter nicht schwer werden, eine Intrige zu erfinden, wodurch diese echte Königstochter, halb mit Gewalt, halb freiwillig ins Schloß nach Eishausen verbannt und eine untergeschobene Herzogin von Angoulême an ihre Stelle gesetzt würde.

Diese offen ausgesprochene überraschende Vermutung eines anonymen Autors ist nicht ernst genommen worden, sie war so ungeheuerlich, dass man sie nicht glauben will. Schließlich ist die Herzogin von Angoulême erst vor kurzem in Frohsdorf bei Wien (1851) verstorben, und niemand hat ihre Echtheit öffentlich je angezweifelt. Wer ahnt schon, dass dieser Verdacht von einem höchst vertrauenswürdigen Kirchen- und Schulmann und keinesfalls leichtfertig ausgesprochen worden ist. Wenn man aber darüber nachdenkt, in welcher Gefahr sich die versteckt gehaltene französische Königstochter befunden hat, wenn man bedenkt, dass Napoléon den Herzog von Enghien verhaften und erschießen lässt, und wenn man sich vorstellt, wie gefährlich es für den Herzog von Sachsen-Hildburghausen gewesen ist, zu einer Zeit, in der alle Fürsten des Rheinbundes dem Kaiser Napoléon verpflichtet sind, einer Bourbonenprinzessin Schutz zu geben, dann versteht man, dass Kühner mit seiner Ansicht nicht öffentlich hervortreten will und kann.

Kühners Vermutung ist bis heute nicht ernsthaft widerlegt worden, im Gegenteil: sie hat sich im Laufe der Zeit immer mehr verdichtet.

Ludwig Bechstein und der „Dunkelgraf" – Dichtung und Wahrheit

Schon kurze Zeit nach dem Tod des Grafen treten Schreiber aus der Region auf den Plan, um das geheimnisvolle Thema mehr oder weniger gekonnt literarisch zu verarbeiten. Casparus Bruckner veröffentlicht 1845 in Römhild unter dem Pseudonym La Roche ein Buch mit dem Titel „Der geheimnisvolle Graf zu Eishausen". Der Autor geht davon aus, dass es sich bei Vavel de Versay um den französischen Arzt Girardin gehandelt haben soll, die Dame um eine Tochter des Prinzen von Rohan. Dieses Buch ist jedoch nicht mehr auffindbar. Es ist nur bekannt, dass es sich im Nachlass des Grafen befunden haben soll. Auch in diesem Fall ist nicht auszuschließen, dass die Publikation zu dem vom Grafen inszenierten Verwirrspiel um sich und seine Begleiterin gehandelt hat. – Auch der aus Eisfeld stammende und inzwischen in Dresden wirkende Dichter Otto Ludwig (1813 – 1865), ein Vertreter des poetischen Realismus, plant bereits zu Lebzeiten des Grafen eine Novelle über sein Leben, die nicht geschrieben worden ist.

Erst Karl Kühner ist es, der mit seiner Vermutung die Romanschreiber aktiviert hat, wie z. B. den bekannten herzoglich-meiningischen Archivar, Historiker, Märchensammler und Schriftsteller Ludwig Bechstein, der bereits 1854 den ersten Roman „Der Dunkelgraf" veröffentlicht hat. Kühner ist – wie bereits dargestellt – der Sohn des Eishäuser Pfarrers Heinrich Kühner, Schwiegersohn des Arztes Dr. Carl Hohnbaum und Vorleser der Herzogin Paul von Württemberg, geborene Prinzessin von Sachsen-Hildburghausen gewesen.

Bechstein hat dem geheimnisvollen Begleiter der Prinzessin den Namen „Dunkelgraf" gegeben. Ein Fehler des

226

Setzers bei der Namensschreibung in der Zeitung: „Varel" statt „Vavel", hat ihn auf die Spur eines oldenburgischen Grafengeschlechts gebracht, aus dem der „Dunkelgraf" entsprossen sein soll, konkret hält er ihn für ein uneheliches Kind von Johann Albert Graf Bentinck und Lady Georgina Spencer, spätere Herzogin von Devonshire. Nach Bechstein soll es sich bei der Gräfin um eine Tochter des Herzogs von Enghien handeln. – Dichtung und Wahrheit liegen sehr dicht beieinander!

Bechsteins Beispiel folgen zahlreiche andere Romanautoren, der bedeutendste von ihnen ist neben Alexandre Dumas d. Ä. („Le château d'Eppstein", auch in englischer Sprache erschienen) und Mór Jókai („Névtelen Vár")[105], Anton Emil Brachvogel mit seinem 1872 erschienenen Roman „Das Rätsel von Hildburghausen", der in vielen Auflagen gedruckt worden ist, zuletzt 1990 als Reprint im Verlag Frankenschwelle Hans J. Salier in Hildburghausen. Amüsant ist darin die Schilderung des Hildburghäuser Kleinstadtmilieus. Aber auch hier liegen wieder Dichtung und Wahrheit eng beieinander.

Humans Forschungen zu Dunkelgraf und Dunkelgräfin sowie der rätselhafte Nachweis

Seit 1880 intensiviert Rudolf Armin Human seine Forschungen zum Dunkelgrafenpaar und betreibt gründliche archivalische Studien, besonders im Meininger Archiv, im Nachlass des Dunkelgrafen und in den im Besitz der Witwe

---

105 Deutsche Übersetzung „Das namenlose Schloss", erschienen bei Janike in Berlin 1879, 1884, 1885, 1893, als „The nameless castle" 1895 (London) und 1898 (New York).

Kühner († 1885) befindlichen Papieren. Human ist es auch, der den Begleiter der Königstochter als den holländischen Gesandten Leonardus Cornelius van der Valck identifiziert hat. Der Autor ist Dr. jur. und Dr. theol. gewesen und wie Karl Kühner Superintendent, dazu noch Historiker, Heimatforscher, Archivar und Schriftsteller. Human hat von den Erben aus Holland den schriftlichen Nachlass van der Valcks zur Auswertung anvertraut bekommen.

1883 erscheint die historisch fundierte Dokumentation *Der Dunkelgraf von Eishausen Band 1, Erinnerungsblätter aus dem Leben eines Diplomaten* von R. A. Human, dem 1886 ein zweiter Band folgt. Seine beiden Schriften haben 30 Jahre nach Karl Kühner der Dunkelgrafenforschung eine neue Grundlage gegeben. Human ist dazu besonders befähigt, denn er beginnt seine berufliche Laufbahn 1866 als junger Vikar in Eishausen und ist mit der Tochter des Eishäuser Domänenpächters Stirtzel verheiratet, der den Dunkelgrafen persönlich gekannt hat. Damals steht das Schloss noch und Human bringt auch eine genaue Beschreibung der Innenräume und der Raumaufteilung.[106]

Im Nachlass befinden sich zwei kleine Porträts, zwei Petschafte und eine handgestickte Brieftasche aus weißer Atlasseide. Das eine Porträt zeigt van der Valck als jungen Jurastudenten in Köln und Göttingen. Er ist ein glühender Anhänger der revolutionären Ideen in Frankreich und ist deshalb 1793 nach Paris gegangen, wo er als holländischer Offizier der französischen Revolutionsarmee beitritt. Das andere Porträt, eine gerahmte Miniatur, zeigt ihn 1798 als Sekretär der batavischen Botschaft in Paris. Er ist modisch

---

106 Im Thüringischen Staatsarchiv Meiningen sind vor einiger Zeit Grundrisszeichnungen des Eishäuser Schlosses entdeckt worden, mit Türen, Treppen und Öfen, die Human nicht gekannt hat.

Die Öffnung des Grabes der Dunkelgräfin

In früher Morgenstunde des 8. Juli 1890 ist das Grab der Dunkelgräfin auf dem Stadtberg von Kirchenrat Dr. R. A. Human und dem
Stabs- und Bataillonsarzt Dr. v. Mielecki sowie einem Totengräber
geöffnet worden. Der Arzt Dr. v. Mielecki, berichtet über das
Ereignis[1]:

*Der mir befreundete Archidiakonus an der Neustädter Kirche in
Hildburghausen, Dr. jur. et phil. Lizentiat der Theologie R. A. Human,
fragte mich im Sommer 1890, als ich noch Stabs- und Bataillonsarzt
beim zweiten Bataillon des 6. Thür. Inf.-Rgt. Nr. 95 in Hildburghausen
war, ob ich wohl bereit wäre, eine Ausgrabung der Leiche der „Dunkelgräfin", die in der sechsten Morgenstunde am 28. November 1837
auf der östlichen Seite des Schulersberges bei Hildburghausen beerdigt worden war, beizuwohnen, er habe die Erlaubnis dazu erhalten.
Dr. Human glaubte, durch diese Ausgrabung noch weitere Aufschlüsse
über das Leben der geheimnisvollen „Dunkelgräfin" erhalten zu können. Ich sagte „ja", und in der Frühe eines Sommermorgens des Jahres
1890 wanderten Dr. Human, ein Totengräber und ich auf den Schulersberg; der Grabhügel war gut gepflegt und erhalten. Die Gruft wurde
freigelegt, der Sarg war vermodert, das Skelett aber und die Zähne
besonders gut erhalten. Aus der Größe des Skeletts, der Form des
Beckens usw. konnte ich mit Sicherheit schließen, daß es sich um die
Leiche einer erwachsenen weiblichen Person gehandelt haben muß.*

*Von der Bekleidung war nichts mehr erhalten außer den Resten
eines Paares weißer Atlasschuhe. Nach der Besichtigung wurde der
Grabhügel in alter Form wieder hergestellt.*

---

1 Zitiert nach: SACHSEN-ALTENBURG: Das Rätsel der Madame
Royale. – S. 93 f.

Auf eine Rückfrage des Dunkelgrafenforschers Otto Victor Maeckel fügt Dr. v. Mielecki diesem Bericht noch hinzu:

Betr. des Alters der Leiche konnte ich nur feststellen, daß es sich um
die Leiche einer erwachsenen Person gehandelt haben muß; daß sie
einem Alter von 58 Jahren entsprach, ist durchaus möglich.

Das Grab der Dunkelgräfin auf dem Stadtberg Hildburghausen,
1992, Foto: Helga Rühle v. Lilienstern.

gekleidet, trägt kurze Haare und einen Backenbart. Human hat das Bild fotografiert und nach dem Foto stechen lassen. Seitdem findet dieses Porträt Eingang in die gesamte Dunkelgrafenliteratur.

Eines der beiden Petschafte enthält das van der Valcksche Familienwappen, ein Allianzwappen mit neun Feldern, darin unter anderem Falken- und Adlerköpfe. Das zweite ist ein ovales Petschaft mit einem einfachen „Ave" (sei gegrüßt!). Damit hat der Dunkelgraf meistens gesiegelt.

Das Wichtigste aber ist die Brieftasche. Fein gestickte Lorbeer- und Eichenzweige auf weißer Atlasseide umgeben auf der Außenseite ein bedeutungsvolles Medaillon mit der Umschrift: „LEGATIO BATAVE APUD GALLOS" (Batavische Gesandtschaft von Frankreich). Eine Frauengestalt hält in der linken Hand den bändergeschmückten Freiheitsbaum mit einer roten Jakobinermütze, die rechte Hand ruht auf einem Stein mit deutlich erkennbaren Symbolen der Freimaurer unter einem geöffneten Zirkel. Die Innenseite, ebenfalls wunderbar gestickt, enthält zwei Medaillons und im Umfeld wieder Lorbeer- und Eichenzweige. Einer der Kreise zeigt die verschlungenen Initialien „LVDV", die als Leonardus van der Valck oder Louis Vavel de Versay gedeutet werden können. Der umgebende Schriftzug lautet: „SEKRETAIRE DE LEGATION BATAVE AUPRES LA REPUBLIQUE FRANCAISE" (Sekretär der batavischen Gesandtschaft in der Französischen Republik). Am Interessantesten aber ist das Medaillon mit einem Pelikan, der sich die Brust aufreißt, um seine Jungen mit seinem Blut zu nähren. Das Medaillon zeigt die Umschrift „POURROIT MON SANS ALLONGER VOS JOURS" (Vermöge mein Blut Eure Tage verlängern). Dieser Pelikan ist das Ursymbol der opferbereiten Nächstenliebe und des Opfertodes. Er ist aber vor allem ein Symbol für die Opferbereitschaft von Jesus, um die Welt zu erlösen. Aber auch die Freimaurer haben sich das Bild zu eigen gemacht, das – und das liegt sehr nahe – für die Mission van der Valcks zutrifft. Die gestickte Brieftasche ist vielleicht ein Abschiedsgeschenk einer Pariser Loge für den scheidenden Gesandtschaftssekretär van der Valck, denn sie symbolisiert die von ihm in Aufopferung seiner eigenen Existenz übernommene Mission, zu der er sich offensichtlich mit einem Eid verpflichtet hat.

Im Teil II seiner Veröffentlichung über den Dunkelgrafen beschreibt Human ein katholisches Gebetbuch in französischer Sprache aus dem Nachlass der Dunkelgräfin, in dem eine kleine Porträtzeichnung gelegen hat. Das Gebetbuch hat 1756 Thomas Trattner für seine Wiener Hofbuchhandlung gedruckt, speziell für Frankreich, denn die Morgengebete enthalten auf Französisch die Fürbitten für den König, die Königin und das königliche Haus. Vielleicht ist es ein Geschenk von Kaiserin Maria Theresia für ihre Tochter Marie Antoinette gewesen, die 1770 den französischen Thronfolger geheiratet hat. An diesem Porträt fallen vor allem die Kopfhaltung und der besonders lange, gebogene Hals auf. Human schreibt dazu, das Bildchen sei sorgsam mit einem Glimmerblättchen überklebt und auch die Seiten des Gebetbuchs, zwischen denen es gelegen hat, seien am Rand zusammengeklebt gewesen. Es muss jemanden dargestellt haben, der der Dame besonders nahe gestanden hat. Ist es gar ihre Mutter?

Bei allen Bildern der Königin Marie Antoinette, besonders bei denen der Malerin Elisabeth Vignées le Brun, fällt der schlanke gebogene Hals auf, der dem Porträt im Gebetbuch ähnelt. Der Vergleich kann den von Karl Kühner bereits angesprochenen und inzwischen vielfach verstärkten Verdacht, die Verborgene von Eishausen sei die Tochter des enthaupteten Königspaares nur weiter erhärten.

Der Nachlass und neue Erkenntnisse

Sofort nach dem Tod des Grafen hat das Amtsgericht Hildburghausen den Nachlass gesiegelt und stellt gründliche Untersuchungen an. Aber erst, als man seine Kutsche in Augenschein nimmt, findet man darin ein Taufzeugnis und mehrere Pässe auf den Namen Leonardus Cornelius van der Valck. Der Graf hat folglich über 40 Jahre lang unter einem Pseudonym gelebt, für das er keine Ausweispapiere besessen hat. Deshalb muss er jeder Legitimation ausweichen. Er ist Holländer und, wie ein achteckiger Ausweis besagt, Sekretär der batavischen Gesandtschaft in Paris. Die Umschrift „RESPECT AU DROIT DES GENS" heißt: Achtet die Menschenrechte! Der Ausweis ist unterschrieben von dem damaligen französischen Außenminister Talleyrand und von Minister Pagarcel gegengezeichnet.

Wenn ein Mann eher gestorben wäre ...

Zweifelsohne hat der Gesandtschaftssekretär van der Valck den Außenminister Talleyrand persönlich gekannt, der als einer der größten Politiker seiner Zeit gilt. Er ist Gesandter in London und in Nordamerika gewesen und wird mehrfach als Royalist verdächtigt. Es ist bekannt, dass er Mitglied einer Pariser Freimaurerloge gewesen ist. Erinnern wir uns an das Hohnbaum-Gespräch und an die Worte des Grafen: *Wenn ein Mann etwas eher gestorben wäre, so würde ich in die Welt zurückgekehrt sein.* Es liegt nahe, dass er Talleyrand gemeint hat, ja sogar, dass er ihm durch einen Eid verpflichtet gewesen ist. Inzwischen hat van der Valck ein gestörtes Verhältnis zu dem Staatsmann[107], der am 17. Mai 1838 verstorben ist, wenige Monate nach der Prinzessin.

Rätsel um die Berthelmy-Briefe

Es gibt eine weitere Überraschung: Bei den Ausweispapieren haben dreizehn Briefe einer Agnès Berthelmy geb. Daniels aus Le Mans in französischer Sprache gelegen. Die in markanter Handschrift geschriebenen Briefe sind an van der Valck gerichtet und zwischen dem 1. August 1798 und dem 27. Dezember 1799 datiert. Das Gericht hält diese Briefe für Liebesbriefe und ist überzeugt, die Lebensgefährtin des Grafen entdeckt zu haben. In einer Ediktalladung an die Erben van der Valcks vom 2. Juni 1845[108] werden deshalb auch Agnès Berthelmy und Sophia Botta namentlich genannt.

Warum aber hat van der Valck diese Briefe bei seinen Ausweispapieren im Kutschkasten verwahrt? Doch bestimmt, weil sie seiner Legitimation dienen sollen, als er im Frühjahr 1838 nach dem Tod seiner Gefährtin das Land verlassen will. Es sind getarnte Briefe und ihre Entschlüsselung kann des Rätsels Lösung bedeuten. Nach dem Sterbeeintrag beim Standesamt Winnweiler in der Pfalz ist Agnès Berthelmy am

---

107   siehe S. 233.

108   Die Erbschaftsangelegenheiten des Dunkelgrafen, die sich sechs Jahre bis 1851 hingezogen haben, hat Lannoy in „Das Geheimnis des Dunkelgrafen" außerordentlich detailliert abgehandelt. Die Autoren verweisen auf diesen Titel, ferner auf den Aufsatz von Eva Horbas „Das Geheimnis von Eishausen".

Die Ediktalladung

Seit dem Jahre 1806 hat ein fremder Herr, welcher sich Vavel de Versay nannte, das Schloß zu Eishausen in hiesigem Gerichtsbezirke als Miethsmann bewohnt. Dieser Herr ist am 8. April d.J. ohne bekannte Erben, und ohne letztwillig verfügt zu haben, verstorben. Es ist daher sein Nachlaß unter Siegel gelegt gerichtlich verzeichnet und dabei befunden worden, dass derselbe an Immobilien, Mobilien und baarem Gelde, rücksichtlich im Schätzungswerthe 15.100 fl.rhn. beträgt.

Bei Gelegenheit dieser Inventarisation haben sich verschiedene Papiere gefunden, aus welchen, fast ohne Zweifel, hervorgeht, dass der Verstorbene, nicht wie er sich nannte, sondern Leonardus Cornelius van der Valk geheißen hat, am 22. September 1769 in der katholischen Kirche zu Amsterdam getauft war und dass sein Vater Adrianus van der Valk, seine Mutter aber Maria Johanna van Moorsel geheißen haben.

Ferner geht aus den Papieren hervor, dass L. C. van der Valk zuerst Offizier in der französischen Armee, später aber und bis in das Jahr 1799 Secretair bei der Holländischen Gesandtschaft in Paris gewesen und darauf mit Reisepaß vom 1. Juni 1799 nach Deutschland gegangen ist. Endlich ist aber auch aus den Papieren des Verstorbenen ersichtlich, dass er bis an seinen Tod mit seinen Verwandten in Amsterdam in stetem Briefwechsel gestanden hat.

Da nun, wie oben erwähnt, dem Gericht nicht bekannt ist, ob der Verstorbene irgendwo ein Testament errichtet hat und wer sonst seine Erben geworden sind, so werden alle diejenigen, welche Erbrechte oder sonstige Ansprüche an den Nachlaß des oben genannten Herrn Vavel de Versay, oder Leonardus Cornelius van der Valk zu haben glauben, edictaliter hierdurch vorgeladen,

Dienstag, den 30. Juni 1846,

vor dem unterzeichneten Gerichte legal zu erscheinen, ihre vermeintlichen Ansprüche oder Forderungen in diesem Termine gehörig anzumelden, und daraufhin des Weiteren zu gewärtigen, bei Vermeidung, dass die Vorgeladenen, welche nicht erscheinen, ihres Erb-, oder Miterbrechts, auch aller anderer Ansprüche, auf welchem Rechtsgrunde sie irgend geruhet haben könnten, für verlustig geachtet, oder dass diejenigen, welche wirklich erscheinen, und sich legitimieren für die rechtmäßigen Erben werden angenommen und ihnen, als solchen, der vorhandene Nachlaß werde ausgehändigt werden.

Im Übrigen werden alle diejenigen, an welche gegenwärtige Ladung gerichtet ist, andurch angewiesen, zur Annahme der etwa künftig noch zu erlassenden Decrete am Sitze des Gerichts Bevollmächtigte mittelst gehörigen Urkunden zu bestellen.

Hiernächst ist am 25. November 1837 eine nach Namen, Stande und Herkunft völlig unbekannte Dame, welche das Schloß zu Eishausen gleichzeitig mit oben genannten Herrn Vavel de Versay oder L. C. van der Valk bewohnt hat, ohne bekannte Leibeserben oder Testament verstorben. Damals ist der Nachlaß dieser Dame zwar gerichtlich verzeichnet, auf besonderes Bitten des Herrn Vavel de Versay oder des Herrn L. C. van der Valk aber diesem gegen baare Erlegung des Schätzungswerthes von 1470 fl. Rhn. überlassen, diese Summe aber einstweilen als ein Depositum verwahret worden. Unter den Papieren des mehrgenannten Herrn de Versay oder van der Valk haben sich indeß auch eine Reihe aus Mans im Jahre 1798/99 datierten Briefe einer Frau gefunden, welche ohne Zweifel an den mehr genannten Verstorbenen gerichtet und mit ‚Agnès Berthélémy née Daniels' unterzeichnet sind.

Der Inhalt dieser Briefe, verbunden mit anderen Umständen, lassen die Annahme zu, dass die Verfasserin der Briefe mit der am 25. November 1837 im Schlosse zu Eishausen verstorbenen Dame vielleicht identisch gewesen sein könnte.

Erst in den letzten Tagen ist uns aber von Seiten des hiesigen Hofkirchenamtes auf Verlangen noch mitgeteilt worden: Herr de Vavel habe gleich nach dem Tode seiner Lebensgefährtin der pfarramtlichen Aufforderung zur Angabe des Namens pp. derselben zu entsprechen sich geweigert, später aber auf das Versprechen, seine Angaben bis nach seinem Ableben verschwiegen zu halten, erklärt, sie heiße Sophia Botta, sei ledigen Standes aus Westphalen und 58 Jahre alt. Ob diese Angaben gegründet sind, oder nicht, ist bis jetzt nicht zu ermitteln gewesen.

Es werden daher nunmehr auch alle diejenigen, welche an dem Nachlaß von der fraglichen unbekannten Dame Erb- oder sonst irgendwelche Ansprüche zu haben glauben, andurch vorgeladen, an dem oben bestimmten Termine, dem 30. Juni 1846, vor dem unterzeichneten Gerichte gehörig zu erscheinen und ihre Ansprüche anzumelden, unter der Verwarnung, dass die Nichterscheinenden mit ihrem etwaigen Erb- und sonstigen Rechten für ausgeschlossen und derselben für verlustig erklärt, der in Gewahrsam befindliche Nachlaß aber entweder denen, welche erscheinen und sich dazu legitimieren oder dem Fiscus, als herrenloses Gut, werde hinausgegeben werden.

Hildburghausen im Herzogtum S. Meiningen

Beschlossen den 2. Juni 1845

Herzogl. S. Meiningisches Kreis- und Stadtgericht das. Rommel[1]

---

1 ThStAMgn, Sachsen-Meiningisches Amtsgericht Hildburghausen, Nr. 2551, Bl. 1 – 4. Die Ediktalladung ist u. a. in der „Dorfzeitung" erschienen.

28. Februar 1827 mit 66 Jahren gestorben. Sie ist neun Jahre älter als van der Valck und 18 Jahre älter als die Dunkelgräfin, die sie also gar nicht gewesen sein kann.

Die Ediktalladung des Herzogs und die verstreuten Sachzeugnisse

Auf Anordnung des Meininger Herzogs Bernhard II. erfolgt in allen großen Zeitungen die Ediktalladung vom 2. Juni 1845 an die Erben, in der aufgrund der im Nachlass aufgefundenen Ausweise und Pässe auch der echte Name Leonardus Cornelius van der Valck bekannt gegeben wird. Es melden sich Verwandte aus Holland, die den Regierungsadvokaten Jacobi in Hildburghausen mit der Nachlassverwaltung beauftragen. In der Folgezeit sendet Jacobi den gesamten schriftlichen Nachlass an die Erben Piet und Jan Schmitz nach Amsterdam.[109]

1869 ist der Enkel von Jan Schmitz und der Erbe des Nachlasses von Amsterdam aus nach Eishausen gefahren, um zu sehen, wo sein Großonkel einmal gewohnt hat. Das baufällige Schloss hat er noch einmal gezeichnet, vier Jahre vor dem Abriss. Die farbige Zeichnung hat sich 1995 in Humans Nachlass gefunden, den Marie Luise (Mary) Fischer, Humans Mitarbeiterin und Erbin, kurz vor ihrem Tod im Pfarrarchiv Eishausen deponiert hat.

Human hat von Jan Joannes Schmitz 1881 die Unterlagen zur Auswertung noch einmal zugesandt bekommen. 1928 hat ihn der Dunkelgrafen-Forscher Maeckel und 1951 Prinz Friedrich Ernst von Sachsen-Altenburg bei Konsul Schermer

109   HUMAN: Dunkelgraf I. – S. 31.

238

in Amsterdam erneut gesichtet und ausgewertet. Die drei Autoren schreiben übereinstimmend: Jacobi habe auf herzogliche Anordnung die Briefe fürstlicher Personen an sich genommen und an diese zurückgeschickt.

Human hält fest: Die Prinzessin Paul, geborene Prinzessin Charlotte von Sachsen-Hildburghausen, habe sich aus dem Nachlass eine goldgestickte Tasche zurückgeben lassen, die sie selbst der Gräfin zu Anfang ihres Aufenthalts in Hildburghausen gestickt hat. Bis zu ihrem Tod 1847 hat sie im so genannten Hoheitshaus (Puschkinplatz/Untere Allee), eines der wenigen fürstlichen Gebäude in Hildburghausen mit einem kleinen Hofstaat, bewohnt. Prinzessin Paul hat noch mehr erworben, so ein Kollier in einem äußerst attraktiven Lederkasten mit barocker Goldprägung. Darin hat ein Zettel mit ihrer Handschrift gelegen: Dieses Kollier gehörte der Madame Royale. Und hierzu existiert eine Notiz von Prinz Friedrich von Sachsen-Altenburg: *Ich sah das sehr schöne goldgefasste Opalkollier, zart, hineinzisiliert die Lilien, ich erkannte dies ca. 1943 in Serrahn*[110] *und zeigt es Maria Reuß, die sehr erfreut es dann auch sah! Charlotte hatte es nach der Dunkelgräfin Tod erworben.*[111]

In der Fotografie sind die ziselierten Lilien nicht zu erkennen, wohl aber mit einer Lupe. Die genannte Maria Prinzessin Reuß, die Besitzerin des Kolliers, hat nach ihrer Scheidung den Namen wieder angenommen: Prinzessin von Sachsen-Altenburg. Da sie kinderlos gewesen ist, adoptiert sie Franz Graf von Praschma, der nach ihrem Tod den Schmuck erbt und ihn in der Nachkriegszeit wegen materieller Nöte verkauft.

---

110 Schloss. Heute zur Gemeinde Carpin im Landkreis Mecklenburg-Strelitz in Mecklenburg-Vorpommern gehörend.

111 SACHSEN-ALTENBURG: Das Rätsel ... – S. 85.

Herzog Bernhard II. hat einen kleinen Zylinderschreib-tisch mit deutlich erkennbaren Lilienintarsien erworben, den sein Sohn, Herzog Georg II., der „Theaterherzog", dem Oberbaurat Eduard Fritze in Meiningen geschenkt hat, mit dem deutlichen Hinweis, es sei das Schreibpult der Dunkel-gräfin gewesen und stamme aus dem Eishäuser Schloss. Es ist Ende der vierziger Jahre des 20. Jahrhunderts von Rosa Saur aus Hildburghausen fotografiert worden. Von der Aufnahme liegt ein unscharfer Abzug vor und man kann die Lilienintar-sien nur in Umrissen erkennen. Die letzte Besitzerin ist die Enkelin des Oberbaurats Eduard Fritze gewesen, Inga Hein-rich, die das Möbel bei ihrer Übersiedlung zu DDR-Zeiten in die Bundesrepublik in Meiningen zurücklassen muss.

Doch, es geschehen noch Wunder: Mit Hilfe des kleinen unscharfen Fotos ist das Schreibtischchen der Dunkelgräfin nach fünfzigjähriger Odyssee zurückerworben worden.

Es ist in seinen Ausmaßen das Schreibpult eines zwölf- bis dreizehnjährigen Mädchens. Die Schreibplatte ist nur 60 Zentimeter breit, und die Prinzessin hat es vermutlich vor ihrer Inhaftierung im Temple erhalten. Die Schreibplat-te selbst enthält in kunstvollen Intarsien ein aufgeschlagenes Tagebuch, ein Tintenfass mit eingetauchter Gänsefeder und einen gefalteten Brief. Auf dem Zylinderdeckel sind in kunst-vollen Intarsien nicht nur die bourbonischen Lilien, sondern das gesamte Bourbonenwappen mit der typischen Königs-krone von Frankreich abgebildet, die nur engste Verwandte des Königshauses haben führen dürfen.[112]

Der Meininger Herzog hat sofort nach dem Tode des Dun-kelgrafen das Schreibtischchen an sich genommen. Im Be-sitz des Herzogs Bernhard II. sind auch die dreizehn Briefe

---

112   Der bekannte Heraldiker Eugen Schöler, Schwabach, hat das be-stätigt.

der Agnès Berthelmy in französischer Sprache gewesen. Das Gericht hat die Dame fälschlicherweise für die Dunkelgräfin gehalten. Der Herzog hat die Briefe im Jahre 1870 dem Oberschulrat Dr. Otto Rückert in Hildburghausen für eine Veröffentlichung im „Nürnberger Korrespondent von und für Deutschland" ausgeliehen. In den Aufsatzfolgen der Zeitungen vom 27. bis 29. August 1871 signiert der Autor mit O. R. (Otto Rückert). Er deutet die Briefe als Liebesbriefe, weil man sie nach dem damaligen Stand der Forschung auch nicht anders deuten kann.

Herzog Bernhard II. ist zu dieser Zeit 71 Jahre alt und hat die Regierung seines Landes auf Druck Preußens im deutschen Bruderkrieg am 20. September 1866 zu Gunsten seines Sohnes Herzog Georg II. abgetreten. Ob er wohl wusste, dass sich Dr. Otto Rückert den französischen Text der Briefe abgeschrieben hat? Diese Abschrift ist von seinem Sohn, Prof. Oskar Rückert, ins Deutsche übersetzt worden. Beides, die Handabschrift und die Übersetzung, haben sich vor einigen Jahren im Human-Nachlass des Kirchenarchivs Eishausen gefunden. Human hat die Berthelmy-Briefe ebenfalls selbst in den Händen gehabt und sie zu deuten versucht, aber seit Herzog Bernhards Tod am 3. Dezember 1882 sind sie lange Zeit nicht wieder aufgetaucht.

Wer hat ahnen können, dass Human die Briefe auf Wunsch von Herzog Georg II. an Jan Joannes Schmitz nach Holland geschickt hat, weil der Herzog nichts mehr besitzen will, was daran erinnert, dass sein Vater, Bernhard II., einst das Paar beschützt hat. Heute sind diese Briefe im Besitz des niederländischen Historikers Dr. Mark de Lannoy, der sie käuflich erworben hat und sie auswertet.

Ähnliches geschieht mit dem berühmten Geburtstagsbrief der Gräfin vom 22. September 1808 an Vavel de Versay, der

241

seinen 39. Geburtstag begeht, zu einem Zeitpunkt, als das Paar noch im Haus der Philippine Radefeld gewohnt hat. Der Brief ist nach dem Tod des Grafen im Besitz von Dorothea Nothnagel, verwitwete Schmidt, geborene Scharr, der Tochter des Dienerpaares Philipp Scharr und Johanna Weber. Ludwig Bechstein und Dr. Friedrich Hofmann haben ihn in den Händen gehabt und literarisch verwertet.[113] Doch als Human danach fragt, *war er nach Coburg gegangen.*[114] Wohin und zu wem nach Coburg? Merkwürdig, dass Human nicht nachgeforscht hat. Noch merkwürdiger ist, dass bei dem Human-Nachlass im Kirchenarchiv Eishausen eine Ölpapier-Pause des Geburtstagsbriefes gefunden wird. Die Durchschrift enthält einen nur schwer lesbaren Vermerk Humans: *Getreue Nachbildung des Briefes in ... Bernhards (?) zu Meiningen ... (Original zurückgesandt 5. August 1891).* Auch ohne den Originalbrief kennen wir aber nun den erschütternden Wortlaut mit seinen vielen Fehlern.

Der Geburtstagsbrief [115] der Dunkelgräfin an den Dunkelgrafen

Lieber guder Ludwig,

ich wünsche dir zu deinen geburdendag viel glüch und Segen der Himel erhalde dich Gesund bis an daß speteste alder ach Lieber

---

113   HOFMANN: Noch heute das geheimnisvolle Grab. – Gartenlaube, 1886, S. 323.

114   HUMAN: Dunkelgraf I. – S. 10 f.

115   In Wortlaut und Orthographie originalgetreue Wiedergabe. Human hat sich den Originalbrief vom Herzog von Sachsen-Meiningen ausgeliehen und eine Pause davon gefertigt.

*Ludwig es sind schon so viele geburden dage die ich bei dir erlebe
ach Lieber guder Ludwig der Himmel Segene dich für alles was
du schon an mir gethan hast und an mir dust, ach lieber guder
Ludwig es thut mir leid daß ich dir auf deinen geburden dag
Keine Freude machen kan ach lieber Ludwig ich habe hier eine
Kleinigkeid für dich gemacht ich scheme mich daß ich dir keine
beßre Freude machen kan ach lieber guder Ludwig du wirst es
doch von deiner armen Sophie annehmen als ein beweis meiner
liebe und dankbarkeid ach lieber Ludwig verzeihe mir doch wen
ich dich beleidiged habe ach ich bete den Himmel daß ich meine
Fehler verbeßeren (?) kan daß du guder Ludwig doch zu frieden
mid mir sein möchtest und doch im stande sei dir alles zu deinen
gefallen zu tun wie es dir angenem zu machen ach lieber guter
Ludwig ich weis daß meine lage Schrecklich war och ich danke
dir noch mahls och ich bette den Himmel daß er dich Segenen
mach für alles ach lieber guder Ludwig behalde mich lieb
ich danke dir nochmahl*

*ich endfehle mich in Schuz
Maria deine Arme
Sophie bis ins Grab
den 22 September 1808*

Nach dem Tod der Dunkelgräfin hat der Graf in tiefem
Schmerz den Geburtstagsbrief seiner verstorbenen Gefährtin
an Friederike Kühner, der Witwe seines früheren Korrespondenten, gesandt und Folgendes dazu geschrieben:

*Nachts. Lesen Sie, Madame das beiliggende Blatt, und über-
sehen Sie mit frommer Nachsicht den Styl und orthographie. Sie
sprach sehr gut französisch, Nähen etc. verstand sie besonders,
und spielte in den ersten Jahren etwas Clavier. Nur einmal im
Jahr und bei einer Gelegenheit schrieb Sie mit der Feder, und*

begleitete es mit einer kleine Handarbeit. Nach Ihrer Vorletz-
te Krankheit unterblieb das Schreiben ganz. Sie begreife leicht,
Madame, dasz ich ein solches Blatt nur Ihre Schwesterliche Treu
anvertrauen durfte. Sophie verdient alle schonung.

Maeckel hatte diese Zeilen im Nachlass van der Valcks bei
Konsul Schermer in Den Haag gefunden.[116] Dorothea Nothnagel hat den Brief also nicht nach Coburg, sondern nach
Meiningen gegeben, hat das aber nicht sagen wollen oder
sollen! Es ist bezeichnend, dass ihr statt „Meiningen" die „andere" Residenzstadt „Coburg" eingefallen ist. Jedenfalls ist
es bedeutungsvoll, dass die Berthelmy-Briefe im Besitz von
Herzog Bernhard II. gewesen sind und Humans Notiz zufolge der Geburtstagsbrief auch.

Doch bleiben wir noch bei der Versteigerung des Nachlasses, bei dem auch Inventar des Schlosses unter den Ham-
mer gekommen ist, das der Graf nur übernommen hat. Es ist
nämlich auch das sehr große Gemälde mit dem Bildnis der
Kaiserin Maria Theresia mit drei ihrer Kinder versteigert worden. Das Bild stammt von Friedrich und Charlotte von Sachsen-Hildburghausen. Gutsbesitzer Kommerzienrat Kraeger aus Oberstadt im heutigen Landkreis Hildburghausen
hat es erworben. Seine Nachkommen haben das Bild 1921
wieder verkauft.[117] Das Herzogspaar ist inzwischen längst tot
und seine Nachkommen, seit über 20 Jahren in Altenburg,
haben weder Anspruch noch Interesse an dem Nachlass.

---

116   MAECKEL: The Dunkelgraf Mystery. – S. 97 f.

117   Brief des Staatsministers a. D. K. Schaller aus Meiningen an Kirchenrat Dr. A. Human vom 03.03.1921.

Die Mitwisserschaft der Fürsten

Sie wussten es alle!

Herzog Friedrich von Sachsen-Altenburg ist am 29. September 1834 auf Jagdschloss Hummelshain verstorben, und sein ältester Sohn Joseph hat die Regierung angetreten. In der Zeit der 48er Revolution tritt er die Regierung an seinen Bruder Georg ab. Es mag mitgespielt haben, dass er „nur" sechs Töchter und keinen erbberechtigten Sohn hat.

Seine älteste Tochter, Königin Marie von Hannover, ist 1818 noch in Hildburghausen geboren worden. Als junge Königin hat sie in den vierziger Jahren die alte vereinsamte Herzogin von Angoulême in Frohsdorf besucht und ist überzeugt gewesen, dass sie nur eine Vertauschte gewesen sein kann. Die lange Zeit verwitwete Königin Marie ist sehr alt geworden und gilt als die Letzte, die in jungen Jahren noch mit dem Geheimnis von Eishausen unmittelbar in Berührung gekommen ist. Sie hat einmal gesagt:

Meine Großeltern[118], die die Prinzessin mehrmals besuchten, und mein Vater[119] und ich haben stets geglaubt, dass sie die richtige Tochter Ludwig XVI. gewesen ist.[120]

Nach Herzog Josephs Abdankung folgt ihm sein Bruder als Herzog Georg von Sachsen-Altenburg auf dem Thron. Auch er hat einst den Eid aufs Kreuz geleistet. Seine Regierungszeit dauert nur fünf Jahre. Er ist am 3. August 1853 gestorben.

Ihm folgt sein Sohn Ernst I. Seine 55 Jahre währende Regierungszeit ist für das Herzogtum Sachsen-Altenburg ein

---

118   Herzog Friedrich und Herzogin Charlotte von S.-Hildburghausen.

119   Herzog Joseph von Sachsen-Altenburg.

120   SACHSEN-ALTENBURG: Das Rätsel ... – S. 126 f.

Segen gewesen, allein durch die Kontinuität über mehr als ein halbes Jahrhundert hinweg.

Dem Geheimnis von Eishausen hat er fern gestanden. Er ist erst kurz vor dem Fortgang des Hofes 1826 in Hildburghausen geboren worden, und durch die eidgebundene Verschwiegenheit seines Vaters und seines Onkels ist er kaum mit dem Geheimnis in Berührung gekommen. Anders seine Mutter, die „Herzogin Georg", geborene Prinzessin Marie von Mecklenburg-Schwerin. Seit dem Fortgang des Hofes nach Altenburg korrespondiert sie über 30 Jahre lang mit der ihr befreundeten „Herzogin Bernhard" von Sachsen-Meiningen, geborene Prinzessin Marie von Hessen-Kassel. Die Briefe der beiden Herzoginnen haben gut geordnet und nummeriert im Altenburger Hausarchiv gelegen.[121] Als der Dunkelgrafen-Autor Otto Victor Maeckel sie 1927 durchsieht, fällt ihm auf, dass mehrere Nummern fehlen, vom Datum her gerade aus der Zeit, als die Dunkelgräfin gestorben ist. Mitunter sind auch ganze Passagen herausgeschnitten oder unkenntlich gemacht worden. Das können nur Prinz Moritz von Sachsen-Altenburg und seine Gemahlin Prinzessin Auguste gewesen sein.

Auf der Karte ist unten das Thronfolgerpaar zu sehen, der spätere Herzog Ernst II. und seine Frau Adelheid, geborene Prinzessin von Schaumburg-Lippe. Es interessieren jetzt besonders Prinz Moritz und seine Frau Auguste, denn die beiden miteinander korrespondierenden Herzoginnen von Sachsen-Meiningen und Sachsen-Altenburg sind ihre Mütter, deren Briefe sie nach beider Tod zusammen geordnet, nummeriert und rezensiert haben. Der Vater von Prinz Moritz, Herzog Georg von Sachsen-Altenburg, hat in jungen Jahren seinem

---

121   Ebenda. – S. 125.

Vater, Herzog Friedrich von Sachsen-Hildburghausen, den Eid aufs Kreuz geleistet, nie zu verraten, wer die Verborgene von Eishausen gewesen ist. Da ist es nicht gerade angebracht gewesen, wenn aus den Briefen seiner Frau, der Herzogin von Altenburg, zu erkennen gewesen ist, dass sie Bescheid gewusst hat. Und der 1881 gestorbene Meininger Herzog Bernhard II. fürchtet sich vor der Entdeckung des Eishäuser Geheimnisses. Erst nach dessen Tod hat Herzog Georg II. das Schreibtischchen dem Oberbaurat Fritze geschenkt.

Von Prinz Moritz hat sich im Human-Nachlass im Kirchenarchiv Eishausen ein Brief vom 10. April 1883 gefunden, in dem er sich für die Übersendung von Teil I „Der Dunkelgraf von Eishausen" bedankt.

Human hatte in diesem Brief folgende Stelle angestrichen:

Meine Großeltern, welche gewissermaßen solches Mysterium in ihrer Nähe duldeten und es doch nur taten, weil sie gut unterrichtet waren!

Prinz Moritz fühlte sich selbst nicht mehr an den Eid gebunden und hat dem Hildburghäuser Bürgermeister Ernst Christian von Stocmeier davon berichtet, der es prompt dem Redakteur Paul von Petrovics weitergegeben hat, und so hat am 6. Januar 1926 alles über diesen Eid in der Hildburghäuser „Dorfzeitung" gestanden.

Auch Prinzessin Therese, eine Tochter des Herzogs Joseph, habe, so heißt es in der Zeitung, von diesem Eid gewusst.

Am 3. März 1907 ist Prinz Moritz gestorben und am 7. Februar 1908 Herzog Ernst I. Da dieser keinen Sohn hat, folgt ihm in der Regierung sein Neffe, Sohn des Prinzen Moritz, als Herzog Ernst II., allerdings nur für 10 Jahre, denn mit dem verlorenen Ersten Weltkrieg und der November-Revolution von 1918 ist auch die Regentschaft der Fürsten zu Ende gegangen.

Stille um das Dunkelgrafenpaar

Nach Humans gewissenhafter Auswertung des ihm aus Holland übersandten schriftlichen Nachlasses von Leonardus Cornelius van der Valck und gründlichen Nachforschungen in den Archiven ist zu Beginn des 20. Jahrhunderts kaum noch mit weiteren Enthüllungen zu rechnen. Auch wenn gerade in den zwanziger und dreißiger Jahren repräsentative und teils wegweisende Editionen zur Thematik erschienen sind (u. a. Maeckel, Boehmker, Daehne), fehlt die große gesellschaftliche Resonanz für die Thematik.

Nach dem Zweiten Weltkrieg, in der Zeit der Sowjetischen Besatzungszone und der DDR, ist das Thema mehr oder weniger suspekt, zumal der Kreis Hildburghausen Grenzkreis ist und Eishausen in der Sperrzone liegt. Zudem passt eine französische Königstochter nicht in das Geschichtsbild der sozialistischen Deutschen Demokratischen Republik. Trotzdem ist das Thema Dunkelgräfin und Dunkelgraf in der Region nicht außen vor. Selbst bei einigen Lehrern fließt die Thematik in den Unterrichtsstoff ein. In den Publikationen der Zeit ist allerdings kaum etwas Nennenswertes und die Forschung Beförderndes zu finden, wenn man gegen Ende der DDR Georg Piltz' Beitrag „Das Geheimnis von Hildburghausen" in seinem Band „Kriminalfälle aus sechs Jahrhunderten" absieht.

Interessierte tauschen untereinander die vor 1945 erschienenen Bücher oder in der Bundesrepublik in heimatgeschichtlichen Schriften veröffentlichte Beiträge aus.

Größere Editionen sind aus finanziellen Gründen in der Bundesrepublik auch nicht erschienen, wenn man von einigen Kleinstauflagen absieht. Akten und Urkunden haben gefehlt oder sind vernichtet worden. Andererseits haben viele

Historiker an der Hypothese der Vertauschung von jeher gezweifelt. Vor allem begeisterte Hobbyhistoriker aber sind es gewesen, die den Fall immer wieder an die Öffentlichkeit gebracht und das Interesse wachgehalten haben. Nennenswerten Widerstand aus dem Bereich der Geschichtswissenschaften haben sie allerdings nie bekommen.

In Frankreich ist mit wenigen Ausnahmen, so von Michèle Gschwendtner-Lorrain, nach der Königstochter nicht weiter geforscht worden, zumal sprachliche Barrieren bestanden haben. So ist es beinahe ein Wunder, dass der über Frankreich hinaus bekannte Historiker G. Lenôtre um 1900 überhaupt etwas von der verborgenen Prinzessin im Schloss von Eishausen vernommen hat. Die deutschen Forschungen sind ihm weitestgehend unbekannt, was in einem Gespräch mit der Großfürstin Marie von Russland geb. Prinzessin von Mecklenburg-Schwerin 1899 in Paris deutlich wird.

Seine Tagebucheintragungen sind für die Dunkelgrafenforschung außerordentlich wichtig. Sie beweisen, wie sehr das preußische Königshaus und die Herzogshäuser Mecklenburg-Strelitz und Mecklenburg-Schwerin, dem ja sowohl die Großfürstin Wladimir von Russland wie auch die Herzogin Marie von Altenburg (die Briefeschreiberin) entstammen, und natürlich auch die Herzogin Charlotte von Sachsen-Hildburghausen und alle ihre Nachkommen um das Geheimnis der Dunkelgräfin gewusst haben, also auch Hessen-Darmstadt und Sachsen-Meiningen. Sie sind in das Geheimnis verstrickt gewesen.

Forscher entschlüsseln das Geheimnis um die Königstochter

Der französische Historiker G. Lenôtre

Der weit über Frankreich hinaus bekannte Historiker (Pseudonym von L. Gosselin) hat in seinem Tagebuch ein Gespräch aufgezeichnet, das er am 30. November 1899 mit der Großfürstin Wladimir von Russland geführt hat. Sie ist eine geborene Herzogin von Mecklenburg-Strelitz und eine Großnichte der Königin Luise von Preußen und deren Schwester, der Herzogin Charlotte von Sachsen-Hildburghausen. Ihr Mann, Großfürst Wladimir, ist ein Urenkel der Königin Luise von Preußen. Lenôtre schreibt, sie habe ihm erzählt, *es sei am preußischen Hofe kein Geheimnis gewesen, dass in der ersten Hälfte des 19. Jahrhunderts in Hildburghausen eine immer verschleierte Dame lebte, die niemals ihr Schloß verließ und die niemand anderes war als die Tochter Louis XVI. Diejenige, die unter dem Namen der Herzogin von Angoulême bekannt wurde, war eine falsche Herzogin.*[122] Er fügt dieser Tagebucheintragung hinzu: Das erscheint mir im höchsten Maße sonderbar.

Dieses Gespräch hat vermutlich den Historiker Lenôtre verfolgt, denn er beginnt kurz danach, sich mit der Madame Royale zu beschäftigen. 1907 erscheint sein vielbeachtetes Buch „La Fille de Louis XVI – Marie-Thérèse-Charlotte de France Duchesse d'Angoulême" (Die Tochter Ludwig XVI. – Marie-Thérèse-Charlotte von Frankreich Herzogin von Angoulême). Lenôtre hat darin alle merkwürdigen Gegensätze im Wesen der Waise aus dem Temple und der späteren

---

122   LENÔTRE: Notes et Souvenirs. – S. 134.

Herzogin von Angoulême geschildert – und zwischen seinen Zeilen steht nur allzu oft die Frage: Das kann doch nicht die Madame Royale gewesen sein. Für die weitere Forschung nach der Identität der Dunkelgräfin ist dieses Buch von entscheidendem Wert. Einen Porträtvergleich hat Lenôtre allerdings nicht angestellt und es auch nicht gewagt, die Konsequenzen dieser Verschiedenheiten offen auszusprechen.

Erster Porträtvergleich
um zwei unterschiedliche Personen

Erstmals in Deutschland ist von dem Berliner Dr. Richard Hennig[123] ein Porträtvergleich vorgenommen worden. In einer Aufsatzfolge der Zeitschrift „Zeiten und Völker" veröffentlicht er 1912 unter dem Titel „Ein hundertjähriges Geheimnis" das erste Mal einen schlüssigen Porträtvergleich, der beweist, dass die Madame Royale und die Herzogin von Angoulême zwei unterschiedliche Personen sind. Der Handschriftenvergleich allerdings ist unter den heutigen Gesichtspunkten der Graphologie durchaus anfechtbar.

Hennig ist es auch gewesen, der die Bedeutung Lenôtres für die Dunkelgräfinforschung entdeckt hat.

---

123   Herzog Ernst II. von Sachsen-Altenburg und Otto Victor Maeckel haben mit Hennig korrespondiert. Gillmeister hat die Schreiben im Altenburger Hausarchiv entdeckt.

251

Otto Victor Maeckel
und seine wegweisende Dunkelgräfinforschung

Angeregt durch Lenôtre und Hennig, mit dem er eine intensive Korrespondenz geführt hat, bringt Otto Victor Maeckel, ein begabter Pianist mit großem historischen Interesse, 1926 mit seinem bei Gadow & Sohn in Hildburghausen erschienenen Buch „Das Rätsel von Hildburghausen" die Dunkelgrafenforschung entscheidend voran. Er hat es verstanden, alle bisherigen Aussagen, Studien und Untersuchungen miteinander zu vereinen und durch eigene Forschungen wesentlich zu ergänzen. Der letzte Herzog von Sachsen-Altenburg, Ernst II.[124], hat sich ernsthaft bemüht, die Wahrheit über die Dunkelgräfin an das Tageslicht zu holen. Maeckel zollt er für sein Buch höchste Anerkennung. Der Altenburger Herzog öffnet ihm bereitwillig sein Hausarchiv und sagt ihm jede mögliche Unterstützung zu.

Am 18. Mai 1927 lässt der Herzog, gemeinsam mit Maeckel, der Engländerin Aubrey le Blond und Rosa Saur, in Eishausen die Kellergänge des 1873 abgerissenen Schlosses aufgraben, in der vergeblichen Hoffnung, dort noch versteckte Dokumente zu finden. Im Frühjahr 1928 fahren Maeckel und Aubrey le Blond mit Unterstützung des Herzogs gemeinsam nach Amsterdam, um den schriftlichen Nachlass van der Valcks erneut zu durchforsten. Ein Verwandter van der Valcks, der holländische Konsul Schermer, hat ihn zuletzt verwahrt. Von dort reisen sie nach London, wo 1929 Maeckels zweites Buch, „The Dunkelgraf Mystery", reich illustriert u. a. mit Bildmaterial aus dem Altenburger

---

124 Ernst II. von Sachsen-Altenburg ist der Urenkel des Herzogspaares Friedrich und Charlotte von Sachsen-Hildburghausen, zugleich aber auch der Enkel von Herzog Bernhard II. Erich Freund von Sachsen-Meiningen.

Ernestine Lambriquet – CRIMES ET SECRETS D'ETAT[1]

Doch was weiß man eigentlich von Ernestine Lambriquet? Nur das, was Lenôtre und Montjoye über sie geschrieben und Maeckel und Prinz Friedrich Ernst von Sachsen-Altenburg daraus gefolgert haben, Zeugnisse und Urkunden über sie und ihre Familie sind nicht bekannt gewesen. Der französische Historiker Robert Ambelain (de L'Académie d'Histoire) ist diesem Manko nachgegangen und hat in den Pariser Archives Nationales nach vorhandenen Geburts-, Tauf-, Heirats- und Sterbeurkunden der Familie Lambriquet geforscht, die sämtlich vorhanden gewesen sind. Die Ergebnisse seiner Forschungen hat er in „CRIMES ET SECRETS D'ETAT 1785 – 1830" (Staatsverbrechen und Staatsgeheimnisse 1785 – 1830) veröffentlicht. Er hat nämlich die merkwürdige Entdeckung gemacht, dass der Kammerherr Jaques Lambriquet und die Kammerfrau Philippine geb. Godfroy gar keine Tochter Ernestine gehabt haben. Ihre Töchter haben Louise Catharine, geb. 22. Mai 1776, und Marie Philippine, geb. 31. Juli 1778, gehießen. Das aber ist das Geburtsdatum von Ernestine gewesen, die viereinhalb Monate älter als die Madame Royale gewesen ist, und danach hat also Marie Philippine bei ihrer Adoption durch die Königin Marie Antoinette aus Gründen der Geheimhaltung den Vornamen Ernestine angenommen. Wenn dem so ist, dann hat Marie Philippine zum Zeitpunkt der Adoption verschwinden müssen. Sie ist aber nicht verschwunden, wohl aber ihre Schwester Louise Catharine ohne eine Heirats- oder Sterbeurkunde, die von allen Familienmitgliedern sonst vorhanden sind. Die Erde hat sie verschluckt!

Ambelain hat daraus geschlossen, dass Louise Catharine den

---

1 Nach: LANGERON: Madame Royale. – S. 251 ff.

bisherigen Vornamen ihrer um ein Jahr jüngeren Schwester Marie Philippine übernommen habe, als diese mit dem Vornamen Ernestine adoptiert worden sei.

Noch eine Vertauschung – „CRIMES ET SECRETS D'ETAT"!

Herzogshaus, erschienen ist. Doch Maeckels Forschereifer ist damit noch nicht erschöpft. Er arbeitet, unterstützt vom Herzog, weiter an einem dritten Buch. Als das Manuskript nahezu fertig ist, stirbt Maeckel am 4. Oktober 1939 in Frielendorf b. Kassel. Seine Erben überlassen das Manuskript dem Herzog, der es seinem Sohn, Prinz Friedrich Ernst, Historiker und Archäologe, zur weiteren Bearbeitung übergeben hat.

Frédéric de Saxe-Altenbourg
„L'Énigme de Madame Royale"

Es ist Krieg, der Prinz ist zur Wehrmacht eingezogen worden und kann sich erst nach Kriegsende 1945 wieder mit dem Manuskript befassen.

Inzwischen lebt er in Unterlegenhardt im Schwarzwald. Von dort aus trifft er sich mehrere Male auf der Veste Coburg mit Rosa Saur aus Hildburghausen, Maeckels ehemaliger Mitarbeiterin, die trotz ihrer 80 Jahre zu Fuß mit Rucksack über die damals noch durchlässige Demarkationslinie gekommen ist. Auf der Veste haben die beiden das Manuskript druckreif bearbeitet. Doch als es fertig gewesen ist, findet sich in Deutschland kein Verleger. Nach nahezu verzweifelten Versuchen, auch in Holland und England, ist schließlich der Verlag Flammarion in Paris bereit, Maeckels Manuskript in französischer Sprache unter Prinz Friedrichs Namen und in seiner Bearbeitung herauszugeben: Frédéric de Saxe-Altenbourg „L'Énigme de Madame Royale" (Das Rätsel der Madame Royale). Es erscheint in der Reihe „Visages de L'Histoire" (Gesichter der Geschichte). Darin wird ein Aufsatz von Montjoye aus dem Jahr 1796 veröffentlicht, in dem eine enge Beziehung von Ernestine de Lambriquet zur königlichen Familie nachgewiesen wird. Sowohl Otto Victor Maeckel als auch Prinz Friedrich Ernst schließen daraus, dass nur Ernestine die Herzogin von Angoulême sein kann. Sehr schnell ist diese Edition vergriffen. Es wird auch vermutet, dass der Graf von Paris, ein Bourbone, den Großteil der Auflage aufkauft und somit eine indirekte Zensur ausgeübt hat, denn das Geschehen um die wahre Marie Thérèse Charlotte von Frankreich ist gewiss kein Ruhmesblatt für das Haus Bourbon gewesen.

Bei der Präsentation im November 1954 ist der bekannte französische Historiker Comte de Pange zugegen, der das Buch anschließend im Rundfunk vorstellt. Auch die mehrfache französische Nationalpreisträgerin Madeleine de Rusky ist gekommen, leider nicht der alte Herzog Ernst II. von Sachsen-Altenburg.[125] Zum Zeitpunkt ist er 83. Trotz Enteignung ist er der einzige in der DDR verbliebene Fürst, der nicht in die Bundesrepublik ausgereist bzw. geflüchtet ist. Auf Schloss „Fröhliche Wiederkunft" bei Hummelshain haben ihm die SED-Machthaber zwei Zimmer und seine Bibliothek zur Benutzung gelassen, das hat ihn dort gehalten.[126] Doch um zur Präsentation des Buches nach Paris zu fahren, hat er weder das Geld noch die körperliche Kraft. Prinz Friedrich hat aber seinen Vater brieflich von allem unterrichtet, und der alte Herzog antwortet ihm jedesmal hoch erfreut. Dieser Briefwechsel zwischen Vater

---

125   s. auch GILLMEISTER: Vom Thron auf den Hund.

126   Der Bundesfürst fristet auf seinem Schloss ein kärgliches Leben. Er hat einen guten Kontakt zu seiner Tochter Elisabeth, die unter dem bürgerlichen Namen Elisabeth Altenburg lebt. Sie muss sich u. a. als Waschfrau für die Rote Armee verdingen. – Elisabeth ist am 30. Januar 1991 in Breitenholz in einem Altenheim verstorben.

und Sohn ist erhalten geblieben und zu einer neuen For-
schungsquelle geworden. Am 29. November 1954 schreibt
der Herzog an seinen Sohn:

*Du kannst Dir wohl leicht vorstellen, wie mich der Inhalt
Deines Briefes interessiert, erfreut und geradezu begeistert hat.
Wie hätte Maeckel sich gefreut! Ich kann mir nicht vorstellen,
wie jetzt ein einigermaßen logisch denkender Mensch Zweifel
hegen kann, das kann doch nur von böswilliger Seite geschehen.*

Herzog Ernst II. von Sachsen-Altenburg ist am 22. März
1955 auf Schloss „Fröhliche Wiederkunft" verstorben. Er ist
dankbar gewesen, dass er die Veröffentlichung des Buches
noch erleben darf. Es ist ein neuer Anfang für die Dunkelgrä-
fin-Forschung, und der erste Schritt dafür ist in Frankreich
und in französischer Sprache getan worden. Mit Berufung
auf dieses Buch ist von nun an auch in Frankreich geforscht
und publiziert worden, es geht inzwischen nicht mehr nur
um die Identität der Dunkelgräfin, an der, obgleich sie
noch nicht überall bekannt ist, kaum noch ein Zweifel besteht. Es geht weit mehr um die Identität der Herzogin von
Angoulême, die Stellvertreterin, die mit dem Hofleben vertraut gewesen ist und ihre übernommene Rolle als Madame
Royale trotz charakterlich bedingter Pannen bewunderns-
wert gespielt hat.

Prinz Friedrich Ernst erlebt die Herausgabe seines Buches
„Das Rätsel der Madame Royale" in deutscher Sprache nicht
mehr. Er ist am 23. Februar 1985, kurz vor seinem 80. Geburtstag, gestorben. Nach seinem Tod hat sein Bruder, der
90-jährige Erbprinz Georg Moritz von Sachsen-Altenburg,
die Herausgabe einer deutschen Fassung des Buches mit all
seinen Möglichkeiten gefördert. Wiederholt hat er gesagt:
Es wussten alle und meint damit alle mit den beiden Her-
zogshäusern Hildburghausen und Meiningen unmittelbar

Verwandten, auch wenn sie mit Rücksicht auf die Beteiligten es nicht zugegeben oder geschwiegen haben.

Mit großem Interesse verfolgt er die Aktualisierung des ehemals Maeckelschen Manuskriptes und steuert für seine deutsche Veröffentlichung im 1990 gegründeten Hildburghäuser „Verlag Frankenschwelle Hans J. Salier" wertvolles Bildmaterial bei.

„Das Rätsel der Madame Royale. Marie Thérèse Charlotte von Frankreich. Ein zweihundertjähriges Geheimnis im Licht neuerer Forschungen", überarbeitet und herausgegeben von Marianne Eichhorn, der einstigen Mitarbeiterin des Prinzen, und gefördert vom Erbprinzen Georg Moritz von Sachsen-Altenburg erscheint 1991.

Die aus Sonneberg stammende exzellente Kennerin der Thematik, Marianne Eichhorn, hat sich auf Rat des in Hildburghausen lebenden Wolfgang Heymann, ein Freund von Hans-Jürgen Salier, an den Inhaber des jungen Hildburghäuser Verlags, gewandt. Bereits am 24. August 1990 hat er als Reprint den berühmten und in Deutschland weit verbreiteten Roman von Anton Emil Brachvogel „Das Rätsel von Hildburghausen" (1872, Berlin) in einer überarbeiteten Fassung aus dem Jahre 1919 ediert.

Mit diesen Aktivitäten erfährt das Interesse an der Dunkelgrafen-Thematik in Deutschland eine Renaissance. Die Präsentation im März 1991 hat der greise Erbprinz leider nicht mehr erlebt, er ist am 13. Februar 1991 in Flensburg verstorben. Er ist zur Trauerfeier für seine jüngste Schwester Elisabeth gefahren, und der Tod hat ihn dort selbst ereilt.

Erbprinz Georg Moritz ist der Letzte des Hauses Sachsen-Altenburg – vormals Sachsen-Hildburghausen – gewesen.

Rätsel werden gelöst

Bei der Präsentation des Buches „L'Énigme de Madame Royale" 1954 ist auch die in Frankreich mehrfach ausgezeichnete Schriftstellerin, Malerin und Nationalpreisträgerin Madeleine de Rusky zugegen. Wir verdanken ihr die Veröffentlichung wichtiger Dokumente aus ihrem Familienarchiv und Urkunden aus den Archives Nationales in Paris, aus denen zweifelsfrei hervorgeht, dass Ernestine de Lambriquet eine Tochter Ludwigs XVI. gewesen ist und von ihm eine beachtliche Jahrespension erhalten hat.

Nach der Buchpräsentation von „L'Énigme de Madame Royale" am 13. November 1954 gibt es eine Sensation: Es meldet sich eine Dame, die behauptet, ihre Großmutter sei die Enkelin der Madame Royale gewesen. Sie habe es von ihrer Mutter gesagt bekommen und an sie, ihre Enkelin, weiter gegeben. Seltsamerweise decken sich ihre Angaben mit dem, was Lenôtre bereits 1907 in seinem Buch angedeutet hat und was auch der Autor Friedrich Ernst von Sachsen-Altenburg bereits von dem Präsidenten der Genealogischen Gesellschaft von Frankreich erfahren hat. Auch hier hat sich durch weitere Nachforschungen, insbesondere in Frankreich, vieles derart verdichtet, dass sich der Gedanke aufdrängt, die Personenvertauschung der echten Prinzessin mit Ernestine könne vielleicht durch eine Schwangerschaft veranlasst worden sein.

Spekulationen um die Schwangerschaft der Prinzessin

Lenôtre hat einmal ausgeführt, wer sich während der Gefangenschaft der Prinzessin evtl. an ihr vergangen hat. Ihre Wärter haben sich zum Teil dazu bekannt und zwei von ihnen haben behauptet, sie habe ein Kind von ihnen. Man hat in den Jahren der Französischen Revolution alles getan, um die Mitglieder des Königshauses zu demütigen. Dabei muss man bedenken, was das in Fürstenkreisen für Konsequenzen gehabt hat. Die Prinzessin ist ein geschändetes Mädchen, und es ist für einen Prinzen indiskutabel, sie zu heiraten. – Kaiser Franz und der Graf von Provence wissen davon und haben eine Vertauschung für die beste Lösung gehalten, zumal Ernestine de Lambriquet als leibliche Tochter Ludwigs XVI. und Adoptivtochter von Marie Antoinette gesellschaftlich befähigt gewesen ist, das Erbe ihrer Eltern anzutreten. Die Vertauschung kann nur im „Hotel zum Raben" in Hüningen erfolgt sein, und viele sehr merkwürdige Zusammenhänge lassen daran keinen Zweifel.

Es bleibt zu klären, wohin die echte Madame Royale hat entweichen können. Lenôtre schreibt, dass zwei ihrer Reisebegleiter, der Gefängniswärter Gomin und der Koch Meunier erst im Mai 1796, also fünf Monate später, nach Paris zurückgekehrt seien und trotzdem ihren Lohn erhalten haben. Es liegt nahe, dass die Prinzessin in der Schweiz Aufnahme gefunden hat – auf Schloss Heidegg im Kanton Luzern.

Richard Boehmker schreibt über die Schwangerschaft der Prinzessin Marie Thérèse Charlotte nach einem Hinweis aus den französischen Geheimakten:

Man weiß, daß der Konvent, der sich zu einer gewaltsamen Beseitigung der Kinder Ludwigs XVI. nicht verstehen wollte, den verabscheuungswürdigen Entschluß gefaßt hatte, die

Brief von Marie Antoinette
an die Prinzessin von Mecklenburg-Strelitz[1]

Die Königin von Frankreich richtet ihre Glückwünsche an Prinzessin Charlotte zur Vermählung ihrer Stieftochter, der Prinzessin Charlotte Georgine Louise Friederike von Mecklenburg-Strelitz, die sich am 3. September 1785 mit Herzog Friedrich von Sachsen-Hildburghausen verheiratet hat. Die Prinzessin ist die älteste Tochter des Prinzen Karl von Mecklenburg, Gouverneur von Hannover, nachmaliger Großherzog von Mecklenburg-Strelitz und Stifter der Hildburghäuser Freimaurerloge „Karl zum Rautenkranz".

Am 10. Oktober [1785]

Ich nutze die Abreise von Prinz Georges, um Euch ein Zeichen meiner Freundschaft mitzugeben, doch es ist leider nur ein sehr kleines Zeichen, weil ich so viel zu tun und keinen Augenblick für mich selbst habe. Mein Sohn leidet an den Folgen einer Impfung und, obgleich es nichts Beunruhigendes ist, kann ich ihn keinen Moment allein lassen. Ich beglückwünsche Euch zur Vermählung Eurer Tochter, ich kann mich jedoch nicht daran gewöhnen, daß Ihr Mutter so vieler Kinder seid. Ich wünschte, daß diese Euch nicht allzu große Sorgen machen werden. Unterrichtet mich bitte von allen künftigen Ereignissen. Ich freue mich, daß Eure Sorgen der Vernunft Platz gemacht haben. Ich bitte den Prinzen Georges, mich Eurer Frau Mutter gegenüber zu entschuldigen, aber ich hatte wirklich keine Zeit, ihr zu antworten. Ich umarme Eure Schwestern. Lebt wohl, meine liebe Prinzessin, ich umarme Euch so wie ich Euch liebe und Ihr wißt, das kommt aus vollem Herzen.

---

1   REISET: Lettres inédites de Marie-Antoinette et de Marie-Clotilde de France. – 1876, S. 92 f.

Kinder Capets (Ludwig XVI.) moralisch zu entwerten und verkommen zu lassen. Bei dem Dauphin, wenn dessen Tod im Temple angenommen wird, wäre ihm solches gelungen, da er der barbarischen Demoralisierung durch den Schuster Simon erlegen wäre. Seine Schwester mußte auf andere Weise zu Fall gebracht werden. So gab man ihr hübsche, gefällige Wächter, die wohl mit ganz bestimmten Weisungen ausgerüstet sein mochten. Zu dem einen von ihnen, Gomin, scheint nun die junge Gefangene tatsächlich eine Neigung empfunden zu haben, so daß sich aus diesem Verhältnis ihr Zustand erklären läßt.[127]

Zu den Begleitern der Prinzessin nach Basel hat der Gefängniswärter Gomin aus dem Temple gehört ...

Vom 25. Dezember 1795 ist ein Brief von Marie Thérèse Charlotte an Gomin überliefert, von dem sie sich in Hüningen beim Austausch unter Tränen verabschiedet hat. In der deutschen Übersetzung heißt es:

„Diese Reise ist mir trotz meines Kummers angenehm erschienen durch die Gegenwart eines mitfühlenden Menschen, dessen Güte mir seit langem bekannt war, der mir aber ein letztes Mal einen Beweis davon gegeben hat durch die Art, wie er sich mir gegenüber verhielt. Dies wäre natürlich nicht nötig gewesen, um meine Wertschätzung zu besitzen, aber seit diesem Augenblick hat er sie noch mehr. Ich kann nichts weiter sagen, mein Herz fühlt ganz stark, was es fühlen muß, aber ich finde keine Worte, um es auszudrücken. Abschließend beschwöre ich ihn, sich nicht zu sehr zu betrüben, sondern Mut zu haben. Ich bitte ihn nicht, an mich zu denken, ich bin sicher, daß er es tun wird, und ich verspreche, meinerseits das gleiche zu tun."

Der Ton des Schriftstücks, von einem so tiefen Gefühl diktiert, lässt auch vermuten, dass Gomin bei der Prinzessin die Rolle

---

127   BOEHMKER: Das Geheimnis um eine Königstochter. – S. 72.

eines Trösters spielt und sich bemüht, sie das Unglück etwas vergessen zu lassen, in das sie die Brutalität eines Dritten gestürzt hat.

Beauchesne schreibt hierzu:

Einige Zeilen, die persönlich an Gomin gerichtet waren, fanden sich auf der Innenseite des Briefbogens. Dieses Zeugnis einer so hohen und edlen Zuneigung hat der gute Diener nie gezeigt. Er hat es wie einen heiligen Schatz bewahrt, den er nur dann und wann mit frommem Gefühl einmal öffnete. Das Papier hat ihn nie verlassen. Er trug es sein ganzes Leben, so wie er es erhalten hatte, auf der Brust. Dort fand man es am 17. Januar 1841, als dieses edle Herz aufhörte zu schlagen.[128]

Der Kreis schließt sich

Als Leonardus Cornelius van der Valck (Graf Vavel de Versay) im Frühjahr 1838 Eishausen verlassen will, lebt die Comtesse Pauline de Béarn noch. Auch Talleyrand ist noch am Leben gewesen. Darum hat er die Berthelmy-Briefe zu seinen Papieren in den Kutschkasten getan und sie dort belassen. Seine Identität ist mit den Schriftstücken nachweisbar.

Prinz Friedrich Ernst von Sachsen-Altenburg (Frédéric de Saxe-Altenbourg) hat diese Entdeckungen nicht mehr erlebt, bevor er „L'Enigme de Madame Royale" auf Deutsch herausbringen kann. Fast zum gleichen Zeitpunkt der Edition des Titels „Das Rätsel der Madame Royale" erscheint in Frankreich das Buch der Geschichtsprofessorin Noëlle Destrémeau: „Madame Royale et son Mystère" (Madame Royale und ihr Geheimnis).

---

128   SACHSEN-ALTENBURG: Das Rätsel ... – S. 210 f.

Dass Ernestine de Lambriquet die Herzogin von Angoulême gewesen ist, ist für die Autoren inzwischen eine Selbstverständlichkeit. Sie bringt in einem Nachwort viele konkrete Angaben zur illegitimen Tochter der Madame Royale und deren Schicksal. In den Folgejahren wird die Forschung forciert.

Seitdem 1954 das Buch „L'Enigme de Madame Royale" von Prinz Friedrich Ernst erschienen ist, haben sich zahlreiche französische Historiker mit dem Schicksal der Madame Royale und der Identität der Herzogin von Angoulême befasst, dazu gehören André Castelot, Paul Marie Sare, Jean Pascal Romain, Robert Ambelain und die bereits erwähnten Gaston de Béarn, Marie Madeleine Rusky und Monique de Huertas.

Ein Augenmerk ruht jetzt auf den dreizehn Briefen der Agnès Berthelmy in französischer Sprache an van der Valck. Von ihnen sind im Pfarrarchiv Eishausen eine Abschrift und eine wortgetreue deutsche Übersetzung vorhanden. Daraus zu schließen sind die Originalbriefe damals im Besitz von Herzog Bernhard II. von Sachsen-Meiningen gewesen, der sie an den Oberschulrat Dr. Rückert in Hildburghausen ausgeliehen hat. Nach dem Tod des Herzogs sind sie nach Holland gekommen und befinden sich jetzt im Besitz des Historikers Dr. Mark de Lannoy. Die Forschung geht also auf den verschiedensten Gebieten weiter.

Aus den Briefen wird schlüssig, dass van der Valck 1799 den Schutz der Dame übernommen hat. Für diese Aufgabe hat er eine blendende Diplomatenkarriere aufgegeben, um unter dem Pseudonym Graf Vavel de Versay als Beschützer einer allen unbekannt gebliebenen stets verschleierten Dame 38 Jahre lang ein Leben in größter Abgeschiedenheit zu führen. Mit der Dame hat er 27 Jahre im Schloss von Eishausen gelebt und noch weitere acht Jahre nach ihrem Tod allein in Einsamkeit, bis am 8. April 1845 sein Leben ein Ende gefunden hat. Seine Motive, den Schutz der armen Waise des Temple zu übernehmen, sind durch die Symbole auf seiner Brieftasche dokumentiert: Reine Menschlichkeit in freimaurerischer Überzeugung und in höchster Selbstaufopferung.

Im Vorwort seines 1991 in Hildburghausen erschienenen Buches „Das Rätsel der Madame Royale" schreibt Prinz Friedrich Ernst:

Ludwig XVI., Ludwig XVIII. und Karl X., die drei Brüder des französischen Königshauses Bourbon, regierten nacheinander mit dem so bedeutsamen einundzwanzigjährigen Zwischenraum der Französischen Revolution und der Regierungs- bzw. Kaiserzeit Napoleons I. (1793 – 1814). Die beiden jüngeren Brüder Ludwigs XVI., der Graf von Provence, und der Graf von Artois, waren wohl intelligenter als er, aber moralisch unter ihm stehend. Sie neideten ihm seine Königswürde und trachteten danach, diese zu untergraben. Da sie mehr Scharfblick und Energie als er besaßen, waren sie zu energischem Vorgehen gegenüber der sich schon vorbereitenden Revolution gewillt und wollten ihren älteren Bruder zur Abdankung veranlassen. Man kann dabei ihren Egoismus bei allen Handlungen nicht übersehen. Den Hebel ihrer Intrigen setzten sie bei der unglücklichen, schönen Marie Antoinette an. Fast alle halboffenen wie versteckten Pamphlete und Anwürfe gegen die Ehre der Königin gingen von ihren Schwägern aus.

Nach dem Tode des Königspaares durch die Guillotine war es das Bestreben der beiden Brüder, das Privatvermögen Ludwigs XVI. wie auch den berühmten Diamantschmuck der Königin, die rechtzeitig vor der Revolution gerettet worden waren, in ihre Hand zu bekommen. Die allein berechtigte Erbin dieses Vermögens war nach dem vermeintlichen Tod des Dauphin, der in

265

der Geschichte Frankreichs mit Ludwig XVII. bezeichnet wird, die Tochter des toten Königspaares Marie Thérèse Charlotte, die Madame Royale. Nur durch deren Verheiratung mit dem Sohn des Grafen Artois, dem Herzog von Angoulême, würden die Brüder Ludwigs XVI. Zugang zu dem Vermögen erhalten haben. Zudem hätte die Verbindung ihrer Linien mit der allseits bemitleideten und verehrten unglücklichen „Waise aus dem Temple" ihnen, den allgemein wenig Beliebten, einen Nimbus verliehen, dessen sie dringend bedurften. Das tote Königspaar hätte nach den traurigen Erfahrungen mit den Brüdern gewiß nicht in die Ehe ihrer Tochter mit dem Sohn des Bruders eingewilligt. Und doch berichtet die Geschichte, dass sie am 26. Dezember 1795 in Basel gegen 12 französische Gefangene aus Österreich ausgetauscht wurde, zu ihrem Vetter Kaiser Franz II. an den Wiener Hof kam und 1799 den Herzog von Angoulême heiratete.

Sein Buch beendet er mit den gefühlsbetonten Zeilen:

Ich möchte dieses Buch nicht beschließen, ohne dabei zu erwähnen, wie sehr mich immer der Gedanke damit beschäftigt hat, weshalb gerade die Töchter eines protestantischen Hauses in so besonders hilfreicher Weise sich der katholischen Königstochter von Frankreich angenommen haben, scheint doch auf den ersten Blick kein deutsches Fürstenhaus den französischen Geschehnissen gegenüber räumlich weiter entfernt gewesen zu sein als das Mecklenburger, dem die Königin Luise von Preußen und die Herzogin Charlotte von Sachsen-Hildburghausen entstammten. Dies erschien mir äußerst merkwürdig, bis ich Kenntnis von den herzlichen Beziehungen erhielt, die das österreichische Kaiserhaus mit dem Landgrafenhaus von Hessen-Darmstadt einst verbunden haben. In der Universitätsbibliothek von Heidelberg fand ich den sehr anschaulichen Bericht eines Grafen zu Leiningen, dem ich die fast vergessene Tatsache entnehmen konnte, daß die Kinder des hessischen Landgrafenpaares mit den jüngeren Erzherzoginnen von Österreich auf den ausdrücklichen Wunsch der Kaiserin Maria Theresia zusammen erzogen worden waren. Der Landgraf Georg Wilhelm von Hessen-Darmstadt stand im österreichischen Heeresdienst und lebte damals mit seiner zahlreichen Familie mehrere Jahre in Wien. So entstand zwischen der jungen Erzherzogin Marie Antoinette und den zwei jungen hessischen Landgräfinnen eine innige Freundschaft, die von lebenslanger Dauer war. Noch bei einem der letzten Verhöre während ihrer Gefangenschaft, als die Königin von Frankreich nach zwei Miniaturen gefragt wurde, die sie unter den wenigen ihr verbliebenen Sachen aufbewahrte, antwortete sie: „Es sind die Bilder meiner Jugendfreundinnen, der Landgräfinnen von Hessen-Darmstadt. Eines der beiden Porträts stellte die spätere Herzogin von Mecklenburg-Strelitz, die Mutter der Herzogin Charlotte" und der Königin Luise, dar! Das Freundschaftsband, das einst die Mütter geknüpft hatten, umschloß also auch deren Töchter, und damit löst sich diese Frage des „Rätsels der Madame Royale" in menschlich schöner Weise.[129]

---

129   SACHSEN-ALTENBURG: Das Rätsel ... – S. 235 f.

Lebensstationen
der Herzogin von Angoulême
nach dem Personentausch
in Hüningen bis zu ihrem Tod 1851

9. Januar 1796

Die „Pseudoprinzessin", die Halbschwester der Marie Thé-rèse Charlotte, wird von Kaiser Franz II. und seiner Gemahlin in der Wiener Hofburg empfangen, allerdings ihrerseits nicht ohne Vorbehalt. Sie verdankt dem Herrscher zwar ihre Freilassung, vergessen kann sie aber nicht, dass er nichts unternommen hat, ihre geliebte (Adoptiv)mutter Marie Antoinette vor der Guillotine zu retten. Auch die Kaiserin[130] ist nicht sehr begeistert, fürchtet sie doch, dass die bourbonische Prinzessin Einfluss gewinnt und sie nach ihrem Leidensweg plötzlich neuer Stern am Habsburger Hof wird. Auch lehnt die Prinzessin die bereits überall bekannte und in Innsbruck von der Erzherzogin Elisabeth verbreitete Nachricht von der Heirat mit Erzherzog Karl ab und erklärt, sie wolle dem Wunsch ihrer Eltern zufolge nur den Herzog von Angoulême heiraten.

Franz II. schirmt die Prinzessin vor der Öffentlichkeit ab, vor allem vor Franzosen. Aber das hat noch einen anderen Grund: Längst weiß er, dass es sich bei der Madame Royale um eine ausgetauschte Person handelt. Um sein ohnehin angeschlagenes Renommee vor allem auf internationaler politischer Bühne nicht noch weiter zu beschädigen, macht er gute Miene zum bösen Spiel. Die Heiratspläne mit einem

---

130   Kaiser Franz II. ist in zweiter Ehe verheiratet mit seiner Cousine Prinzessin Maria Theresa von Neapel-Sizilien (1772 – 1807).

Ich werde alle Vorschläge des Kaisers
wegen seines Bruders ablehnen

Bei der Fahrt nach Wien schreibt die Prinzessin bei einem Aufenthalt am 6. Januar in Wels einen Brief an ihren Onkel, dem späteren König Ludwig XVIII., in dem sie sich gegen die Hochzeitsoptionen der Habsburger mit festem Willen wehrt.

„... ich fürchte, ich werde ihm nicht oft schreiben können, da ich sicher streng überwacht werde. Schon während meiner Reise hat man mich daran gehindert, Franzosen zu sehen ... ich werde alle Vorschläge des Kaisers wegen seines Bruders ablehnen. Ich will sie nicht ... ich habe Vertrauen in Gott, der mir bereits beigestanden hat und mich aus großen Gefahren hat entkommen lassen. Er wird mich niemals dazu bringen, das berühmte Blut, von dem ich stamme, zu vergessen. Ich würde lieber mit meinen Eltern zusammen unglücklich sein, immer wenn sie es sind, als am Hof eines Prinzen zu sein, der meiner Familie und meiner Heimat feindlich gegenübersteht ..."[1]

---

1   Lenôtre: La Fille de Louis XVI. – S. 246 f.

Habsburger werden vom Tisch gewischt, Franzosen von der Dame ferngehalten, ein Zusammentreffen mit dem nachmaligen König Ludwig XVIII. verhindert. Die „falsche" Prinzessin wird in Wien weitestgehend isoliert. – Selbst ehemals enge Vertraute wie Hüe sowie Cléry werden ihr entzogen, die Post wird überwacht. Das Sicherheitsrisiko soll minimiert werden, zumal das historisch überlebte Heilige Römische Reich Deutscher Nation nach der Französischen Revolution und den Siegen der Revolutionsarmee erheblich ins Wanken geraten ist. Der Kaiser fürchtet unkalkulierbare Konflikte. Österreich steht immer noch in der Auseinandersetzung mit dem revolutionären, napoléonischen Frankreich und ist nach dem Ausscheren Preußens im Basler Frieden dabei allein. Die einstigen Koalitionäre kämpfen ums eigene Überleben. Das Mächtegleichgewicht in Europa ist zerstört.

Die Prinzessin führt mit dem Grafen von Provence (Ludwig XVIII.) eine geheime Korrespondenz. Auch wenn sie am Hof allmählich in die Gesellschaft eingeführt wird, unterliegt sie strenger Bewachung, alle ihre Handlungen werden kontrolliert. Dem „Goldenen Käfig" kann sie nicht entfliehen und die Erbangelegenheiten sind nicht geklärt. Gerade sie sind ein wichtiger Schlüssel zur Lösung des Geheimnisses.

Ihr Onkel, der Graf von Provence, sowie ihr Vetter und künftiger Gatte, der Herzog von Angoulême, führen wegen des noch bestehenden Krieges gegen die Franzosen ein unstetes Leben und haben keine sichere Residenz, sie müssen ihre Aufenthaltsorte je nach Exilgewährung und politischer Konstellation ständig wechseln.

3. Februar 1796

Ludwig XVIII. beantragt bei Papst Pius VI. den Dispens[131], der bei der Heirat naher Verwandter notwendig ist. Der Papst gibt sein Einverständnis für die Ehe. Damit ist eindeutig, dass die Prinzessin den Herzog von Angoulême heiraten wird. Louis Antoine de Bourbon, Duc d'Angoulême (1775 – 1844), ist der Sohn des Grafen von Artois, des nachmaligen Königs Karl X.

König Ludwig XVIII. verbringt die Zeit der Französischen Revolution und die Napoleonischen Kriege im Exil[132] unter seinem eigentlichen Namen Stanislas Xavier Graf von Provence. Zeitweilig – z. B. in Blankenburg – hat er sich „Graf de Lille" genannt. Von seinen Anhängern wird er bereits in Verona als Ludwig XVIII. bezeichnet und mit Majestät angeredet. Er ist von 1795 – 1824 de jure König von Frankreich und Navarra, de facto 1814/15 – 1824. Sein Vater ist der Dauphin Ludwig Ferdinand (1729 – 1765), seine Mutter Maria Josepha von Sachsen.

---

131 Hier: Ausnahmebewilligung, die kirchliche Befreiung von Ehehindernissen.

132 Der Graf von Provence muss nach den Siegen Napoléons und dem weiteren Vordringen in Europa seinen Sitz in Verona aufgeben, er flüchtet nach Deutschland. Der dt. Journalist und Buchautor Siegfried Pabst schreibt 1989 in „Die Köpfe der Französischen Revolution 1789 bis 1799", dass der Graf von Provence zeitweilig in Blankenburg am Harz wohnte. Doch nicht im Schloß des Herzogs von Braunschweig, da der Herzog aus wohlerwogenen Gründen dies nicht für ratsam hielt. Ludwig XVIII. gab sich mit drei Stübchen über einem Krämerladen zufrieden, wo er 18 Monate lang in kümmerlichen Verhältnissen lebte. Kurzfristig wohnte er auch in Hildburghausen im Thüringer Wald, in der Nähe des Schlosses der Herzöge von Sachsen-Hildburghausen. – Die Aussage zu Hildburghausen ist bis heute nicht belegt worden.

Frühjahr 1799

Zar Paul I. von Russland stellt dem Grafen von Provence Schloss Mitau (Jelgava) in Zentral-Lettland zur Verfügung. Die Prinzessin verlässt am 4. Mai Wien und trifft Anfang Juni in Mitau ein.

10. Juni 1799

Sechs Tage nach der Ankunft wird die ausgetauschte Prinzessin und nun „offizielle" Madame Royale mit ihrem Cousin, dem Herzog von Angoulême, verheiratet. Als Zehnjährige hat sie ihn das letzte Mal gesehen, lediglich einige briefliche Kontakte sind zwischen beiden bekannt. Der Ruf des von der Statur kleinen Herzogs ist nicht sehr vorteilhaft, seine Hässlichkeit ist spichwörtlich, er ist kurzsichtig, linkisch und (vermutlich) impotent.

Der Vorschlag für diese Liaison kommt vom Grafen von Provence, der verhindern will, dass die bourbonische Erbschaft der „Prinzessin" an das Haus Habsburg nach Wien geht. Hierfür ist ihm jedes Mittel Recht.

Die Hochzeit erfolgt gegen den Willen Franz' II., dem Kaiser des Heiligen Römischen Reiches Deutscher Nation aus dem Hause Habsburg-Lothringen.[133]

Auf einem Bild der jungen Herzogin ist wieder eine auffällige Hakennase zu sehen. Diese Nase ist keinesfalls ein Zufall, alle ihre künftigen Porträts weisen sie auf. Wird ihr Profil mit dem der Prinzessin aus dem Temple verglichen, stellt man zweifelsfrei fest, dass es sich um unterschiedliche Personen handelt.

---

133 Die Ehe ist kinderlos geblieben. Das Paar nimmt den Neffen Herzog Heinrich von Bordeaux, Graf von Chambord nach der Ermordung seines Vaters (1820) des Herzogs von Berry, Bruder des Herzogs von Angoulême, auf, um ihn zum französischen Thronfolger zu erziehen.

Nur drei Wochen später, am 1. Juli 1799[134], wird die vermutlich echte Madame Royale, Marie Thérèse Charlotte von Frankreich, unter den Schutz des niederländischen Diplomaten Leonardus Cornelius van der Valck gestellt (s. Kapitel „Das große Geheimnis von Hildburghausen und Eishausen").

1800

Der Herzog von Angoulême schließt sich zunächst der Condé-Armee an, sie wird 1801 wieder aufgelöst. Das geschieht gegen den Willen Ludwigs XVIII., der den potenziellen Thronfolger zur Vorbereitung der Machtübernahme neben sich haben will. Eine Abreise der Herzogin zu ihrem Gatten verhindert Ludwig XVIII., dem alle Mittel Recht sind, die Rückkehr der Bourbonen auf den Thron voranzutreiben, konkret seine eigene.

20. Januar 1801

Auf Befehl des russischen Zaren Paul I. muss Ludwig XVIII. binnen 48 Stunden Schloss Mitau wieder verlassen, weil Zar Paul aus Opportunismus mit Napoléon sympathisiert hat.

Die Herzogin von Angoulême wird nicht ausgewiesen, sie besteht aber darauf, ihren Onkel begleiten zu dürfen. Eine strapaziöse Reise bei Eis und Schnee und großer Ungewissheit beginnt: Memel, Königsberg in Ostpreußen und Warschau sind die markanten Stationen. Die Herzogin, inzwischen zur wichtigsten Vertrauten ihres Onkels geworden und Ansprechpartnerin der französischen Emigranten, wird als *Antigone de Curlande*, in Anspielung an die tapfere

---

134   Lannoy geht davon aus, dass es erst im Herbst zur Übernahme gekommen sei. Siehe seine Publikation „Das Geheimnis des Dunkelgrafen". – 2007.

Tochter des Ödipus in der griechischen Mythologie, bezeichnet. – Die Ausweisung aus Mitau ist eindeutig politisch motiviert. Intrigen und Rangkämpfe der Politik in Europa, aber auch im Familienverband der Bourbonen, geben den letzten Ausschlag. Die Herzogin muss sich eindeutig positionieren, denn die Aufdeckung des Geheimnisses der Vertauschung kann für sie katastrophale Folgen haben.

Zwischen dem Zaren und Napoléon gibt es trotz des Kriegszustandes Annäherungen, aber auch Angst, dass Napoléon Russland angreift. Russische Kriegsgefangene werden entlassen. Der Zar hat bereits die Grenzen schließen lassen, um zu vermeiden, dass weitere französische Emigranten in sein Reich kommen, zumal die Anwesenheit von Ludwig XVIII. und der Herzogin magnetische Wirkung auf Exil-Franzosen hat.

In Warschau nimmt die Herzogin von Angoulême Kontakt mit Preußens Königin Luise auf, der Schwester der Herzogin von Sachsen-Hildburghausen, die die echte Madame Royale schon als kleines Kind gekannt hat. Sie gewährt den Bourbonen Asyl, allerdings müssen sie unter Pseudonym leben: Ludwig XVIII. unter dem Namen Comte de Lille und die Herzogin unter Marquise de la Meilleraye. Sie wohnen im Haus Wasilewski, dann im prachtvollen Schloss Lazienki[135] und im Palais Zamoyski. Im März kommt auch der Herzog von Angoulême hinzu, denn die Condé-Armee ist inzwischen aufgelöst. Er ist demzufolge seiner militärischen Pflichten entbunden worden.

Das Leben der Bourbonen ist geprägt von der Hilfe für französische Flüchtlinge und dem Knüpfen eines Netzwerks zur Wiedererlangung der Macht. Die Lebensverhältnisse

---

135 Der Palast hat einst Stanislas Leczinski, dem Ururgroßvater Ludwigs XVIII., gehört

werden für sie immer spartanischer, selbst Familienschmuck und das Diamantkollier, das Zar Paul zur Hochzeit geschenkt hat, müssen versetzt werden, um einfache Lebensbedürfnisse für sich und den großen Hofstaat zu befriedigen.

Nach der Ermordung des Zaren Paul I., der sich 1799 Napoléon angeschlossen hat, am 24. März 1801, bietet der ihm auf den Thron folgende Sohn, Alexander I., den Bourbonen erneut Schloss Mitau als Refugium an, er erhöht auch die finanziellen Zuwendungen für die Emigranten.

Es ist davon auszugehen, dass der Zar bereits weiß, dass die Herzogin von Angoulême eine Vertauschte ist. Er hat Leonardus Cornelius van der Valck bei der kurzen geheimen Zusammenkunft in Wien daher geraten, wie er und die Dame sich künftig verhalten sollen. Kurze Zeit vorher hat der Zar in Berlin König Friedrich Wilhelm III. von Preußen und seine Gemahlin, Königin Luise, besucht, und vermutlich haben sie gemeinsam über das Schicksal der echten Madame Royale beraten. Authentische Beweise hierfür gibt es allerdings nicht.

Die Bourbonen lehnen Mitau vorerst ab, weil es sich in Warschau wesentlich „angenehmer" leben lässt und sie näher am „europäischen Geschehen" sind. Sie nehmen hier dankbar zur Kenntnis, dass ihr Name in der Welt des europäischen Hochadels noch sehr viel gilt.

1802

Napoléon macht sich zum Konsul auf Lebenszeit. In Europa herrscht vorübergehend eine Zeit des allgemeinen Friedens, die Ruhe vor dem Sturm!

1803

Europa ist Napoléon mehr und mehr untertan. Er schickt zu Ludwig XVIII. einen Gesandten, der ihn finanziell für einen Thronverzicht ködern will. Der König lehnt in einer Erklärung ab, die auch von anderen bourbonischen Prinzen unterzeichnet wird.

1804

Der royalistische Umsturzversuch von Jean Charles Pichegru und Georges Cadoudal in Frankreich wird Anfang des Jahres niedergeschlagen. Napoléon statuiert zur Einschüchterung der Bourbonen und aller seiner Feinde sehr schnell ein Exempel und lässt im März 1804 den Herzog von Enghien in Ettenheim unter Missachtung der Souveränität des Fürstentums Baden verschleppen und wenige Tage später in Vincennes erschießen.

2. Dezember 1804

Der Senat offeriert Napoléon Bonaparte am 18. April die Kaiserkrone. Dagegen trifft sich Ludwig XVIII. im schwedischen Kalmar mit seinem Bruder, dem Grafen von Artois. Am 4. Oktober wird die undatierte „Erklärung von Kalmar" veröffentlicht, in der Napoléon der Usurpation angeklagt wird. – Ungeachtet dessen krönt sich der gebürtige Korse selbst im Beisein des Papstes Pius VII. zum erblichen Kaiser der Franzosen und wenig später, am 26. Mai 1805, in Mailand mit der Eisernen Krone der Langobarden zum König von (Ober-)Italien.

Der preußische König Friedrich Wilhelm III. untersagt Ludwig XVIII. zwangsläufig den Aufenthalt in Warschau, denn die Erklärung von Kalmar widerspricht der Neutralität Preußens. Zar Alexander bietet ihm jedoch wieder Quartier auf Schloss Mitau an. Ludwig XVIII. nebst Herzog von Angoulême und Gefolge sind also von Kalmar nach Mitau gegangen. Dort leben die Bourbonen mit ihrem Hofstaat in dem nahezu ausgeräumten Schloss unter für Fürsten ärmlichen Verhältnissen. Die Gemahlin von Ludwig XVIII., Luise von Savoyen, erkrankt ernsthaft. Die Herzogin von Angoulême kümmert sich in diesen Jahren vor allem um Verletzte aus den immer näher rückenden Kampfhandlungsgebieten.

6. August 1806

Zu den Folgen der Französischen Revolution gehört auch die allmähliche Auflösung des Heiligen Römischen Reiches Deutscher Nation. Dieser Prozess vollendet sich mit der Niederlegung der Kaiserkrone durch Franz II. Er bleibt jedoch Kaiser von Österreich und König von Ungarn und wird Kaiser Franz I. benannt.

14. Oktober 1806

Im 4. Koalitionskrieg werden die preußische und die sächsischen Armeen unter dem Kommando des Fürsten Friedrich Ludwig von Hohenlohe-Ingelfingen in der Doppelschlacht von Jena und Auerstedt von den napoléonischen Truppen niedergeworfen.

1807

Der Frieden von Tilsit, 7. Juli zwischen Frankreich und Russland und 9. Juli 1807 zwischen Frankreich und Preußen, beendet den 4. Koalitionskrieg. Russland verpflichtet sich zur Vermittlung eines französisch-britischen Friedens. Preußen muss sich der Kontinantalsperre gegen England anschließen und verliert mehr als die Hälfte seiner Territorien. Zwischen Rhein und Elbe wird das Königreich Westfalen unter Napoléons

Bruder Jérôme etabliert, durch die Polnischen Teilungen preußisch gewordene Gebiete werden zum Herzogtum Warschau geschlagen, aus Danzig wird eine Freie Stadt, an Sachsen fällt der ehemalige preußische Kreis Cottbus.

Die Bourbonen müssen sich erneut ein Exil suchen. Die Königin und die Herzogin verbleiben zunächst in Mitau. Ludwig XVIII. begibt sich in Richtung Schweden, König Gustav Adolf hat ihm wieder Asyl angeboten. Aber dieses Ziel muss er aufgeben, denn bei Stralsund hat Napoléon die Schweden besiegt.

Juli 1808
Nachdem die Herzogin von Angoulême mit ihrer Tante den Winter in Mitau verlebt, folgt sie ihrem Onkel nach England. Der Herzog und seine Gemahlin wohnen im Schloss Gosfield Hall in der Grafschaft Essex, das ihnen aber sehr bald zu klein wird.

April 1809
Ludwig XVIII. und das Herzogspaar Angoulême nehmen das Schloss Hartwell House nahe London als nächsten Wohnsitz zur Miete, sie sind trotz des Asyls von einem Hofstaat von ca. 200 Personen umgeben. Ihr Leben ist von großer Monotonie geprägt. Dagegen hat Napoléon das europäische Festland immer fester im Griff.

1813 bis 1815
Nach dem für Frankreich und seine Vasallenstaaten verlustreiche Russlandfeldzug im Jahr 1812 kommt es zum entscheidenden Wendepunkt der Herrschaft Napoléons. In den folgenden Befreiungskiegen wird seine Macht über Europa beseitigt.

30. Dezember 1812

In der Konvention von Tauroggen in Litauen zwischen dem preußischen General Ludwig Graf Yorck von Wartenburg und dem russischen General Graf Diebitsch wird nicht nur die Trennung des preußischen Hilfskorps von der französischen Armee eingeleitet, sondern auch die Anti-Napoléon-Koalition gestärkt.

31. März 1814

Die Verbündeten besetzen Paris und zwingen Napoléon am 6. April 1814 zum Abdanken. Als Souverän mit Kaisertitel wird ihm Elba, eine Insel im Thyrrhenischen Meer an der Küste Italiens, zugewiesen, er wird „Herrscher" über 10.000 Menschen.

6. April 1814

Ludwig XVIII. wird vom Senat auf den französischen Thron berufen. Es beginnt die Zeit der „Ersten Restauration" (April 1814 – März 1815) – die Epoche der Wiederherstellung der Bourbonenherrschaft.

24. April 1814

Die Herzogin von Angoulême betritt mit ihrem Onkel nach achtzehnjährigem Exil in Calais erstmals wieder französischen Boden. Der Herzog von Angoulême trifft bereits am 12. März in Bordeaux ein.

Die Herzogin mit ihrer gekonnten Ausstrahlung ist für König Ludwig XVIII. und seine Machtübernahme von unschätzbarem Wert. Seit Beginn der Revolution liegt ein Vierteljahrhundert – etwa eine Menschengeneration. Viele Mitglieder der Bourbonenfamilie sind kaum noch im Erinnerungsvermögen des Volkes geblieben, wohl aber erinnert man sich an die Waise aus dem Temple mit ihrem bewegenden Schicksal. Und sie ist es, die engagiert und ohne sich zu schonen, als erste Dame des Hofes mit ihrem beharrlichen Wirken für das Königtum streitet. Sie findet auch beim Volk eine gewisse Anerkennung, denn es hat eine große Zeit und einen tiefen Fall hinter sich, die Lebensverhältnisse in Frankreich sind allerdings nach der ersten Phase der Hoffnung sehr bedrückend geworden.

3. Mai 1814

Ludwig XVIII. zieht unter großem Jubel in Paris ein und residiert in den Tuilerien. Die Herzogin von Angoulême wird nach dem Tod der Gemahlin des Königs[136] bis zur Revolution von 1830 zur wichtigsten Figur der Bourbonen. Sie ist Anziehungs- und Identifikationskraft. Sie schafft es aber nicht, die höfische Etikette des alten Regimes durchzusetzen. Eine neue Zeit ist auch im Leben von Adel und Großbürgertum angebrochen.

In der Restaurationsphase wird deutlich, dass die Herzogin von Angoulême die versöhnliche Politik des Königs Ludwig XVIII. nicht akzeptiert, weil mit seiner Verhaltenweise die Monarchie eher geschwächt wird. Bereits Napoléon hat die Stärke der Herzogin erkannt, wenn er auf Elba gegenüber dem britischen Bevollmächtigten Cambell äußert, dass sie der *einzige Mann der Familie* (Bourbon) sei. Sie lehnt sich aber nicht gegen ihren Onkel auf, sie wahrt Etikette und bleibt ihm gegenüber loyal. Sie befürchtet, dass sich die Revolution wiederholen könne und misst das Verhalten von Ludwig XVIII. am Schicksal ihres hingerichteten Vaters Ludwig XVI. Für die Bourbonen besitzt die den

---

136 Luise von Savoyen, Tochter des Königs Viktor Amadeus II. von Piemont-Sardinien.

Ultraroyalisten nahe stehende Herzogin eine außerordentliche Bedeutung, auch wenn sie „offiziell" keine Ämter bekleidet und keinen direkten politischen Einfluss ausübt. Niemand außer dem König hat jedoch mehr Einfluss auf die Geschicke des Landes als sie, die Herzogin. Herausragend und vielgepriesen ist ihr karitatives Wirken für sozial Benachteiligte.

4. Juni 1814

Die „Charte constitutionnelle" wird verkündet, sie verbindet revolutionäres Erbe und Tradition. Damit ist im Ergebnis von Machtkämpfen die Restauration der Bourbonen vorerst abgeschlossen. Die ersten Parlamentswahlen 1815 enden mit einer Mehrheit der Ultraroyalisten. Ludwig XVIII. setzt in der Senatsverfassung seinen dynastischen Legitimitätsanspruch gegen die aus der Revolution stammende Legitimitätsgrundlage durch. Insgesamt hat seine Restauration einen gemäßigt-liberalen Charakter, das teils englische Vorbild ist nicht zu übersehen, das aber sehr schnell zur Farce wird. Die aus der Revolution stammenden Eigentumsverhältnisse werden im Wesentlichen nicht angetastet, auch das Verwaltungssystem erfährt nur Detailänderungen.

18. September 1814 bis 9. Juni 1815
Wiener Kongress
Die europäischen Monarchen und Staatsmänner handeln eine politische und territoriale Neuordnung Europas aus. Der international einflussreiche französische Diplomat Talleyrand erreicht für sein Land wieder eine gleichberechtigte Position, der Status des Kriegsverlierers wird überwunden. Frankreich muss keine Gebietsverluste hinnehmen, es kommt zur Wiederherstellung der Grenzen von 1789.

Januar 1815

Am 18. Januar werden die sterblichen Überreste von Ludwig XVI. und Marie Antoinette exhumiert und drei Tage später in der Grablege von fränkischen und französischen Königen in der Basilika von Saint-Denis im nördlichen Vorortbereich von Paris feierlich beigesetzt.

1. März 1815

Napoléon kehrt aus seinem Exil zurück. Die Armee-Einheiten, die ihn aufhalten sollen, begrüßen wieder ihn als ihren Anführer. Er erreicht mühelos Paris und regiert weitere 136 Tage. Der Zeitraum wird auch als „Herrschaft der Cent Jours" (Hundert Tage) bezeichnet.

Das Herzogspaar von Angoulême befindet sich zum Zeitpunkt (9. März) auf einem Ball in Bordeaux, als ein Bote die Nachricht von der Rückkehr Napoléons überbringt. Der Herzog verlässt nach der Festlichkeit die Stadt, um den Widerstand zu organisieren. Die Herzogin tut Gleiches in Bordeaux und übernimmt selbst die Verteidigung der Stadt. Die bourbonische Verwandtschaft zeichnet sich eher durch Feigheit aus. – Ihr Gemahl, der Herzog von Angoulême, wird in Point-Saint-Esprit gefangen genommen.

3. April 1815

Die Herzogin von Angoulême gelangt von Pauillac bei Bordeaux aus auf dem Seeweg über Battersea (England) nach London. Hier nimmt sie Kontakt mit englischen Ministern und ausländischen Botschaftern auf. Im Mai reist sie nach Gent in Belgien zu ihrem Gemahl und zu Ludwig XVIII. und am 4. Juni wieder nach England, um dort die Interessen der Bourbonen zu vertreten.

18. Juni 1815

Napoléon greift auf belgischem Boden die Briten unter dem Herzog von Wellington an. Das Intermezzo endet mit der Niederlage bei Belle Alliance (Waterloo). Die Truppen unter dem preußischen Marschall Blücher kommen den Briten zu Hilfe. Die Schlacht markiert das Ende der Napoléonischen Kriege. Am 22. Juni 1815 muss Napoléon erneut abdanken, er wird von den Briten auf St. Helena, einer Vulkaninsel im südlichen Atlantik, interniert, wo er am 5. Mai 1821 an Magenkrebs verstirbt. 1840 wird sein Leichnam exhumiert und in den Pariser Invalidendom überführt.

27. Juli 1815

Ludwig XVIII. und die Herzogin von Angoulême ziehen erneut in Paris ein. Vor allem die Herzogin wird wegen ihrer tapferen Rolle bei der Verteidigung von Bordeaux wieder als Heldin gefeiert. Mit der Inbesitznahme des französischen Thrones durch Ludwig XVIII. kommt es zur Zweiten Restauration. Ludwig XVIII. bemüht sich innenpolitisch um einen Ausgleich der gesellschaftlichen Kräfte. Mit der versöhnlerischen Politik des Königs ist die Herzogin allerdings nicht einverstanden, weil sie darin eine Schwächung des Königtums der Bourbonen sieht. Sie begünstigt sogar die Vollstreckung der Todesstrafe gegen einst verdienstvolle Militärs, die zu Napoléon gewechselt sind, so z. B. der legendäre Marschall Michel Ney.

Nach der endgültigen Vertreibung Napoléons üben Ultraroyalisten, vor allem rückkehrende Emigranten, gegen Anhänger der Revolution und Napoléons blutige Rache im Land, der als „terreur blance" (Weißer Terror) in die Geschichte eingegangen ist. Ein Höhepunkt der Auseinandersetzungen zwischen dem Alten und dem Neuen Frankreich und der jeweils extremistischen Kräfte ist am 13. Februar 1820 die Ermordung des Herzogs von Berry (* 1778), Charles Ferdinand de Bourbon, der jüngere Sohn des nachmaligen Königs Karl X., Oberbefehlshaber der Pariser Armee. Es kommt zur reaktionären Wende, die Ultras werden gestärkt, andererseits verschärft sich auch die Rolle der Opposition.

1818
Auf dem Aachener Kongress wird der Abzug der Besatzungstruppen aus Frankreich beschlossen. Frankreich wird als fünfte Großmacht neben Preußen, Österreich, Russland und Großbritannien in die Heilige Allianz aufgenommen. Als Stifter der Heiligen Allianz gilt der russische Zar Alexander I. In diesen Jahren kommt es zur Wiedererlangung der Gleichberechtigung Frankreichs in der europäischen Politik, einen hohen Anteil daran hat Talleyrand.

20. September 1820
Herzog Heinrich von Bordeaux, Graf von Chambord, wird sieben Monate nach der Ermordung seines Vaters geboren. Er geht in die Geschichtsschreibung als Comte de Chambord ein. Er ist der Neffe des Herzogs von Angoulême. Das kinderlose Herzogspaar von Angoulême nimmt 1832 das zwölfjährige Kind auf, um es zum französischen Thronfolger zu erziehen.

In den legitimistischen Kreisen wächst die Hoffnung, dass mit dem Fortbestand des Hauses Bourbon der junge Herzog den Thron besteigt.

Das Herzogspaar und Herzog Henri von Bordeaux leben einige Zeit in Kirchberg am Walde (Waldviertel) in Niederösterreich, im Winter im klimatisch milderen Görz.

16. September 1824

König Ludwig XVIII. stirbt. Sein Bruder, der Graf von Artois, Schwiegervater der Herzogin von Angoulême und Führer der Ultraroyalisten, lässt sich in Reims in einer prunkvollen Zeremonie als Karl X. König von Frankreich krönen. Seine Herrschaft ist durchweg geprägt vom Verhaftetsein im Alten Regime, Gottesgnadentum und nicht von der Liberalität eines modernen konstitutionellen Monarchen. Sein Regierungsstil gleicht dem eines Ultrareaktionärs. Die Julirevolution von 1830 fegt ihn hinweg, auch wenn er kurz zuvor aus Opportunitätsgründen um eine Politik der Kompromisse bemüht ist.

1824 – 1830/36

Die aus damaliger Sicht „offizielle" Marie Thérèse Charlotte von Frankreich bzw. Madame Royale ist die Dauphine Frankreichs. Ihr Einfluss auf Karl X. ist im Vergleich zu Ludwig XVIII. gering, weil er sich nicht von Personen seines Umfelds beeinflussen lässt.

27. Juli 1830

In Paris bricht die Juli-Revolution aus. Die königliche Familie findet sich auf Schloss Ramboillet in der Nähe von Paris ein. Karl X. dankt am 2. August zu Gunsten seines Enkels Henri, Herzog von Bordeaux und Graf von Chambord, ab und ernennt Louis Philippe, Herzog von Orléans, aus einer Nebenlinie der Bourbonen, zum Generalleutnant des Königreichs.[137] Der 1793 zu den Österreichern übergetretene Louis Philippe wird von der großbürgerlich-liberalen Opposition auf den französischen Königsthron gehievt. Sie

---

137 Louis Philippe ist am 5. Mai 1789 beim Zusammentreten der Generalstände in Versailles Vertreter des Dritten Standes gewesen.

braucht zur Verwirklichung ihrer Ziele einen schwachen König, einen Erfüllungsgehilfen. Nachdem der „Bürgerkönig"
(Roi Bourgeois), Louis Philippe, die Krone angenommen
hat, vollzieht Karl X. mit seinem Gefolge den Rückzug zur
Seeküste, begleitet von Infanterie, Kavallerie und Artillerie.
Die neue Regierung unternimmt nichts, seine Flucht auf-
zuhalten. Damit ist das Ende der Bourbonen-Herrschaft in
Frankreich besiegelt. Mit der bürgerlich-liberalen Monarchie
erstarkt das Bürgertum, und der König wird mehr und mehr
zum Spielball der großbürgerlichen Kräfte. In der Februarrevolution 1848 wird er hinweggefegt, er hat sich inzwischen
selbst überflüssig gemacht.

16. August 1830

Der abgedankte König Karl X., die Herzogin von Angoulême
und der Hofstaat verlassen auf dem Seeweg Frankreich, von
Cherbourg zur Insel Wright und finden Unterkunft im
Schloss Lulworth, Grafschaft Dorsetshire. Anschließend
kehren die Bourbonen in den Holyrood-Palace nahe Edin-
burgh zurück, den ihnen der englische König im Oktober
wieder zur Verfügung stellt.

Oktober/November 1830

Das Herzogspaar von Angoulême bezieht ein kleines Haus
nahe dem Exil des Ex-Königs Karl X., weil ihnen das Schloss
Holyrood äußerst unangenehm ist. Das Paar darf nicht unter seinem königlichen Titel in England residieren, es nennt
sich Comte und Comtesse von Marnes – in Erinnerung an
den Besitz der Herzogin Villeneuf-l'Etang nahe Marnes-la-
Coquette.

Zum Tod der Herzogin von Angoulême[1]

Nach einer gestern aus Wien hier eingetroffenen telegraphischen Depesche ist zu Schloß Frohsdorf an der Ungarischen Grenze der edelsten und frömmsten Fürstinnen Eine, fern vom Vaterlande, in der Verbannung gestorben. Die fürstlich Verbannte, die fromme Greisin, die dort unter dem Namen einer Gräfin von Maernès in Gebet und in Wohlthun, in Erinnerung und in Hoffnung ein stilles gottseliges Leben lebte, war die Enkelin jener langen Reihe französischer Könige aus den Häusern Valois und Bourbon, war die Tochter des Märtyrerkönigspaars Ludwig XVI. und Marie Antoinette, war die Waise des Tempel's, die Herzogin von Angoulême, die letzte Dauphine von Frankreich und zwei Stunden lang, am 2. August 1830, Königin von Frankreich und Navarra. Und war sie nicht mehr Königin von Frankreich als sie starb, so war sie doch eine Königin, bis zum letzten Hauch, bis zum letzten Tage übte sie das Bourbonische Königsrecht des Wohlthuns, und einen Thron der Milde hatte sie sich aufgerichtet unter den Armen und Kranken aller Orten, wo sie gelebt, und für die irdische Krone, der sie entsagte, wird ihr die Krone der Gerechtigkeit beigelegt werden.

---

1   Neue Preußische Zeitung. – Berlin, 23. Oktober 1851 (Nr. 247 – Auszug).

Herbst 1832

Der englische König verlangt, dass die Bourbonen sein Land verlassen, sie fühlen sich ohnehin gekränkt, weil sie keine nennenswerte gesellschaftliche Anerkennung finden, zudem ist der alternde Karl X. gesundheitlich angeschlagen, die Herzogin leidet unter Rheuma. Ihr Weg führt sie über Rotterdam, Mainz und Frankfurt am Main an den Wiener Hof. Dort erhalten sie vom österreichischen Kaiser die Zusage für ein Asyl auf dem Prager Hradschin. Am 28. Oktober treffen die Bourbonen dort ein. Sie führen ein relativ bescheidenes Leben, die Etikette hat hier für sie jedoch nicht an Bedeutung verloren.

Frühjahr 1836

Die Bourbonen müssen die Prager Burg verlassen, weil die Räumlichkeiten für die Krönung Ferdinands I. (Kaiser von Österreich 1835 – 1848) zum König von Ungarn benötigt werden. Sie finden Asyl auf Schloss Grafenberg in Görz (Gorizia) im heutigen Slowenien. Hier verweilen sie in der Winterzeit, im Sommer halten sie sich auf Schloss Kirchberg am Walde (bei Schrems im Waldviertel) in Niederösterreich auf.

6. November 1836

Karl X. stirbt an der Cholera. Damit ist die Herzogin von Angoulême in der Thronfolge „Reine de France" (Königin von Frankeich) und der Herzog „König Louis XIX.".

In ihrer gesamten Exilzeit nimmt das Paar Anteil an den Geschehnissen in Frankreich und im bourbonischen Spanien, vor allem an dem Konflikt um die Thronfolge zwischen Isabella II. und ihrem Bruder Don Carlos. Don Carlos wird von dem Paar sogar finanziell unterstützt.

1836 – 1844

Marie Thérèse Charlotte von Frankreich ist in diesem Zeitraum Titularkönigin von Frankreich, wird aber als solche in Frankreich nicht anerkannt.

3. Juni 1844

Der Herzog von Angoulême verstirbt an Darmkrebs, die Herzogin übersiedelt im Juni 1845 endgültig nach Schloss Frohsdorf bei Lanzenkirchen in Niederösterreich. Sie kauft das Schloss für ca. 175.000 fl. Es hat einst Napoléons Schwester Caroline Murat gehört.

Die immer schwarz gekleidete Herzogin von Angoulême war eine sehr ernste, wortkarge, harte Frau, die aber sozial engagiert und tief religiös war. Sie feierte täglich um 5 Uhr die Frühmesse mit. Trotzdem war sie nicht frei von Rachegedanken. In der Schlosskapelle hatte sie ein Stück des blutbefleckten Hemdes aufbewahrt, das ihr Vater, Ludwig XVI., bei seiner Hinrichtung getragen hatte. Den Jahrestag der Hinrichtung ihres Vaters verbrachte sie stets allein vor dieser Reliquie. Es wird behauptet, dass sie beim Beten des „Vaterunsers" die Worte „wie auch wir vergeben unseren Schuldigern" ausgelassen hat.[138]

Februar 1848

Der Bürgerkönig Louis Philippe wird in der Februarrevolution gestürzt, in deren Ergebnis wird die Zweite Republik ausgerufen.

19. Oktober 1851

Die Herzogin von Angoulême stirbt an einer Lungenentzündung auf Schloss Frohsdorf. Einige Quellen berichten, dass

---

138 Nach: Internetauftritt der Gemeinde Lanzenkirchen

sie auf ihrem Sterbebett gesagt haben soll: Mein Bruder[139] ist nicht gestorben, das ist der Albdruck meines ganzen Lebens.

Im Schloss Frohsdorf ist auf einer schwarzen Marmortafel im 1. Stock zu lesen:

Ici
Après une longue vie de souffrances et d'épreuves,
Marie-Thérèse-Charlotte,
Dauphine de France, duchesse d'Angoulême,
A rendu son âme à Dieu,
Le 19 octobre 1851.[140]

Wie ihr Onkel und Schwiegervater Karl X. und ihr Mann wird sie in der Bourbonengruft im Franziskanerkloster Kostanjevica in Nova Goricia (Neu-Görz) beigesetzt.

An den europäischen Höfen herrscht Trauer, in Paris werden täglich Totenmessen gelesen.

Jahre nach ihrem Tod ist bekannt geworden, dass die Herzogin während ihrer Exilzeit durch ihren Sekretär Charlet Unsummen an Schweigegeldern an Erpresser gezahlt hat, die damit gedroht haben, zu verraten, dass sie eine Vertauschte sei. Es soll sich um 7 Millionen Francs gehandelt haben. Hauptakteur ist der französische Nervenarzt J. B. Lavergne Lacombe gewesen, der sein Wissen von einer Freundin der Madame de Soucy gehabt haben soll.[141]

---

139   der Dauphin (Ludwig XVII.)

140   deutsche Übersetzung: Hier / Nach einem langen Leben voller Leiden und Prüfungen / hat Marie-Thérèse-Charlotte, / Dauphine von Frankreich, Herzogin von Angoulême, / ihre Seele Gott übergeben, am 19. Oktober 1851.

141   Nach: Castelot.

Das Kloster wird 1916 durch Beschuss der Alliierten zerstört. Die letzte österreichische Kaiserin Zita ordnet die Überführung der Särge in das Karmeliterkloster in Döbling im heutigen 19. Wiener Gemeindebezirk an. Auf Bitten der italienischen Behörden 1932 werden die Särge wieder ins Kloster zurückgeführt.

Die Dienerschaft

Der Dienerschaft gilt allergrößte Beachtung, denn sie hat das Dunkelgrafenpaar aus nächster Nähe erlebt und das teils über Jahrzehnte hinweg. Alle Diener haben persönlichen Kontakt zum Grafen gehabt, dem sie blindlings vertraut haben und absolut ergeben gewesen sind, der sie auch reichlich entlohnt hat. Ob der eine oder andere auch Kontakt mit der Gräfin gehabt hat, lässt sich nur vermuten. Zugegeben hat es niemand, jedenfalls nicht zu Lebzeiten des Grafen. Wo er nur kann, hat van der Valck den Bediensteten den Anblick der Dame entzogen. Wenn ihm das nicht gelungen ist, dann darf sie unter keinen Umständen von den Dienern gesehen werden. Er hat es verstanden, seine Gefährtin mit einem Abstand gebietenden Geheimnis zu umgeben. Auch wenn er sie im Gespräch oder in Anweisungen erwähnt, spricht er betont von „Allerhöchst Sie" oder „Ihre Gnaden". Wie der Tagesablauf im Schloss tatsächlich abgelaufen ist, wird wohl für immer ein Geheimnis bleiben.

Scheinbar simple Fragen mobilisieren spektakuläre Antworten.

Wer hat der Dame die Haare geschnitten oder gepflegt, der Dunkelgaf wohl nicht. Nach Aussagen von Dorothea Nothnagel, der Tochter des Kammerdieners Scharr und der Köchin Johanna Weber, hat sie eine Frisur à la „Titus" (Tituskopf), eine komplizierte Frisur mit einer Vielzahl dichter, kurzer Löckchen getragen, die in der Zeit des französischen Konsulats kreiert worden ist. Die bekannte Porträtbüste des römischen Kaisers Titus ist Vorbild gewesen.

Wer hat der Dunkelgräfin beim Ankleiden oder Ausziehen geholfen? Die hochherrschaftliche Mode der Zeit mit den vielen Haken und Ösen, Knöpfen, Schnallen und Bändern

Wie Scharr wirklich heißt

Wer sich durch die einschlägige Literatur „hindurcharbeitet", stellt sehr schnell fest, dass es für den Diener des Dunkelgrafenpaares unterschiedliche Namen gibt. Karl Kühner nennt ihn „Scharre", Human stets „Squarre". In der gesamten späteren Literatur lässt sich daher leicht identifizieren, welcher Autor als Quelle gedient hat. Welchen Namen hat nun aber der Diener tatsächlich geführt?

Nach Human lautet der Eintrag im Register der Verstorbenen von Eishausen „Johann Philipp Schorr, 73 Jahre", bei Kühner „Scharre, 66 Jahre". So jedenfalls ist es dem damals erst dreizehnjährigen Karl Kühner im Gedächtnis geblieben. Den Kirchenbucheintrag hat er offensichtlich nicht gekannt. Dort steht nämlich eindeutig:

Name: Johann Philipp Scharr/Stand: Kammerdiener bey dem dermaß im hieß. Schloße wohnenden Hrn. Graf de Vavell/Geburtsort: nicht angegeben: Der Verstorbene soll v. d. Schweitz stammen/ Wohnort: Eishausen/Alter: 7 Jahr/ledig oder verheirathet: ledig/Zeit des Able-bens: 6e April (1817) früh 1 Uhr/Zeit der Beerdigung: 8e April frühe/ Anmerkung: In der Stille † an Brustwaßersucht.

Wir wissen also, dass er „Scharr" geheißen hat und dass er „v. d. Schweitz" stammen soll. Aber auch die Bemerkung Humans: *Nach den neuesten Nachrichten soll er aus der Rheingegend stammen, wo sein Großvater Förster war; sein eigentlicher Name sei Kaspar Schorr, und vor seinem Engagement beim Grafen sei er drei Jahre Kutscher bei einer hohen Herrschaft gewesen, wo er von einem Franzosen ein-mal völlig ausgeplündert ward.*[1]

---

1   HUMAN: Dunkelgraf II. – S. 49.

Warum aber schreibt Human nur von „Squarre" und hat den Kirchenbucheintrag, den er dazu fälschlich als „Schorr" entziffert hat, kaum beachtet? Hat vielleicht auf den erwähnten Briefen, die sich der Graf an seinen Kammerdiener adressieren lässt, statt „Scharr" der Name „Squarre!" gestanden? Wir müssen es so annehmen, denn Human hat ja die Briefe aus dem Nachlass des Dunkelgrafen in den Händen gehabt. Es wird wohl so sein, das „Squarre" ein Pseudonym für „Scharr" gewesen ist, ebenso wie „Vavel de Versay" für „van der Valck"! Hingegen ist „Scharre", wie Kühner ihn nennt, wohl nur ein Hörfehler, klingt doch, wenn man „Scharr" sagt, unwillkürlich am Ende ein „e" nach.

In dem 2007 erschienenen Buch „Das Geheimnis des Dunkelgrafen" von Mark de Lannoy heißt er „Charr", und so wird sein Name auch im Trauregister der ehemaligen Hofkirche im Hildburghäuser Schloss eingetragen (jetzt im Archiv der Superintendentur Hildburghausen-Eisfeld).

In diesem Buch verwenden wir nur noch den Namen „Scharr" – ausgenommen bei Zitaten –, denn auf diesen Nachnamen lauten auch die Taufeinträge seiner beiden Kinder, was weder Kühner noch Human beachtet haben.

... ist ohne Mithilfe nicht zu bewältigen. Sie waren ja nicht „Mann und Frau", sondern Beschützer und Schützling. Es ist wohl kaum zu glauben, dass van der Valck diese Aufgabe übernommen hat.

Viele andere Fragestellungen drängen sich förmlich auf. Auch ist nicht vorstellbar, dass die Dame im Haus tagein und tagaus immer ihren meist dunklen grünen Schleier und ihre grüne Brille getragen hat ...

Johann Philipp Scharr

Der Kammerdiener war ein ernster, abgemessener, wortkarger Mann, eine kräftig gebaute, breitschultrige Gestalt, mit vollem Gesicht und schneeweißem Haar. Er zeigt sich nie, wenn nicht in voller, reich bedreßter Livree; er ging fleißig in die Kirche, stand aber in wenig Verkehr mit dem Dorfe. Niemand hat von ihm eine Andeutung über die Geschichte seines Herrn vernommen, oder auch nur eine Anspielung darauf, daß er irgend ein Geheimnis zu bewahren habe. Im Dorfe stand er im Geruche eines Wundermannes: er konnte das Blut stillen, sagte die Witterung vorher und dergleichen mehr; ein Ruf, der sich wahrscheinlich nur auf seine, seinen Stand überragende Bildung gründete. Ich selbst habe den Mann nie gesprochen, oder sprechen hören, obschon ich vier bis fünf Jahre lang mit in demselben Dorfe wohnte. [...]

Der „Kammerdiener" besorgte, neben seinem geheimen Dienste im Schlosse, die Wartung der Pferde, welche wieder angeschafft worden waren. Um 10 Uhr hielt gewöhnlich die Equipage des Grafen vor der Schloßthüre. Der Graf erschien mit der tief verschleierten Dame, führte sie mit dem Hut in der Hand die Treppe herab an den Wagenschlag, hob sie nach einer

Verbeugung hinein, setzte dann sich selbst ein, und nun brausten die zwei riesengroßen pechschwarzen Rappen mit dem niemals zurückgeschlagenen Wagen, den „Kammerdiener" in dreieckigem Hute und silberstrotzender Livree als Kutscher auf dem Bock, das Dorf hervor auf dem Wege nach Rodach zu, einem kleinen koburgischen Landstädtchen. Ein paar hundert Schritte vor der Stadt wendete der Wagen um und fuhr nach Hause. Mitunter fuhr der Graf allein, ohne Begleitung der Dame; sehr selten des Nachmittags. Niemals ist die Dame allein ausgefahren. [...]

Der Kammerdiener starb bald nach der Geburt seines zweiten Kindes.

Schon bei einer früheren Krankheit des Mannes war ein Arzt aus Hildburghausen zu ihm gerufen worden. Dieser besuchte den Kranken zweimal und war so glücklich, ihn wiederherzustellen. Bei dem zweiten Besuche hatte er sich etwas länger bei dem Kranken aufgehalten, worauf dieser ängstlich bat, er möge sich lieber entfernen, „denn der gnädige Herr sei zuweilen wunderlich". In der letzten Krankheit des Kammerdieners, ein oder zwei Jahre später, wurde derselbe Arzt wieder zu dem Kranken gerufen, fand ihn aber bereits in einem höchst bedenklichen Zustande. Der Graf ließ den Arzt fragen, ob er an die Herstellung des Kranken glaube, und da der Arzt dies verneinte, ließ er ihm wenige Tage darauf sagen, er wolle ihn nicht weiter bemühen, sondern lieber dem Kranken mit einem Glase Wein etwas zugute thun. Wirklich starb der Kranke ohne weitere ärztliche Hilfe, und nur von einer zur Verschwiegenheit verpflichteten Frau, der sogenannten Teichgreth, gepflegt. Es wurde damals erzählt, auf dem Sterbebette habe der Kammerdiener in großer Unruhe nach dem Geistlichen verlangt, der Graf aber die Erfüllung seines Wunsches verweigert. Gewiß ist, daß der Kammerdiener in seinen gesunden Tagen den Pfarrer angegangen hatte, er möge ihm

*gestatten, daß er heimlich bei ihm beichte und das Abendmahl
nehme; der Graf dürfe es nicht erfahren. Der Pfarrer glaubte
ihm das Versprechen der Verheimlichung nicht geben zu dürfen,
und die Kommunion unterblieb daher. – Als der Geistliche um
die nötigen Lebensnotizen über den Verstorbenen bat, erklärte
der Graf, der Geschiedene hieß Philipp Scharre, sei sechzig bis
sechsundsechzig Jahre alt und aus der Schweiz gebürtig. Näheres
konnte er nicht angeben. Merkwürdigerweise sollen noch zwanzig Jahre lang, bis zum Tode des Grafen, mitunter Briefe unter
der Adresse des Kammerdieners ins Schloß gelangt sein.*

*Nach dem Tode des Kammerdieners wurde ein Kutscher aus
dem Dorfe angenommen, ein junger Mensch aus einer armen,
sehr stillen Weberfamilie. Er überkam die Pflege der Pferde,
durfte aber das Schloss nie betreten.*[142]

Zu dieser plastischen Schilderung des geheimnisvollen Dieners muss gesagt werden, dass der Autor dieser Zeilen, Dr.
Karl Kühner, Sohn des Eishäuser Pfarrers Heinrich Kühner,
sicher nicht im Kirchenbuch nachgeschaut hat. Hier steht
nämlich im Verzeichnis der Gestorbenen deutlich sein
Name: Johann Philipp Scharr (statt Scharre) und sein Alter
73 Jahre, statt 60 bis 66 Jahre.

Die Verweigerung der angestrebten Beichte Scharrs ist ein
Schlüssel, der zur Lösung des Geheimnisses führt. Der Graf
als Dienstherr Scharrs verweigert ihm nicht die Beichte wegen seiner Zugehörigkeit zur römisch-katholischen Kirche.
Für ihn ist es aus Sicherheitsgründen wichtig, dass selbst der
Geistliche Kühner keinerlei Kenntnis des über Jahrzehnte
gehüteten Geheimnisses erhält. Der Graf will seinen Brief-
freund nicht belasten. Aus der Haltung van der Valcks kann

---

142 [Kühner]: Die Geheimnisvollen ... – S. 15 ff.

aus heutiger Sicht sehr leicht ein Umkehrschluss gezogen werden.

Anzumerken ist, dass auch der alten Dienerin Katharina Schmidt, die der evangelisch-lutherischen Kirche angehört hat, die Beichte nicht abgenommen werden darf. Auch wenn das Indiz nicht beweisbar ist, passt die Verweigerung in das Sicherheitsraster des Leonardus Cornelius van der Valck.

Die Köchin Johanna Weber

Seit der Umsiedlung des Dunkelgrafenpaares nach Eishausen wohnt auch die junge Köchin Johanna Weber im Schloss, sie und der alte Scharr im Hochparterre, der Graf und die Gräfin in der ersten, mitunter auch in der zweiten Etage.

Die Beziehung zwischen beiden Dienern ist nicht ohne Folgen geblieben. Sie bekommen zwei Kinder. Die sechsundzwanzigjährige Hanne bringt am 4. März 1812 einen Jungen zur Welt, der Kindsvater Johann Philipp Scharr ist bereits 68 Jahre. Am 28. April des kommenden Jahres schenkt sie einem Mädchen das Leben. – Um diese Liebesbeziehung ranken sich Legenden, Verdächtigungen und Vermutungen, denen hier nicht umfassend nachgegangen werden kann.

Die am 28. April 1786 geborene Johanna ist die Tochter des Schuhmachermeisters Weber in Hildburghausen. Im Dienste des Grafen ist sie von 1809 bis 1835. Die Kochkunst hat sie im Wasunger Damenstift erlernt und ist zuletzt Köchin im Haus des Geheimen Hofrats Kümmelmann, Mitbegründer der Hildburghäuser Freimaurerloge „Karl zum Rautenkranz", der sie wohl auf einen Wink der Herzogin Charlotte dem Grafen abgetreten hat, aber beweisbar ist das nicht.

Hannes Kochkünste sind äußerst beachtlich gewesen. Der

gaumenverwöhnte Graf soll sie mit den Worten gepriesen haben, dass sie sich mit berühmten französischen Köchen messen könne.

Ihr ist natürlich entgegen gekommen, dass sie aus dem Vollen hat wirtschaften können: Täglich 2 Pfund Rindfleisch nur für die Brühe, die Graf und Gräfin frühmorgens zu sich nehmen. Im Durchschnitt verarbeitet sie wöchentlich 12 Pfund Butter und zwei Schock (120 Stück) Eier. Selbstverständlich hat es nur das beste Fleisch gegeben, Wildbret, Geflügel, auch Fisch und das feinste Gemüse aus Bamberger Gärtnereien und Krebse aus Heldburg. Außergewöhnlich ist das für eine herrschaftliche Lebensführung nicht, sie wird aber wohl im armen ländlichen Umfeld Hildburghausens bestaunt, wo Bauern bei einer Missernte selbst Hunger leiden müssen, wie im Hungerjahr 1817.

Johanna Weber hat selbst nie eingekauft. Frühmorgens bespricht der Graf mit ihr den Tagesablauf und die Speisekarte, wobei sie oft mehrere Stunden neben seinem Schreibtisch gestanden hat. Dabei ist der sonst so verschlossene Graf oft ins Plaudern gekommen und erwähnt manches aus der Vergangenheit. Was Johanna für die Küche benötigt, bestellt der Graf für sie. Es wird ihr gebracht und manchmal auch von weither geliefert. Hauptlieferant ist das Handels- und Versandhaus Goullet[143] in Frankfurt am Main. Die Bestellzettel des Grafen müssen die Lieferanten wieder zurücksenden, da sie als Nachweis zu Abrechnungen genutzt werden. Im Nachlass des Grafen finden sie sich in großer Anzahl, und es ist heute noch nachvollziehbar, was der Haushalt verbraucht hat. Bereits Human hat einen Teil dieser Zettel bei seinen Recherchen aufbereitet, die einen Einblick in die Führung eines herrschaftlichen Haushalts geben.

---

143   In manchen Quellen auch Gouillet.

Abgesehen davon, dass Johanna Weber mit der Küche voll ausgelastet gewesen ist, hat der Graf es natürlich nicht gewollt und auch nicht geduldet, dass sie außerhalb des Schlosses der Neugierde der Eishäuser ausgesetzt ist. Auf die Verschwiegenheit von Scharr kann sich van der Valck verlassen, bei Hanne Weber ist er aber ängstlich, sie hat seinem Wunsch zufolge das Haus fast nie verlassen. Kühner schreibt: *Als nach Jahren der Absperrung der Graf sie in der Nacht zu dem Pfarrer schickte, konnte sie sich kaum über den Weg fortschleppen.*

Während des Aufenthalts im Haus der Assistenzrätin Radefeld in Hildburghausen *hatte das Auge der Köchin die, der sie diente, nie erblickt,* so formuliert Karl Kühner wahrscheinlich absichtlich. Und es stellt sich zwangsläufig die Frage, wie man einer Dame dienen kann, ohne sie je zu Gesicht zu bekommen. Es steht wohl fest, dass auch Hanne Weber die Dame zwar gesehen, dies aber nicht zugegeben hat. Erst später hat sie ausgesagt, dass sie ihr in zwei Fällen unverschleiert begegnet sei, beide Male am Krankenbett des Grafen, also in seiner Gegenwart. Das eine Mal hat er sie selbst gerufen, und die Dame hat unverschleiert an seinem Bett gestanden. *Köchin*, soll der Graf gesagt haben, *wenn ich sterbe, so nehmen Sie sich dieser Dame an.* Das andere Mal ist es die Gräfin, die geklingelt hat, um sie zu bitten, für den erkrankten Herrn einen Trank zu bereiten. Dabei soll sie geäußert haben, sie wolle lieber sterben, als getrennt vom Grafen zu leben.[144]

Es hat also Momente gegeben, in denen der erkrankte Graf die Vorsicht vergessen hat und die Köchin die Dame unverschleiert sehen kann, ein Beweis, welches Vertrauen Hanne Weber bei ihm genossen hat. Das soll ausdrücklich betont werden, denn umso unbegreiflicher ist es auf den

---

144 [KÜHNER]: Die Geheimnisvollen ... – Nachdruck, ca. 1920, S. 44. – HUMAN: Dunkelgraf II. – S. 8.

ersten Blick, dass er sie im September 1835 nach siebenundzwanzigjähriger Dienstzeit fristlos entlassen hat. Er handelt aus plausiblen Überlegungen und will seine Mission nicht gefährden.

Nachdem der Graf das Ehepaar Schmidt und deren Söhne Johann Ehrhardt und Simon mit immer weiteren Aufgaben betraut, ist die Position von Johanna Weber vakant geworden. Zudem will der Graf sein Personal eine auf Schweigsamkeit eingeschworene Familie konzentrieren. Damit ist auch das Wirkungsfeld von Hanne eingeschränkt worden. Die Kündigung ist sicherlich schweren Herzens erfolgt, weil der Graf die Dienste seiner Köchin außerordentlich geschätzt hat. Vielzitierter Anlass für die Kündigung ist, dass Johanna ihren inzwischen dreiundzwanzigjährigen Sohn Philipp Papageno Scharr verbotenerweise bei einem Gewitterguss mit ins Schloss genommen hat. Die Kündigung folgt postwendend. Vom Grafen bekommt sie aber bis zu ihrem Tode ein reichliches Weihnachtsgeld als Trostpflaster. Als sie am 24. Februar 1845 fünf Wochen vor ihm stirbt, soll der Graf sichtlich erleichtert gewesen sein. Er hat immer befürchtet, sie könne nach seinem Tod noch so manches preisgeben, was er ihr einst erzählt hat. In seiner Sterbestunde soll er mehrmals nach ihr gerufen haben.

Nach ihrer Entlassung 1835 bleibt sie zunächst in Hildburghausen, wo ihre Tochter Dorothea Schmidt geb. Scharr wohnt. Ihre Kochkünste sind nach wie vor gefragt, sie wird nicht stellungslos. Ein Vierteljahr kocht sie im „Sächsischen Haus" (heute: Farben-Bauer, Goetheplatz) für den Wirt Johann Adam Leuthäuser. Ebeno wie der Graf stellt Leuthäuser der Köchin Johanna Weber ein gutes Zeugnis aus. Johannas Nähe ist aber dem Grafen wegen möglicher Indiskretionen sehr gefährlich gewesen, deshalb empfiehlt er sie kurzerhand der Familie v. Fischern auf Schloss Eyba bei Saalfeld.

Der Kammerherr v. Fischern und seine Frau Caroline geb. v. Stocmeier haben das Geheimnis der Schlossbewohner von Eishausen gekannt, Caroline ist nämlich die illegitime Halbschwester des kurz zuvor in Altenburg verstorbenen früheren Herzogs Friedrich von Sachsen-Hildburghausen gewesen. Das intime Verhältnis seines Vaters, des Herzogs Ernst Friedrich III. Carl zu der allmächtigen Hofdame Isabella von Carlowitz ist nicht ohne Folgen geblieben, vier Töchter und einen früh verstorbenen Sohn hat sie geboren. Der Sohn hat den Namen „Carl Friedrich Ernst" erhalten, bei dem der herzogliche Vater Pate wird. Zu den drei älteren Töchtern, die im Schloss Seidingstadt zur Welt gekommen sind, hat er sich offiziell bekannt und sie in seinem noch vorhandenen Testament reichlich bedacht. Im Jahr 1772 verheiratet er auf Drängen der Herzogin seine geliebte Isabella, die er zärtlich „Ilsecke" nennt, mit seinem Haus- und Hofmarschall Carl Friedrich v. Stocmeier. Dem Marschall gereicht diese Verbindung zu einer nahezu uneingeschränkten Machtfülle am Hof. Meist wohnt er mit Isabella in nächster Nähe des Herzogs und begleitet ihn stets auch zu seinem Jagdschloss Seidingstadt.

Am 26. August 1780 schreibt der damals siebzehnjährige Erbprinz Friedrich an den Hofmarschall v. Stocmeier nach Seidingstadt und bedankt sich für ein Paar Manschettenknöpfe, die er jedoch nicht als Geschenk annehmen will. Dieser erhalten gebliebene Brief endet mit den aufschlussreichen Zeilen: *Haben Sie die Güte und versichern Sie meinem Herrn Vater meine kindliche Ergebenheit, Ihrer Frau Gemahlin meine vollkommenste Hochachtung und die Fräulein von Heldburg bitte ich in meinem Namen zu embrassieren und ihnen*

302

*allen zu sagen, daß ich begierig den Tag erwarte, an welchem
ich das Vergnügen haben werde, Sie zu sehen. Ich umarme Ihre
liebenswürdigen Kinderchen und verharre mit wahrer Freundschaft Ew. Hochwohlgeboren gehorsamster Diener und Freund
Friedrich.*[145]

Zu einer Begegnung in Seidingstadt ist es aber nicht gekommen, der Herzog stirbt knapp einen Monat später am
23. September mit erst 53 Jahren. Er hat für seinen noch
unmündigen Sohn Friedrich den alten berühmten Urgroß-
onkel, den ehemaligen Generalfeldmarschall der Kaiserin
Maria Theresia, Prinz Joseph von Sachsen-Hildburghausen,
zum Vormund und Prinzregenten bestimmt, der als erstes
mit einem Großreinemachen am Hildburghäuser Hof begonnen hat und den allmächtigen Haus- und Hofmarschall
v. Stocmeier und seine Gemahlin Isabella feuert. Sie ziehen
sich mit den Kindern Carl Friedrich III. Carls auf Schloss
Eyba bei Saalfeld zurück, wo zwischen 1804 und 1806 der
Sohn und beide Eltern gestorben sind. Das Schloss verbleibt
der jüngsten Tochter Caroline, die sich später mit dem sach-
sen-meiningischen Kammerherrn und Major Adolf v. Fischern verheiratet hat.

Nach Eyba ist also die inzwischen 49-jährige Köchin Johanna Weber gekommen. Die Schlossherrin Caroline v. Fischern, damals schon 59, bekommt sie wahrscheinlich vom
Grafen wie ein Vermächtnis anvertraut, denn anders ist es
nicht zu verstehen, dass für Johanna Weber eine Akte ange-
legt worden ist, die zunächst im Archiv zu Eyba, dann eine
Zeit lang im Saalfelder Heimatmuseum gelegen hat und sich
jetzt im Thüringischen Staatsarchiv Schloss Heidecksburg in
Rudolstadt befindet. Alles, aber auch alles, was die Köchin

---

145   Human: Chronik der Stadt Hildburghausen II. 1912, S. 455 f.

Johanna Weber betroffen hat, verzeichnet die umfangreiche Akte: ihre Zeugnisse, ihre Anschreibebücher, ihre Kleider, Schürzen und Wäsche und das wenige ersparte Geld. Vor allem aber sind darin ihre schwere Krankheit und ihr Tod am 24. Februar 1845 beschrieben sowie das ärztliche Gutachten über eine vorgenommene Sektion! Es folgt eine genaue Aufstellung aller Kosten für ihre Beerdigung und ihren Grabstein, selbst die Teilnehmer an der Trauerfeier sind namentlich aufgeführt. Dieser sonderbare Aufwand für eine Köchin ist nur so zu verstehen, dass die gesamte Akte dem Grafen in Eishausen zur Rechtfertigung und zur Kostenverrechnung vorgelegt werden soll. Der spektakuläre Verdacht liegt auch nahe, dass der Dunkelgraf alle Personen und alle kausalen Zusammenhänge erfassen will, die in Beziehung zu seiner Köchin gestanden haben, denn sie ist eine Mitwisserin gewesen und nicht hundertprozentig schweigsam.

Aber der Graf ist nur wenige Wochen nach seiner ehemaligen Köchin verstorben. So enthält diese Akte auch noch Auseinandersetzungen mit ihren Nachkommen und die Korrespondenz mit ihrem Schwiegersohn Simon Schmidt im Namen seiner Frau Dorothea geb. Scharr und seinem Schwager Philipp Papageno Scharr, der damals in Rastatt gelebt hat.

In der Hildburghäuser Dorfzeitung vom 3. Juli 1926 hat der Saalfelder Lehrer Valentin Hopf einen Teil dieser Akten veröffentlicht und auch gleich zu Anfang dabei die verwandtschaftlichen Beziehungen der Frau Caroline v. Fischern geb. v. Stocmeier zum herzoglichen Hof von Sachsen-Hildburghausen-Altenburg angedeutet. Das Interessanteste an dem Artikel ist der Wortlaut einer Niederschrift von Aussagen der Johanna Weber über den Haushalt des Eishäuser Schlosses:

Haushalt und Einrichtung waren im Schlosse Eishausen wahr-
haft fürstlich und vornehm. Es wurden nur Wachskerzen ge-
brannt, von ihrem Umhertragen wurde der Fußboden arg be-
tropft. Alle Gebrauchsgegenstände der geheimnisvollen Gräfin
waren von vornehmer Feinheit und sämtlich mit Lilien – den
bourbonischen? – geschmückt. Die Gräfin war so mit Geheimnis
umgeben, daß sie von der Außenwelt vollständig abgeschlossen
gehalten wurde. Nur der Graf bediente sie, was in ehrerbie-
tigster, respektvollster Weise von ihm geschah. Der Diener mußte
ihm die Speisen durch eine Öffnung in der Wand reichen, der
Graf nahm sie in die Hand und reichte sie der Gräfin. Ging die
Dame in den von hoher Mauer umschlossenen Garten, so war
sie tief verschleiert. Wollte sie in das Schloss zurückkehren, so
gab sie das Zeichen dafür mit einem an einer Stange befestigten
Taschentuch. Groß war ihre Liebhaberei für Katzen. Einmal
war es Hanne vergönnt, die Dame zu sehen. Diese war schwer
erkrankt und der Graf nahm ihre Hilfe in Anspruch. Die Geru-
fene überzeugte sich dabei, daß die Kranke von großer Schönheit
war. Wenn der Graf der Dienerschaft gegenüber von der Dame
sprach, so geschah dies stets unter der Bezeichnung ‚Ihre Gna-
den‘. Der Graf hat mit Eishausener angesehenen Einwohnern
verkehrt, die Dame niemals. Dem Herzog von Coburg (oder
Hildburghausen?) soll der Graf ihr Geheimnis nicht anvertraut
haben, wegen seiner Schwatzhaftigkeit, wohl aber dem Herzog
von Meiningen.

Die Schilderung befindet sich noch heute in der Akte über
die verstorbene Köchin. Sie sollte sicher den Grafen darüber
informieren, was Johanna Weber ausgesagt und was sie verschwiegen hat. Johanna gibt darin zu, sie habe die Gräfin nur
einmal gesehen, nämlich als diese schwer erkrankt und der
Graf ihre Hilfe in Anspruch genommen hat. Das also ist eine
dritte Begegnung ohne Schleier, von der Karl Kühner offen-

sichtlich nichts gewusst hat. Und wieder ist der Graf dabei gewesen und hat sie sogar selbst gerufen. Wieviele Male die Köchin aber die Dame wirklich unverschleiert gesehen hat, ohne dass der Graf zugegen gewesen ist und ohne dass sie es verbotenermaßen zugegeben hat, lässt sich wieder nur vermuten. Dass aber der Graf in großer Sorge gewesen ist, Johanna könne Dinge, die er ihr anvertraut hat, ausplaudern, das beweisen ihre Aussagen über die Herzöge von Coburg und Meiningen. Sicher ist es dem Grafen äußerst peinlich gewesen, wenn die Köchin verbreitet hat, der Graf habe den Herzog von Coburg (oder Hildburghausen?) für schwatzhaft gehalten!

Schloss Eyba ist also für Johanna Weber eine notwendige Verbannung zu einer Herrschaft, die ohnehin Kenntnis von allem gehabt hat, auch wenn das von einigen Historikern gegenwärtig bestritten wird. Im Rudolstädter Archiv sind auch Korrespondenzen erhalten, die Caroline v. Fischern geb. v. Stocmeier mit der Herzogin Antoinette von Württemberg geb. Prinzessin von Sachsen-Coburg-Saalfeld geführt hat. Sie ist die Schwester des damals regierenden und von Hanne Weber als schwatzhaft bezeichneten Herzogs von Coburg und außerdem die Schwägerin von König Friedrich II. von Württemberg, Schwiegervater der Herzogin Paul geb. Prinzessin Charlotte von Sachsen-Hildburghausen. Es liegt auf der Hand, dass auch die Herzogin Antoinette gewusst hat, welcher Abstammung Caroline v. Fischern und wer das geheimnisvolle Paar in Eishausen gewesen ist.

Johanna Weber ist qualvoll an Magenkrebs gestorben und kann bzw. darf nicht nach Hildburghausen zurückkehren, obgleich doch ihre Tochter Dorothea Schmidt dort im Hause Schulersberg auf dem Stadtberg gewohnt hat. Sie kann nicht unter der Pflege und Fürsorge ihrer Tochter ihr Leben beschließen. Sie muss in der „Verbannung" auf Schloss Eyba bleiben, der Graf hat gewiss Gründe dafür. Er hat seinen Geheimauftrag mit allen Konsequenzen zu erfüllen.

Die Kinder von Johann Philipp Scharr und Johanna Weber

Das ungleiche Paar – Scharr ist 68 Jahre, Johanna Weber 26 – bekommen 1812 einen Sohn und 1813 eine Tochter. Der Graf duldet das Verhältnis stillschweigend.

Philipp Papageno Scharr

Auf Wunsch des Grafen wird der Knabe auf den Namen Philipp Papageno Scharr getauft. Papageno ist die Symbolgestalt der freien Liebe in Mozarts Freimaureroper „Die Zauberflöte".

Als Taufeintrag im Eishäuser Kirchenbuch ist auf Seite 246 zu lesen:

Philipp Papageno Scharr/geb. (unehel) 4. März 1812, Tauftag 13. März/Eltern: uneheliches Kind/Vater: Herr Philipp Scharr, Kammerdiener bei den derzeit hier anwesenden Grafen Vavell/Mutter: Johanna Weber aus Hildburghausen ebenfalls in Diensten des genannten Grafen Vavell, älteste Tochter des verstorbenen Schuhmachermeisters/Taufzeugen: des Kindes Vater Kammerdiener Philipp Scharr, statt seiner als Schwiegereltern derzeit Hebamme Anna Dorothea Gruber.

Dass *des Kindes Vater* als Taufzeuge eingetragen ist, obgleich er gar nicht zugegen gewesen ist und sich in Ermangelung noch lebender Schwiegereltern durch die Hebamme vertreten lässt, ist sehr seltsam. Welche Gedanken mag wohl Pfarrer Heinrich Kühner beim Eintrag ins Eishäuser Kirchenbuch gehabt haben?

Die Taufkosten hat der Graf übernommen, das bezeugt eine Zettelnotiz ohne Datum aus dem Nachlass des Grafen:

Der Herr Kindspapa hat zu zahlen: 24 Kr. für die Verordnung, 20 Kr. für die Inskription, 10 Kr. für die Taufe des Herrn Wöchners und 10 Kr. dem Kirchner. Jeder Pate aber hat 10 Kr. an den Herrn Wöchner und 10 Kr. an den Kirchner zu zahlen.

Der Nachlassverwalter, Regierungsadvokat Jacobi, hat diesen Zettel mit einigen anderen personen- und ortsbezogenen Schriftstücken an sich genommen, bevor er den schriftlichen Nachlass des Grafen an die Erben nach Holland gesandt hat. Nach seinem Tod gehen die so genannten „Jacobi-Akten" an die Familie seiner Frau, einer geborenen „Nonne", nach Hamburg. Sie sind anlässlich des 600-jährigen Stadtjubiläums der Stadt Hildburghausen 1924 in das Stadtmuseum gekommen, wo sie sich auch heute noch befinden. Im Sonntagsblatt der „Dorfzeitung" vom 27. Oktober 1929 veröffentlicht der damalige Museumsverwalter, Oberlehrer Heinrich Fischer, einiges aus den Akten, der dieser Notiz hinzufügt:

Der Herr Kindspapa und der Herr Wöchner könnten zum Nachdenken anregen.

Kann aber diese Bemerkung nicht auch heißen, dass Scharr nicht der Vater ist, sondern dass eine „andere" Person vorgeschoben wird? Nachdenkenswert ist, dass der Graf will, dass sein Erbe unter allen Umständen bei „seiner" Familie in den Niederlanden verbleiben soll. Auch seine „Ehre" will er nicht angetastet sehen. Johanna Weber hat dieses Geheimnis nie gelüftet. Das ist verständlich, denn auch ihre Existenz hat auf dem Spiel gestanden, der greise und ergebene Diener Scharr hat nichts zu verlieren, auch Besitz und Erben hat er nicht ...

Katharina Dorothea (Papagena) Scharr

Am 28. April 1813 kommt das Töchterchen Dorothea zur Welt, das vom Grafen „Papagena" genannt wird, der Beiname wird jedoch im Taufverzeichnis nicht erwähnt. Hier steht:

Katharina Dorothea Scharr/geb. 28. April 1813/ Vater: Philipp Scharr, Kammerdiener bey Grf von Vavell/Wohnort: derweilen in Eishausen/Mutter: Johanna Weber, Köchin bei Grf von Vavell/ Wohnort: derweilen in Eishausen/Taufe: 1. Mai/ Paten: Katharina Dorothea Knecht, des Bernhardt Knecht zu Steinfeld Tochter/unehelich erzeugt.

Scharr, „der Kindspapa", ist inzwischen 69, Hanne Weber 27 Jahre alt. Die beiden Kinder sind von ihren jeweiligen Paten im benachbarten Steinfeld erzogen worden. Die Kosten hierfür hat vermutlich wieder der Graf getragen. Merkwürdig ist, dass der „Kindspapa" und Namensgeber Scharr auch bei dieser Taufe nicht anwesend ist: Von Johanna Weber wird bei beiden Taufen auch nur erwähnt, dass sie die Mutter sei. Sie ist nicht anwesend, so wird stellvertretend für sie als Taufzeugin die Hebamme Anna Dorothea Gruber genannt. Der Verdacht liegt nahe, dass der Graf ihre Anwesenheit nicht gewollt hat, damit sie und auch der Diener Scharr keinen unliebsamen Fragen ausgesetzt werden.

Karl Kühner schreibt hierzu: *Ein den Grafen berührender Verdacht knüpfte sich durchaus nicht an diese Kinder*[146] und meint damit, sie seien keinesfalls Kinder des Grafen, für die der alte Scharr seinen Namen hat geben müssen. Dieser Gedanke macht zwangsläufig stutzig. Warum erwähnt Karl Kühner einen solchen Verdacht, wenn es keine Grundlage

---

146   [KÜHNER]: Die Geheimnisvollen ... S. 15.

hierfür gibt? Vielleicht wundert er sich, dass der fast siebzig-jährige Scharr, der sich stets als ein Beispiel formvollendeter Haltung, Klugheit und Besonnenheit gezeigt hat, die junge Köchin in diese für sie doch peinliche Lage gebracht hat. Auch bei der Namensgebung und der Taufe von „Papage-no" und „Papagena" in Abwesenheit ihres Vaters mögen ihm Zweifel gekommen sein. Und schließlich, warum haben die beiden denn nicht geheiratet? Dass, wie Human schreibt, der Graf es nicht gewollt habe, erscheint wenig glaubhaft, wo doch das Botenpaar Schmidt und deren Söhne mitsamt ihren Frauen auch in Diensten des Grafen gestanden haben.

Eine zweite Frage drängt sich auf: Warum hat der alte Scharr den Pfarrer Heinrich Kühner so dringend gebeten, insgeheim beichten zu dürfen, was ihm der Pfarrer verwei-gert hat.

Es steht außer Frage, dass Scharr das Schicksal der Ma-rie Thérèse Charlotte von Frankreich gekannt hat, und es ist auch nicht vorstellbar, dass er so schuldhaft ist, dass er des-halb dringend hat beichten wollen. Liegt da nicht der Ver-dacht nahe, dass er dem Pfarrer beichten will, dass er gar nicht der Vater der beiden Kinder ist und der Pfarrer das vielleicht schon gewusst hat. Es wird dann auch verständlich, dass der Graf bei seinem sterbenden Diener diese Beichte verhindern will ... Aber das ist und bleibt Spekulation.

Johann und Katharina Schmidt

Johann Schmidt, geboren 1768, stammt aus Böhmen, dient als *Gemeyner beym Herzogl. Contingent von Waldsaßen in Bayerl.* und ist mit einem Werbekommando nach Hildburghausen gekommen, wo er vermutlich desertiert. Seine am 20. August 1782 geborene Ehefrau Katharina (geb. Gretzer) ist aus Heldburg gebürtig. Bis beide in den Dienst des Grafen getreten sind, fristen sie ein kärgliches Dasein, zumal sie noch zwei Söhne zu versorgen haben. Die Anstellung ist für sie lebenswichtig, sie danken es mit Treue, Zuverlässigkeit und Schweigsamkeit.

Das Ehepaar versieht anfangs für den Grafen Botengänge. Für Boten in jener Zeit ist es durchaus üblich gewesen, dass täglich Entfernungen bis 60 Kilometer bewältigt werden. Für ihre Dienste werden sie respektabel entlohnt. In ihrem Umfeld heißen sie „der Bote" und „die Bötin". Täglich marschieren sie von Hildburghausen nach Eishausen, die Bötin frühmorgens, der Bote mittags, schwer bepackt mit Lebensmitteln, Zeitungen und Briefen. Der Graf kann sie auf der Straße nach Steinfeld mit dem Fernrohr beobachten, und er weiß, dass sie sich auf ihrem Weg nicht ansprechen und ausfragen lassen.

Nach dem Anmarsch von Katharina Schmidt gehört es zu ihren Pflichten, die Zimmer zu reinigen sowie die Zettelkorrespondenz mit Pfarrer Heinrich Kühner hin- und herzutragen. Die Gräfin hat sie zu den Spaziergängen in den Grasgarten begleiten müssen, ohne dass sie ihr Gesicht jemals gesehen hat. Karl Kühner bemerkt hierzu zweideutig: *Man sagt zwar, die Schmidt sei im Innern des Schlosses in die unmittelbare Nähe der Gräfin gekommen und habe sie selbst gesprochen. Doch muß ich das in Abrede stellen; Frau Schmidt selbst hat, so lange sie lebte, nie zugegeben, daß sie die Gräfin je gesehen habe.*[147]

Nachdem der Graf das „Rat Vogelsche Haus" am Spital in Hildburghausen (gegenüber der Bahnhofstraße) gekauft hat, wohnt die Familie Schmidt dort und hält Haus und Garten in Ordnung. Später kauft der Graf für die Schmidts noch ein kleines Haus in Wallrabs.

Auch die beiden Söhne Johann Ehrhardt und Simon stehen im Dienst des Grafen – mit gleichem Engagement und gleicher Treue wie ihre Eltern.

Das Jahr 1836 bringt einschneidende Veränderungen für das Ehepaar Schmidt. Zur persönlichen Bedienung der körperlich und seelisch leidenden Gräfin holt der Graf die vierundfünfzigjährige Katharina Schmidt ins Schloss. Ihre Verschwiegenheit ist über jeden Zweifel erhaben und die Kranke wird bis zu ihrem Tod am 25. November 1837 aufopferungsvoll von ihr gepflegt.

Der auch in die Jahre gekommene Graf leidet an Gicht. Für seine Versorgung holt er sich den Sohn Johann Ehrhardt mit Frau und den beiden Kindern ins Schloss. Er nimmt – wie einst Scharr – die Stelle eines Hausverwalters und Kammerdieners ein. Der vielseitig Interessierte und belesene Johann Ehrhardt Schmidt kann sich in die geistigen Interessen des Grafen hinein versetzen. Vom Grafen bekommt er einen *Erdspiegel und mancherlei Bücher medizinischen und alchymistischen Inhalts* geschenkt. Wie ehemals Scharr hat auch er die Eishäuser Einwohner gesundheitlich beraten.[148]

Seine Frau Friederike geb. Gutjahr, ein Waisenkind, kann ebenfalls gut kochen. Dieser Einschnitt in der Haushaltsfüh-

---

147   [KÜHNER]: Die Geheimnisvollen ... S. 43.

148   HUMAN: Chronik der Stadt Hildburghausen. – 1886, S. 184.

rung, der Pflege des Dunkelgrafenpaares und der Verwaltung ist ein weiterer Grund, dass sich der Graf von der bewährten Köchin Johanna Weber trennt.

Johann Ehrhardt und Simon Schmidt

Johann Ehrhardt Schmidt

Er ist 1807 in Heldburg geboren und steht von 1821 bis 1845 in Diensten des Grafen, † am 18. Dezember 1879 in Wallrabs.

∞ seit 13. Mai 1832 mit der Vollwaise Friedrike Gutjahr. Der Ehe entstammen zwei Söhne, einer wird vom Grafen „Parnasso" genannt.

Simon Schmidt

Er ist am 4. Januar 1809 in Hildburghausen geboren worden und steht von 1826 bis 1845 in den Diensten des Grafen, † am 5. April 1850 in Hildburghausen.

∞ seit 21. April 1832 mit Katharina Dorothea Charr (Scharr), ihre Mutter ist Johanna Weber, Köchin beim Grafen de Vavel. Der Ehe entstammen zwei Söhne: (1) Johann Ludwig Schmidt (Pedrillo), * 10. November 1833 in Hildburghausen – (2) Johann Carl Schmidt , * 18. Juli 1836 in Hildburghausen, † 9. November 1906 in Hildburghausen.

Simon und Dorothea Schmidt bewohnen ab 1833 das Berghaus „Schulersberg". Merkwürdig ist, dass im Verzeichnis der Getrauten der Hofkirche von Hildburghausen der Geburtsname von Dorothea mit „Charr" angegeben ist. Das kann kein Schreibfehler gewesen sein, weil sich der Name Charr auch auf den Taufeintragungen ihrer beiden Söhne

313

Johann Ludwig (* 10. November 1833) und Johann Carl (* 9. Juni 1836), also in ganz unterschiedlichen Zeitabständen, wiederholt. Noch merkwürdiger allerdings ist, dass in dem genannten Traueintrag, in der Rubrik „Eltern" der Vater Johann Philipp Scharr überhaupt nicht angegeben ist, sondern nur Mutter, *Johanna Weber von hier, Köchin bey dem Grafen de Vavel.*[149] – Die Frage, ob hier etwas vertuscht worden ist, stellt sich erneut.

Die Informantin Dorothea Nothnagel

Der Diener Simon Schmidt ist nicht alt geworden, er stirbt einundvierzigjährig am 9. April 1850. Im Jahr darauf hat seine Witwe Dorothea, die Tochter des Dieners Scharr, den Schreinergesellen Johann <u>Georg</u> Martin Nothnagel aus Hildburghausen geheiratet. Im Verzeichnis der Hildburghäuser Hofkirche steht als Geburtsname *„Schaar"*, und in der Spalte „Eltern" ist auch ihr Vater *„Philipp Schaar, weil. Bedienter bei dem Grafen Vavel auf der Domäne Eishausen"* namentlich eingetragen worden. Vermutlich handelt es sich hier um einen Schreibfehler. Nicht verständlich dagegen ist, dass bei der Verheiratung von Dorothea 1832 mit Simon Schmidt der Name des Vaters weggelassen worden ist und er bei der zweiten Verheiratung 1851 mit Georg Nothnagel genannt wird. Dorotheas Mutter, Johanna Weber, und der Dunkelgraf sind beide 1845 gestorben. Daraus kann geschlossen werden, dass man bei der Eintragung für die erste Verheiratung auf den Grafen Rücksicht genommen hat, denn das Geheimnis muss um jeden Preis bewahrt bleiben.

---

149   Pfarrarchiv Eishausen.

Das Ehepaar Nothnagel hat im „Berghaus" auf dem Schulersberg eine Gastwirtschaft betrieben. Das Haus ist für die Hildburghäuser und auch auswärtige Gäste für mehr als 120 Jahre ein beliebtes Ausflugsziel gewesen. Für die Dunkelgrafenforscher Ludwig Bechstein, Dr. Friedrich Hofmann und Dr. Rudolf Armin Human ist Dorothea Nothnagel späterhin eine wichtige Informantin gewesen. Nach ihren eigenen Angaben hat sie vor ihrer Verheiratung mit Simon Schmidt acht Jahre lang bei ihrer Mutter im Eishäuser Schloss gewohnt, und ihr sind genaue Angaben zur Person der Gräfin zu verdanken.

Sie wußte zu erzählen, wie schön die Gräfin gewesen sei! Sie habe besonders große, herrliche blaue Augen gehabt, stets rote Wangen und sei, obwohl damals schon eine Fünfzigerin, noch immer sehr rüstig gewesen. Lange Zeit habe sie das Haar à la Titus getragen, vor allem seien ihre Haltung und ihr Gang so schön und vornehm gewesen, wie sie niedriger Gestellte gar nicht nachahmen könnten. – Wenn sie auf ihrem liebsten Weg da auf und ab wandelte, sang sie gern, immer jedoch traurige Weisen, leise vor sich hin; vergaß sie sich aber und wurde lauter, so daß der Graf es hörte, der sich in der Regel neben dem Hause aufhielt, so eilte er sofort herbei und warnte sie, damit ihr Gesang nicht Aufmerksamkeit errege. Und traurig schwieg sie dann ganz.

Human schreibt:

Im Hause trug die Gräfin meist lange Frisurschürze und ein feines weißes Jäckchen mit orangegelben Bändern besetzt, einen roten meist zurückgeschlagenen Shawl und ein weißes Spitzenhäubchen. – Zu den Ausfahrten aber schmückte sie sich stets mit den feinsten Kleidern nach der neuesten Pariser Mode.[150]

Sicherlich handelt es sich nicht um einen Frisierumhang

---

150   HUMAN: Dunkelgraf II. – S. 5.

aus heutigem Verständnis, sondern um einen „krausen Besatz an Damenkleidern". Es ist vermutlich ein Jabot gewesen. Das Tragen von Spitzenhäubchen für Damen ist zur damaligen Zeit, wir befinden uns im Biedermeier, üblich.

Dorothea Nothnagel hat auch erzählt, dass es zwischen Graf und Gräfin öfters erbitterte Szenen gegeben habe und dass die Dame sehr heftig geworden sei. Der Herr habe dann ihr gegenüber stets die höflichste Rücksicht und größte Geduld gezeigt. Nur einmal, nach einer besonders heftigen Auseinandersetzung, habe er davon gesprochen, sie in ein Kloster zu bringen. Dorothea hat aber bestätigt, dass solche Stürme auch rasch wieder vorüber gegangen seien. Aus der Apotheke aus Coburg hat sich der Graf jahrelang die verschiedensten Beruhigungsmittel kommen lassen. Nach den Angaben eines ehemaligen Provisors der Hofapotheke soll es sich um Baldrian, Pfefferminze und Bibergeil gehandelt haben.[151]

Von ihrem Vater Philipp Scharr hat Dorothea nur sehr wenig gewusst. Das gibt zu denken, wenn sie noch nicht einmal ihre Herkunft gekannt hat. Dorothea Papagena ist erst vier Jahre alt, als ihr „behördlich anerkannter Vater" stirbt, doch ihre Mutter, die einstige Köchin des Grafen, hat ihr nichts von ihrem Vater erzählt. Es gibt sicherlich auch hier wieder als Grund ein bedingungsloses Schweigen. Die Tochter hat nur gewusst, dass ihr Vater einen schweren Todeskampf hat durchstehen müssen und dass ihm die Beichte verweigert worden ist. Wie bereits an anderer Stelle erwähnt, hat man der alten Dienerin Katharina Schmidt kurz vor ihrem Tod den Wunsch nach einer Beichte ebenfalls verweigert. Der Kreis der Mitwisser um das Geheimnis von Hildburghausen und Eishausen soll so klein wie möglich gehalten werden.

---

151   Zettelnotiz im Dunkelgrafen-Nachlass von R. A. Human im Pfarrarchiv Eishausen.

Auch der Graf ist so in eine Zwickmühle geraten, die er trotz seiner hohen Intelligenz nicht lösen kann. Der das Ende ahnende Beschützer der Königstochter soll in größter seelischer Unruhe tagelang Papier verbrannt haben. Das gesamte Schloss habe danach gerochen, berichten Zeitzeugen. Er will noch ein Testament aufsetzen und bestellt nacheinander den Hildburghäuser Kreisgerichtsrat E. Rommel, den Eishäuser Pfarrer Pfitz und auch aus der ehemaligen Dienerschaft Dorothea Schmidt zu sich. Niemand der Beteiligten kann sagen, warum er die Absicht aufgegeben hat und die zu ihm Gebetenen ohne ein Ergebnis wieder gehen lässt. Eindeutig ist, dass der Graf mit dem Pseudonym „Vavel de Versay" kein gültiges Testament unterzeichnen kann, denn es ist unausweichlich nötig gewesen, den wahren Namen zu nennen und ihn urkundlich nachzuweisen, und das kann er nicht. So zögert er sein Testament immer wieder hinaus, bis es schließlich dafür zu spät ist.

In den Sterbestunden des Grafen hat Dorothea Nothnagel ihrer Schwägerin Friederike hilfreich beigestanden und ist auch bei seinem Tod zugegen. Als das Hildburghäuser Kreisgericht den Nachlass des Grafen unter Siegel hat nehmen wollen, bittet sie für sich um einige Andenken ohne nennenswerten materiellen Wert: Das französische Gebetbuch, den handgeschriebenen Geburtstagsbrief an den Grafen, ein von ihr abgeschriebenes Gedicht und einen Gedichtband mit Anmerkungen. Dorothea verwahrt auch einige Erinnerungsstücke an ihren Vater und den Dunkelgrafen, die sich heute im Besitz von Jürgen Schäfer befinden, einem Nachfahren des Dieners Scharr.

Beinahe ein halbes Jahrhundert hat Dorothea Nothnagel das einsame Grab hinter ihrem Haus am Stadtberg liebevoll gepflegt. Nach dem Tod ihres Schwagers, Johann Ehrhardt

317

Schmidt, im November 1879 ist sie die letzte Augenzeugin aus der Dienerschaft des Schlosses. Zu diesem Zeitpunkt ist der Graf bereits dreieinhalb Jahrzehnte tot, sie hat bei ihren Aussagen nichts mehr zu befürchten. Die Erinnerung an das Paar ist mehr und mehr verblasst, nur noch immer wieder erzählte und veränderte und umgedeutete Legenden machen im kleinbürgerlichen und bäuerlichen Leben der Hildburghäuser Region die Runde.

Dorothea Nothnagel ist fast 78 Jahre alt geworden, sie stirbt am 18. Januar 1890 an Altersschwäche, und Dr. Human hält ihre Grabrede.

An Stelle eines Nachworts

Damit endet unser Report „Auf den Spuren der Dunkel-gräfin".

Die Geschichte der Dunkelgräfin von Hildburghausen und Eishausen ist kein Mythos, keine Story und auch kein zu konservierendes Geheimnis zugunsten eines Nimbus, sondern ein politisches Drama von europäischem Ausmaß voll menschlicher Tragik, aber auch von erhabener Mensch-lichkeit.

Der große französische Romancier Honoré de Balzac schrieb:

l y a deux histoires, l'histoire, menteuse, qu'on enseigne, l'histoire ad usum Delphini: puis, l'histoire ecrète, ou sont les veritables causes des événements, une histoire honteuse ...

Es gibt zwei Arten der Weltgeschichte. Die eine ist die offizielle, verlogene, für den Schulunterricht bestimmte, die Geschich-te ad usum Delphini. Die andere ist die geheime Geschichte, welche die wahren Ursachen der Ereignisse birgt, aber auch die Schändlichkeiten ...

Geben wir das Geheimnis den nachfolgenden Generationen weiter.

Hildburghausen, im November 2007
und August 2012

Helga Rühle v. Lilienstern
Hans-Jürgen Salier

Helga Rühle v. Lilienstern

zum 100. Geburtstag

In den 200 Jahren seit der Ankunft des Dunkelgrafenpaares in Hildburghausen und Eishausen hat es zahlreiche Forscherinnen und Forscher gegeben, die sich bemühten, das Rätsel der geheimnisvollen Fremden zu entschlüsseln. Doch keiner hat ein so großes und fundiertes Wissen zu den Umständen dieses erstaunlichen Falles der Weltgeschichte zusammengetragen wie Helga Rühle v. Lilienstern.

Bis heute – im Alter von 100 Jahren – ist sie unermüdlich mit der systematischen Bearbeitung ihres riesigen Archivs beschäftigt: Viele neue Erkenntnisse und starke Indizien, mit denen die Vertauschungstheorie bestärkt wurde, sind ihrem Forscherdrang und ihrem wachen Geist zu verdanken.

Geboren wurde Helga Rühle v. Lilienstern am 14. Oktober 1912 in Berlin. Bereits in jungen Jahren verbrachte sie viel Zeit auf dem Familiensitz, dem Bedheimer Schloss. Nach einem Studium als Grafikerin und wissenschaftliche Zeichnerin an der Kunstschule in Dresden, illustrierte sie unter anderem für ihren Onkel Hugo Rühle von Lilienstern (1882 – 1946) dessen bedeutsame Dokumentation von prähistorischen Saurierfunden. Durch die Wirren des Krieges kehrte sie ab 1944 mit ihren Töchtern nach Bedheim zurück. Sie half dem Studienrat und Historiker Albert Buff beim Wiederaufbau und Ordnen des Heimatmuseums in Hildburghausen, dessen erste Leiterin sie 1950 wurde. Wenige Jahre später erhielt sie die Möglichkeit, als wissenschaftliche Illustratorin an der Humboldt-Universität in Berlin zu arbeiten. Dass der Abschied von der Heimat letztlich ein derart langer und schmerzlicher werden würde, war ihr zu dieser

Zeit vermutlich nicht bewusst. 1958 übersiedelte sie in den Westteil des geteilten Vaterlandes, folgte damit ihren Eltern, die bereits ein Jahr zuvor dem kommunistischen Regime den Rücken gekehrt hatten. Viele Jahre war Helga Rühle v. Lilienstern in der Öffentlichkeitsarbeit, vor allem auch im Bereich „Jugend forscht", beim Chemiekonzern BASF tätig.

Erst mit dem Eintritt ins Rentenalter, im Jahre 1972, waren für sie Reisen in die alte Heimat möglich. Ihr Interesse an der Geschichte der Region entflammte erneut. 1995 kehrte sie sogar nach Hildburghausen zurück, auch um hier ihre Forschungen mit großem Engagement weiterzuführen.

Die Stadt Hildburghausen hat ihr viel zu verdanken und verlieh ihr 2005 die Ehrenbürgerwürde. Fünf Jahre später wurde sie mit dem Bundesverdienstkreuz geehrt.

Helga Rühle v. Lilienstern mit Hans-Jürgen Salier auf dem 7. Symposium "Dunkelgraf und Dunkelgräfin", 2007 in Hildburghausen

Anhang

Die Eltern der Madame Royale

König Ludwig XVI.
(Louis XVI Auguste)

* 23. August 1754 in Versailles – † 21. Januar 1793, in Paris guillotiniert.
Die Eltern von Louis Auguste sind der Dauphin Ludwig Ferdinand (1729
– 1765) und Maria Josepha von Sachsen, Tochter von Friedrich August II.
Kurfürst von Sachsen und König von Polen.
Nach dem Tod seines ältesten Bruders steht Ludwig mit 6 Jahren nach
seinem Vater an zweiter Stelle der Thronfolge, nach dessen Tod 1765 wird
der 11-Jährige Thronfolger.
Nach dem Tod seines Großvaters, Ludwig XV., am 10. Mai 1774, wird der
19-Jährige als König Ludwig XVI. von Frankreich und Navarra gekrönt,
1791/92 ist er König der Franzosen. Nach dem Sturm auf die Tuilerien
am 10. August 1792 wird Ludwig XVI. als König suspendiert und vor
der Nationalversammlung des Hochverrats angeklagt und am 21. Januar
1793 enthauptet.
Am 16. Mai 1770 heiratet der 15-jährige Dauphin die 14-jährige habs-
burgische Prinzessin Marie Antoinette, Tochter des Kaiserpaares Franz I.
und Maria Theresia.
Ludwig gilt schon in der Kindheit als intelligent und ist mit handwerk-
lichen Fähigkeiten ausgestattet. Hervorzuheben sind seine wissenschaftliche Interessiertheit und sein moralisches Handeln. Im Gegensatz zu
seiner Gemahlin und seinen Brüdern, den nachmaligen Königen Ludwig
XVIII. und Karl X., liebt er die höfische Repräsentation nicht.
Der Staat ist enorm verschuldet, und es kommt wegen radikaler Reformen
im Land, die auf den Widerstand des Adels stoßen, zu ersten Unruhen.
Der König stärkt Frankreich als Seemacht gegenüber Großbritannien und
engagiert sich im amerikanischen Unabhängigkeitskrieg gegen Großbritannien. Das hat beträchtliche negative Auswirkungen auf die kaum noch
mehr zu konsolidierenden Staatsfinanzen. Als letzter Versuch gilt die Einberufung der Generalstände am 5. Mai 1789.

Königin Marie Antoinette

* 2. November 1755 in Wien – † 6. Oktober 1793, in Paris guillotiniert. Ihre Eltern sind Franz I., Kaiser des Heiligen Römischen Reiches Deutscher Nation, und Kaiserin Maria Theresia. Marie Antoinette ist das letzte und 15. Kind ihrer Eltern.

Sie wird in Österreich Maria Antonia genannt und auf den Namen Maria Antonia Josepha Johanna, Erzherzogin von Österreich, getauft. Die französische Version ihres Namens erhält sie erst bei ihrer Hochzeit. Ihre Taufnamensgeber sind die Jungfrau Maria, der heilige Anton von Padua, ihr älterer Bruder Joseph und der heilige Johannes.

Im Zuge der österreichischen Heiratspolitik ersucht Ludwig XV. nach langen Verhandlungen um die Hand der Erzherzogin Maria Antonia für seinen Enkel und Erben, den Dauphin Louis Auguste. Nach Unterzeichnung des Heiratsvertrags kommt es am 19. April 1770 zur Hochzeit „per procuration" in der Augustinerkirche in Wien. Am 21. April verabschiedet sich die Erzherzogin in Wien und der große Brautzug begibt sich auf die Reise. Auf einer Rheininsel nahe Strasbourg wird sie am 7. Mai übergeben, muss sich von ihren österreichischen Freunden und Begleitern verabschieden und wird mit französischen Gewändern eingekleidet. Sie ist jetzt die französische Dauphine Marie Antoinette. Am 16. Mai 1770 findet die eigentliche Vermählung in Versailles statt.

Ihre anfängliche Beliebtheit schwindet recht bald wegen ihres vergnügungssüchtigen und verschwenderischen Lebenswandels nicht nur im Volk, sondern auch bei den Höflingen. Sie gerät in offene Konflikte mit der anti-österreichischen Partei am Hof und mischt sich eigenmächtig in die Personalpolitik ein. Sie erhält den Beinamen „l'Autrichienne" (die Österreicherin). Zudem hat sie einen verhängnisvollen politischen Einfluss auf die Reformpolitik des Königs und seiner Regierung genommen, ohne selbst nennenswerte politische Ambitionen als Königin von Frankreich zu zeigen. Sie missachtet die strenge Hofetikette und steht auch wegen ihres Lebenswandels in der Kritik. Ihre Hauptinteressen gelten Modefragen und vor allem ihrem Lustschloss „Le Petit Trianon" in Versailles, zu dem nur Freunde und Gönner Zugang haben.[152]

---

152 Zu weiteren biografischen Daten der Eltern der Marie Thérèse Charlotte von Frankreich s. Kapitel „Das große Geheimnis von Hildburghausen und Eishausen".

Die Kinder Ludwigs XVI. und Marie Antoinettes von Frankreich

Marie Thérèse Charlotte von Frankreich

19. Dezember 1778, Versailles – † 25. November 1837, Eishausen bei Hildburghausen
Madame Royale
Die Prinzessin wird benannt nach ihrer Großmutter, der österreichischen Kaiserin Maria Theresia.
Nahezu zwei Jahrzehnte nach ihrem Tod bürgern sich nach Bechsteins Buchveröffentlichung (1854) „Der Dunkelgraf" die Namen „Dunkelgräfin" für die Prinzessin und „Dunkelgraf" für ihren Begleiter Leonardus Cornelius van der Valck al. Vavel de Versay ein.
Zusammen mit ihrem sechseinhalbjährigen Bruder Louis Charles, dem späteren Dauphin († 1795), verlebt sie unbeschwerte und luxuriöse Kindheitsjahre an den Höfen von Paris und Versailles. La petite mousseline nennt man sie, sie hat ein zartes Gesicht und eine reizende Stupsnase.
1788 bekommen beide Königskinder eine Erzieherin, die Marquise de Tourzel, deren siebzehnjährige Tochter Pauline von den Kindern sehr geliebt worden ist. Die kleine Prinzessin erhält auch eine gleichaltrige Spielgefährtin, nämlich Ernestine de Lambriquet. Deren Mutter ist im Frühjahr 1788 verstorben. Königin Marie Antoinette hat das Kind adoptiert, da es bourbonisches Blut in sich trägt.

Louis Joseph Xavier François de Bourbon (Ludwig Joseph)

22. Oktober 1781, Versailles – † 4. Juni 1789, Château de Meudon
Titularherzog der Bretagne (seit Geburt)
Dauphin von Viennois (seit Geburt)
Er erhält eine jährliche Apanage von 10.000 Livrees. Zu seinem eigenen Hofstaat gehören als Erzieher Marie François Herzog von Harcourt und als Gouvernante Gabrielle Herzogin von Polignac.
1786 erkrankt er an Rachitis, es zeigen sich Verkrümmungen der Wirbelsäule und Wachstumsstörungen in den Gliedmaßen. Seit 1789 leidet er an Tuberkulose.

Nach seinem Tod wird er in Saint Denis bestattet. Sein Nachfolger als Dauphin wird sein Bruder Louis Charles.

Nach Louis Joseph ist im US-Bundesstaat Pennsylvania das Gebiet Dauphin County 1785 als Dank an die Franzosen für ihre Hilfe beim Unabhängigkeitskrieg benannt worden.

Louis Charles de Bourbon
(Ludwig Karl)

auch Charles Louis de Boubon (Karl Ludwig)
27. März 1785, Versailles – † 8. Juni 1795, Paris
Titularherzog der Normandie (seit Geburt)
Dauphin (seit 1789)
Ludwig XVII. (von den Legitimisten ausgerufen)
Nach dem Tod seines älteren Bruders Louis Joseph Xavier François 1789 ist er Dauphin de Viennois und somit Kronprinz von Frankreich.
Nach der Hinrichtung König Ludwigs XVI. wird Louis Charles 1793 vom Bruder Ludwigs, dem Grafen von Provence, und dem französischen Emigrantenheer zum König Ludwig XVII. ausgerufen. Der Dauphin wird im Temple, dem Pariser Staatsgefängnis, zu dem revolutionstreuen Schuster und Kerkermeister Antoine Simon „in Erziehung gegeben". Nachdem Simon selbst zur Zeit der Terrorherrschaft auf der Guillotine geendet ist, kommt der Dauphin vermutlich wieder in den Temple zurück, wo er verstirbt. Die Ursachen des Todes des Thronfolgers sind umstritten: Misshandlungen oder Tuberkulose.
Als sein Nachfolger besteigt sein Onkel, der Graf von Provence, nach dem Sturz von Kaiser Napoléon 1814 als König Ludwig XVIII. den Thron.
Der bourbonentreue Arzt Philippe Jean Pelletan hat nach dem Tod von Louis Charles dessen Herz herausgeschnitten und es in Alkohol konserviert. Auf verschlungenen Wegen ist es über Österreich, Italien und Spanien 1975 in die Kapelle Saint Denis nördlich von Paris gelangt und wird dort in einer mit Alkohol gefüllten Kristallurne aufbewahrt.
Wegen begründeter Zweifel geben sich in der folgenden Zeit bis zu 100 Betrüger und Abenteurer als der entkommene Dauphin aus. Der deutsche Uhrmacher Karl Wilhelm Naundorff (1785 – 1845) beispielsweise wird von den Niederlanden sogar anerkannt, und seine Nachkommen dürfen sich laut Erlass des niederländischen Königs Wilhelm II. ab 1865 „Prince de Bourbon" nennen. Naundorff hat auch Marie Thérèse Charlotte von Frankreich (Herzogin von Angoulême) zur Herausgabe ihm

angeblich gehörender Gegenstände verklagt. – Das bourbonische Königshaus lehnt ihn aber damals wie heute ab, und eine DNS-Analyse 1993 hat ergeben, dass auch Naundorff einer dieser Betrüger gewesen ist. Im Jahr 2000 haben belgische und deutsche Wissenschaftler im gentechnischen Vergleich mit weiteren Nachkommen der Maria Theresia festgestellt, dass es sich um das Herz des Dauphins handelt. Es ist am 8. Juni 2004 in der Basilika Saint Denis beigesetzt worden.

Marie Sophie Hélène Beatrice de Bourbon

9. Juli 1786, Versailles – † 18. Juni 1787, Versailles
Prinzessin von Frankreich und Navarra
In der späteren Entwicklung des Säuglings treten körperliche Missbildungen auf, die vemutlich auf einen Abtreibungsversuch hindeuten, auch das ständige Korsetttragen der Königin kann Ursache gewesen sein. Überliefert ist, dass sie an einer Art Lungentuberkulose verstorben ist.

Ernestine de Lambriquet

Tochter von König Ludwig XVI. und der Hofdame Philippine de Lambriquet
* 31. Juli 1778 – † 19. Oktober 1851, Schloss Frohsdorf (Lanzenkirchen) bei Wien, Niederösterreich
Madame Royale, Herzogin von Angoulême
Dauphine (1824 – 1830/36)
Titularkönigin von Frankreich (1836 – 1844)
Ernestine wird knapp fünf Monate vor der Geburt der Königstochter Marie Thérèse Charlotte von Frankreich geboren. Ihre Eltern sind die Kammerfrau Philippine de Lambriquet geborene Godfroy, und König Ludwig XVI. von Frankreich. Ihr Stiefvater ist der königliche Hofmantelträger Ludwigs XVI., Jacques de Lambriquet, Ehemann von Philippine de Lambriquet.
Nach achtjähriger kinderloser Ehe hat sich König Ludwig XVI. an einer Phimose operieren lassen und „testet den Erfolg" des Eingriffs – vielleicht auch auf Anraten der behandelnden Ärzte – an seiner Hofdame Philippine de Lambriquet. Ernestine kommt am 31. Juli 1778 und genau ein halbes Jahr eher als die tatsächliche Madame Royale zur Welt, die 1837 in Eishausen verstorbene Marie Thérèse Charlotte von Frankreich.

Nach dem Tod ihrer Mutter am 30. April 1788 wird Ernestine de Lambriquet von Königin Marie Antoinette adoptiert. Ihre königliche Geburt wird damit legitimiert, da sie bourbonisches Blut in sich trägt. Die Prinzessin und Ernestine wachsen gemeinsam auf, und Ernestine gehört fortan zur königlichen Familie.

Beide werden vermutlich am 26. Dezember 1795 in Hüningen, einem französischen Grenzort nahe Basel, ausgetauscht.

Marie Thérèse Charlotte von Frankreich, die eigentliche Dauphine, ist die „Dunkelgräfin".

Ernestine de Lambriquet wird die nachmalige Herzogin von Angoulême.

Auch in Fürstenkreisen bestehen zum Zeitpunkt Zweifel an der Echtheit der Madame Royale. Es wird erkannt, dass sie aus höfischem Milieu stammt, das zeigt ihr Auftreten. Es ist davon auszugehen, dass sie Ernestine de Lambriquet gewesen ist, die Adoptivschwester der echten Prinzessin, der eigentlichen Madame Royale.

Im Laufe der Zeit verdichtet sich in Kreisen des europäischen Hochadels der Verdacht, der allerdings weitestgehend Tabu-Thema bleibt, dass Ernestine auch eine Tochter von Ludwig XVI. gewesen ist.

Augenzeugenberichte
(Aus dem Nachlass Human)

In den Jahren 1831-32 habe ich die Gelegenheit gehabt einige Fuhren für den sogenannten Dunkelgrafen zu thun. Es war dieß 1. eine Fuhr Möbels dann ein Kistchen Wein und später dann ein Ofen. Weitere Auskunft kann ich nicht geben, da man mit den Bedienten kein Wort sprechen durfte und mein Wagen sofort abgeladen wurde, worauf ich sofort und ohne mich unzusehen fortfuhr. Als ich ein anderes Mal vom Pfaffengrund herauf kam, sah ich den Dunkelgrafen samt der Gräfin auf der Chaussee, sie gingen neben einander und hinter ihrer Kutsche her. Die Gräfin hatte den Schleier zurückgeschlagen und ich kann nur sagen, daß sie sehr schön gewesen ist. Als mich der Graf gewahrte, rief er dem Kutscher zu, er solle halten, hob die Gräfin hinein, folgte und schlug den Schlag zu, worauf der Wagen über die Marienstraße nach dem jetzigen Rath-Vogels-Haus fuhr.

(Ohne Unterschrift und Datum)

Eishausen, den 15. Dezember 1882.
<u>*Geehrtester Herr Doctor.*</u>
Um meinen Auftrag zu erfüllen, da ich jetzt selbsten keine Gelegenheit habe selbsten nach Hildburghausen zu kommen so bin ich bereit Ihnen schriftlich mitzutheilen, wie ich mit Erasmuß Machhold über diese Geschichte zusammen kam.
Ich besuchte denselben da er jetzt nicht mehr ausgeht in seiner Wohnung, erzählte Ihn das Ihnen sehr viel daran gelegen sei Auskunft zu erhalten über den alten Herrn General von Heßberg der vor den Dunkel-Grafen in Eishausen im Schloß gewohnt habe, welche und was für Leute um sich gehabt hätte. Hauptsächlich Frau, Mägde, Besuch, kurz und gut was für Umgebene. Darauf erklärte er mir das der alte Herr General von Heßberg im Jahre 1798 gestorben sei und er in denselben Jahr geboren worden wäre so könnte er auf diese Weise auch nichts gewiesen angeben. Weiter erzählte er mir noch von den Dunkel-Grafen das er ein sehr guter Mann gegen arme Leute gewesen sei das viele ihre Monats-Gelder beständig erhalten hätten, die Nachtwächter zu Ostern, Phingsten und Weihnachten einen halben Kronthaler. Bei kalten Wintern habe er Holz gekauft dasselbe unter arme Leute die sich nichts holen konten, vertheilen.

Das er mit seiner Gemahlin die erste Zeit öfters spatzieren gefahren sei die Frau Gräfin habe so große Freude an dem Schafvieh gehabt hätte sich öfters wen sie den Schäfer im Flur bemerkt habe sich hinausfahren lassen um die Schafe zu betrachten und sich daran zu erfreuen später wären sie immer heimlicher geworden und es wäre ihnen am liebsten gewesen wen Ihnen auf Ihren kurzen Weg in den Grafengarten wo sie spatzieren gingen, begegnet ist, sich schnell wechwärts gedreht hätten, als hätten Sie gar Niemand gesehen. Diese Leute wären am besten bei Ihm angesehen gewesen er sei auch ein sehr kluger und gescheiter Mann gewesen zum Beispiel wenn Ihn etwas gefehlt hätte so habe er Sich selbsten verschrieben und kuriert aber alle Medicin in Koburg holen lassen niemals in Rodach oder Hildburghausen. Sein Geld habe ein mal von Koburg herbekommen, ein andres mal von Königshofen dan ein mal wieder von Hildburghausen nie habe es einen Weg gehabt und im Jahre 1810 wäre er nach Eishausen gekommen sonstige Eigenschaften die er an sich hatte kann Erasmus Machhold nach erzählen.

Einen schönen Gruß von meinem Vater.

August Siegler.

Römhild d. 21. Juni 1881

Mein hochverehrter Herr Doctor.

... Es sollte mich freuen, wenn ich Ihnen über den Dunkelgrafen, resp. die Gräfin, recht viel mittheilen könnte, was Ihnen noch nicht bekannt ist; hören Sie denn, was Kambach aus seiner Erinnerung zusammen zu stellen weiß.

Kambach ist in Hildburghausen bei seinem <u>Onkel</u> gewesen, denn er selbst ist nicht in Hildburghausen geboren, sondern irgendwo in Polonia.

Kambachs Onkel hat für den Grafen gearbeitet: auch wenn etwa im Winter die Arbeit einmal nicht stark ging, so wurde auf Vorrath gemacht, u. der Graf war immer Abnehmer. So hat er nicht nur das Schloß zu Eishausen vollständig möbliert, sondern auch das Haus, in welchem jetzt Rath Vogel wohnt. Dieses war sein Absteigequartier. Früher hatte er eigene Pferde nebst Kutscher. Das hat er lästig gefunden: Deswegen wurden Postpferde bestellt, wenn er nach Hildburghausen fahren wollte. Der Glaswagen (mit Vorhängen) war geschlossen: die Pferde wurden in Eishausen in dem geschlossenen Hof vorgelegt, u. in den geschlossenen Hof zu Hildburghausen wurde hineingefahren (nur zu diesem Zwecke geöffnet) u. der Postillon bekam den Grafen nicht zu sehen.

Die Gräfin aber hat Niemand zu sehen bekommen. Kambachs Onkel hat zwar den Sarg gemacht (die Handhaben sind von dem Schlosser Caspar Frank gefertigt), aber bei dem Hineinlegen in den Sarg ist weder er, noch sein Onkel zugegen gewesen. Die Leiche ist nach Hildburghausen gefahren worden, bis an die Stelle, wo es den Schulers Berg hinaufgeht: u. das Begräbnis fand mit Fackeln statt, Abends um 9 (den Tag weiß er nicht mehr) im J. 1839. Die Träger bekamen pr. Mann 1 Ducaten. – Ganz still, ohne Geistlichkeit. –

Als die Gräfin gestorben war, ist das Gericht eingeschritten. Dabei hat Er sich genannt Graf Vavel van der Valk, und sie: Sophie Botta. Er hat zugleich circa 6000 Thaler als das Vermögen derselben deponiert. Das Gericht hat einen Aufruf erlassen, es haben sich aber keine Erben gemeldet, u. das deponierte Geld ist dem Fiscus anheimgefallen.

Man hat gemeint, sie sei eine preuß. Prinzessin, od. eine französ. Prinzessin; man hat ferner geglaubt, die Herzogin v. Hildburghausen sei in das Geheimnis eingeweiht. Der Graf aber ist nie vor dem Herzogl. Schloß vorgefahren, u. die Herzogin ist nie nach Eihausen gekommen.

Als der Graf gestorben ist, sind Erben aus Holland gekommen. Die Auction im engl. Hof hat mehrere Tage gedauert: Die Sachen sind zu dem Ende von Eishausen hineingeschafft worden.

Kambach hat den Grafen mehrmals gesprochen, in dem Hildburghäuser Absteigequartier. Der Diener hat ihm dabei in die Hand gegeben, der Graf liebe das neugierige Umsehen in dem Zimmer nicht; er solle kurz antworten, was er gefragt würde. Zuerst habe er nach dem Tod seines Onkels für den Grafen 2 Bettstellen gefertigt, die aber nicht nöthig waren, ebenso einen Secretär, der auch nicht gebraucht worden sei, ferner ein Stück Zaun in der Hege. Schon zu seines Onkels Zeit habe der Graf immer in Kronthalern gezahlt, dann in preuß. Thalern, aber immer im Ganzen, für die überschüssigen einzelnen Kreuzer habe er immer ein ganzes Stück hinzugefügt: So habe der Diener das Geld gebracht. – Niemand habe gewußt, woher das Geld kam. Den Sarg für den Grafen hat Casp. Christ in Eishausen gemacht, damals ein alter Mann. Die Statur des Grafen beschreibt K. als mittlere, stark, die Gesichtsfarbe gesund. – blauer, gewöhnlicher Rock – er hat ihn in der Zeit, wo er ihn gesprochen (39-41) auf circa 70 Jahre taxiert. Ob das Haupthaar weiß oder grau gewesen sei, dessen erinnert sich K. nicht: Der Graf habe stets eine Kopfbedeckung getragen: er habe ausgesehen wie der Kammerdiener Grimm. Der Graf sei stets unbelästigt geblieben, um seiner vielen Wohltaten willen. Häufigst habe es in der Zeitung geheißen: „Von einem ungenannten Wohlthäter" – Alle Neujahr hätten die Burschen in Eishausen 50 Thaler bekommen, damit sie das Schießen unterließen, was er nicht leiden konnte. Über „Philipp Scharre" weiß K. nichts anzugeben, es müßte das wohl der erste Diener des Grafen gewesen seyn, den er mitgebracht. K. hat blos die 2 Diener Schmidt gekannt (Brüder.) Der Vater lebte in Wallrabs in einem Hause, das ihm der Graf gekauft: Dieses Haus hat der ältere der beiden Brüder bekommen. Der jüngere hat den Schulers Berg bekommen. Dessen Frau soll noch leben.

Die Dienerschaft habe mit der Außenwelt nicht verkehren dürfen: K. meint,
es hätten die Diener auch die Köchinnen usw. heirathen müssen, damit alles
zus. geblieben sei. Ein Diener war stets in Hildburghausen in dem Vogel'schen
Haus, der andere in Eishausen. Ehe der Graf nach Eishausen zog, habe er auch
in Hildburghausen gewohnt (im Radefeldischen Hause?)

Das ist es, lieber Herr Doctor, was Kambach mitzutheilen wußte: u. es wird
das wohl auch auf Wahrheit beruhen: wenigstens hat er bei dieser oder jener
Frage ganz unumwunden sein Nichtwissen declariert.

Aber, können Sie es denn über's Herz bringen, das Grab der Gräfin öffnen zu
lassen? Es ist doch hart, wenn man nicht einmal im Tode Ruhe finden soll,
nachdem man im Leben wie ein vom Baume losgerissenes Blatt umher gewir-
belt worden ist. – „Laßt ruhn die Todten!" ...

Mit bester Empfehlung Ihr ganz ergebener Koch (Pfarrer)

Coburg 10. Juli 1881
Ew. Hochwürden

Geehrte Zuschrift vom 16. d. M. – welche Sie an die ehem. Meusel'sche Buch-
handlung adressierten, letztere aber seit Mai 1875 durch Kauf in unseren
Besitz überging (der letzte Meusel starb im Herbst 1875 ohne männliche Er-
ben) – wollen wir soweit wie möglich durch Schreiber dieses, – welcher v. 1829
bis 1875 in der Meusel'schen Buchhandlung war u. in unser Geschäft mit
übertrat, zu beantworten suchen. Leider sind die Geschäftsbücher aus jener
Zeit nicht mehr vorhanden, u. ebenso wenig irgend etwas Schriftliches von
der Hand <u>des Grafen</u>, denn es war strenger Befehl, daß seine Bestellzettel –
(ohne Unterschrift u. Ort, nur Datum) stets mit den gewünschten Sachen
zurückgingen u. gewissermaßen als Rechnung benutzt wurden – Der „Graf"
erhielt von uns jeden Dienstag per Postpaket unter Adresse „Philipp Scarre in
Hildburghausen" die neuesten eben erschienenen Zeitschriften aus unserem
Lesezirkel zugesandt, u. zwar – soviel ich mich noch erinnere: Leipz. Moden-
zeitung (existiert noch), Journal des Dames, Blätter f. literar. Unterhaltung
(Brockhaus), Halle'sche und Jenaische Literaturzeitung, Stuttg. Morgenblatt,
der Freimüthige u. der Komet – in Wochenheften (<u>ganz neu zuerst</u> –) welche
Hefte am nächsten Freitag durch einen besonderen (Eishäuser) Boten wieder
an uns zurückkamen – unter Beilegung von à 15 Kr. Lesegeb. für jedes Heft.
– (schon gelesene Journale durften nicht versandt werden!)

Auch aus uns. Leihbibliothek erhielt der „Graf" die <u>neu</u> erschienenen Werke,
histor. romant. Inhalts -; sonstige Werke –, hauptsächlich <u>französische</u> – wur-
den viele von ihm gekauft – aber nur auf Bestellung, – Ansichtssendungen gab
es nicht! – Deutsche Erscheinungen der Literatur kaufte er fast alle.

Überhaupt bezog der „Graf" aus Coburg fast alles, was im Haus gebraucht wurde, Conditoreiwaren, Gemüse – die ersten, welche aufzutreiben waren, Pflanzen für den Garten u. Sämereien, sowie alles wesentliche aus der Apotheke.

In dem 4. Bande des Werkes von Bülau: „Geheimnisvolle u. Rätselhafte Menschen pp (Brockhaus) ist vieles über den Eish. Geheimnisvollen enthalten; falls Sie dieses Buch nicht kennen ollten, wollten wir Sie darauf aufmerksam machen. – Das Werk von Pfarrer Büchner über denselben wird Ihnen bekannt sein. –

Leider ist das Alles, was wir noch aus der Erinnerung Ihnen mittheilen konnten!

Hochachtungsvoll zeichnet

J. G. Riemann'sche Hofbuchhandlung

Zettelnachricht

Im Rautenkranz logiert ein Herr mit Namen Reinhard, wohnhaft in Baireuth, Reisender für ein Drogeriegeschäft in Nürnberg, ein Original, 75 Jahre alt, gelernter Apotheker, war gestern abends bei Sendelbach, erzählte, daß er 1838-40 Provisor gewesen sei in der Hofapotheke zu Coburg, hat daselbst viele Rezepte gefertigt, die der Eishäuser Graf für die geheimnisvolle Dame gefordert, alle wie sie ein Arzt schreibt (Baldrian, Pfefferminz, Bibergeil, wie für ein hektisches Frauenzimmer).

Er reist heute um 5 Uhr Nachmitt. nach Römhild.

Mit bestem Gruß H. K.

Glossar

Adel (Titelfolge Deutsch – Französisch)

Kaiser – Impereur	Kaiserin – Imperatrice
König – Roi	Königin – Reine
Erzherzog – Archiduc	Erzherzogin – Archiduchesse
Herzog – Duc	Herzogin – Duchesse
Fürst – Prince	Fürstin – Princesse
Markgraf – Marquis	Markgräfin - Marquise
Graf – Comte	Gräfin – Comtesse
Freiherr – Baron	Freifrau – Baronne
Ritter – Chevalier	
Edler, Edle – Equité/écuyer	
Herr – Sieur, Seigneur	

Altes Reich   (s. Heiliges Römisches Reich Deutscher Nation)

Ancien régime (frz. „alte Regierungsform")
hier: Bezeichnung für das Herrschafts- und Gesellschaftssystem des abso-
lutistischen Frankreichs vor 1789.

Arrondissement
Hier: Französischer Verwaltungsbezirk, dem Département untergeordnet.

Aufklärung
Hier: Reformbewegung im 17. und 18. Jh. in der westlichen Gesellschaft.
Sie ist von dem Bestreben geprägt, das Denken mit den Mitteln der Vernunft von althergebrachten, starren und überholten Vorstellungen (Über-
windung der mittelalterlich-christlichen Lebenshaltung), Vorurteilen und
Ideologien zu befreien.
*Aufklärung ist der Ausgang des Menschen aus seiner selbstverschuldeten Un-
mündigkeit. Unmündigkeit ist das Unvermögen, sich seines Verstandes ohne
Leitung eines andern zu bedienen. Selbst verschuldet ist diese Unmündigkeit,
wenn die Ursache derselben nicht am Mangel des Verstandes, sondern der Ent-
schließung und des Muthes liegt, sich seiner ohne Leitung eines andern zu
bedienen. Sapere ade! Habe Muth, dich deines eigenen Verstandes zu bedienen!
ist also Wahlspruch der Aufklärung.* (Immanuel Kant)

Bastille
Ursprünglich in Frankreich Bezeichnung für alle befestigten Türme und Schlösser, später wird der Name für die Burg im Osten von Paris bei dem Tor Saint-Antoine (erbaut 1369 – 1383) verwendet, sie dient seit dem 17. Jh. als Staatsgefängnis für politische Gefangene. Am 14. Juli 1789 (heute: Nationalfeiertag) als Symbol des frz. Despotismus gestürmt, wenig später zerstört.

Batavische Republik
Batavia – lateinischer Name der Niederlande. 1795 – 1806 Name der von der Frankreich abhängigen Republik der Vereinigten Niederlande.

Bourbon
Name eines alten französischen Geschlechts, das sich nach dem Schloss Bourbon in der Landschaft Bourbonnasi *(Castrum Borboniense, heute: Bourbon l'Archambault)* nennt. Angehöriger eines frz. Herrscherge-schlechts, Haupt- und Nebenlinien.

Dauphin
Titel des frz. Thronfolgers bis 1830, in der Verfassung von 1791 durch die Bezeichnung *Prince Royal* ersetzt. Thronfolgerin: Dauphine.

Dekret
Verfügung, Erlass, Entscheidung, Anordnung; behördliche od. richter-liche Verfügung.

Département
Hier: Verwaltungseinheit. In Frankreich seit 1740 Verwaltungskreis, dem ein Präfekt mit einem gewählten Generalrat vorsteht.

Despotismus
Gewaltherrschaftliches System.

Deutscher Bund
Auf dem Wiener Kongress am 8. Juni 1815 gegründet. Zusammenschluss der souveränen deutschen Fürsten und Freien Städte zu einem unauflös-lichen Bund von zunächst 41 – 1863 = 35 Mitgliedern zur Erhaltung der inneren und äußeren Sicherheit. Als Folge des Deutsch-Deutschen Krieges (17.06. – 26.07.) löst sich der Deutsche Bund am 23.08.1866 in Augsburg auf.

334

Diözese
In der röm.-kath. Kirche Amtsbezirk eines Bischofs. Zeitweise auch Bezeichnung in der ev.-luth. Kirche (z. B. ehem. Landdiözese Hildburghausen).

Domäne, Domaine (von lat. dominium = Herrschaftsgebiet) Staatsgut, Staatsbesitz.

Dorfzeitung
Die „Dorfzeitung", Verlagsort Hildburghausen, ist am 2. Februar 1818 von Dr. C. L. Nonne und Superintendent Christian Hohnbaum (Rodach), Dr. Carl Hohnbaum u. a. gegründet worden. Ende des 19. Jh. ist sie ein verbreitetes Volksblatt in Dt., sie erscheint im Kesselringschen Verlag. Zu Beginn ist die Dorfzeitung ein kleines unscheinbares Wochenblatt, das wegen seiner Volkstümlichkeit und Liberalität zur *öffentlichen Macht* (Human) wird. Oft muss die Zensur zu Zeiten des Deutschen Bundes einschreiten. Bald erscheint die Zeitung 2 x wöchentlich, seit 1848 4 x, ab 1871 6 x. – Bedeutende Mitarbeiter sind Wölfing, Laurich, v. Baumbach, de la Motte Fouquè, Rückert, Barth, v. Schuler, Kühner, Dr. Hofmann u. a. Redaktion und Druckerei sind anfangs getrennt, der Druck erfolgt von 1818 – 1886 bei Gadow & Sohn, die Redaktion befindet sich in zwei Zimmern der Neustädter Apotheke. 1886 zieht sie in das Schellersche Wohnhaus bzw. in die späteren Lagerräume und Garagen in der Geschwister-Scholl-Str. 26 ein (bis 2006 Offizin Hildburghausen GmbH und Verlag Frankenschwelle KG), an das später noch ein Maschinensaal (1899) und ein Haus für den Schriftsatz erbaut worden ist. 2006 fällt der Bau einem Brand zum Opfer und wird abgerissen.

Duodezfürstentum
Spöttische Bezeichnung für einen dt. Kleinstaat und deren Fürsten. Typische D. in der Region sind z. B. gewesen die schwarzburgischen Fürstentümer, die Fürstentümer Reuß sowie die ernestinischen Herzogtümer (Sachsen-Römhild, Sachsen-Hildburghausen, Sachsen-Meiningen, Sachsen-Coburg).

Edikt
Amtlicher Erlass, Gesetz, Vorschrift.

Ephorie
Kirchlicher Aufsichtsbezirk.

Ephorus
Dekan in der reformierten Kirche.

Fourage (auch Furage)
Militärische Bezeichnung für Lebensmittel, Mundvorrat, Futter.

Freimaurerei
Mitglieder einer internationalen Bruderschaft, die sich einer humanitären Geisteshaltung und der Toleranz verschrieben haben. Die spekulative (vergeistigte) Freimaurerei entsteht Anfang des 18. Jh. Symbolik und Riten gehen zurück auf die mittelalterlichen Dombauhütten. Im Mittelpunkt der modernen Freimaurerei steht die Arbeit am „Rauen Stein" der eigenen Persönlichkeit. F. treffen sich in sog. Logen zur Tempelarbeit. Die Freimaurerei wird oft verfolgt und von Gegnern in die Nähe von Geheimorganisationen und Weltverschwörern gerückt. Bekannte Hildburghäuser Freimaurer sind: Herzog Friedrich, F. Rückert, C. L. Nonne, H. W. Rathke und vermutlich auch Leonardus Cornelius van der Valck (Dunkelgraf).

Guillotine
Hinrichtungsgerät. Trapezförmiges Fallbeil, benannt nach ihrem Miterfinder, dem frz. Arzt J. I. Guillotin. Mittels eines in Führungsschienen schnell herabfallenden Beiles wird der Kopf vom Rumpf getrennt. Während der Französischen Revolution wird im August 1792 erstmals die Hinrichtung eines politisch Verurteilten mit dem Gerät vollzogen. Zwischen 1793 und 1794 sind ca. 50 Guillotinen in Frankreich im Einsatz. In Paris werden im Juni/Juli 1794 über 19.600 Menschen hingerichtet, in ganz Frankreich etwa 42.000. – Mit dem frz. Strafrecht kommt die G. unter den Bezeichnungen Fallschwert od. Fallbeil in die Rheinbundstaaten. Nach dem Reichsstrafgesetzbuch in Deutschland von 1871, das das Enthaupten als Todesstrafe vorgesehen hat, ist das Fallbeil das einzige Hinrichtungsgerät.

Habit (lat. habitus)
Aussehen, Kleidung, auch Amtskleidung, Ordenstracht, auch Bezeichnung für wunderliche merkwürdige Kleidung.

Heiliges Römisches Reich Deutscher Nation (HRRDN)
(lat. Bezeichnung SRI für *Sacrum Romanum Imperium*)
Heiliges Römisches Reich = offizielle Bezeichnung für den Herrschaftsbereich der römisch-deutschen Kaiser vom 10. Jh. unter der Dynastie der Ottonen, hervorgegangen aus dem karolingischen Ostfrankenreich, bis 1806.

Urkundlich ist der Name *Sacrum Imperium* (1157) und der Titel *Sacrum Romanum Imperium* (1254) urkundlich belegt. Seit dem 15. Jh. kommt der Zusatz *Deutscher Nation* hinzu. Die Herrscher leiten den Anspruch ab, die Tradition des antiken Römischen Reiches fortzusetzen. Das HRRDN hat sich nie zu einem Nationalstaat moderner Prägung entwickelt. Mit der Niederlegung der Kaiserkrone durch Kaiser Franz II. erlischt am 6. August 1806 das Reich. – In der Unterscheidung zum 1871 gegründeten Deutschen Reich bezeichnet man es auch als *Altes Reich*.

Helvetische Republik
Staatsform in der Schweiz 1798 – 1803. Die staatliche Ordnung macht die Schweiz nach frz. Vorbild zu einem modernen Einheitsstaat mit Repräsentativverfassung.

Kammergut
Land- und forstwirtschaftlicher Grundbesitz bzw. nutzbare Hoheitsrechte, kommen später an den Staat.

Kantor
Hier: Im protestantischen Bereich seit dem 16. Jh. der dem Schul- und Kirchendienst verpflichtete Musiker, Leiter des Kirchenchores.

Klub
Hier: Während der Französischen Revolution haben sich verschiedene politische Klubs gebildet (z. B. Feuillants, Cordeliers), die im weitesten Sinne als Vorläufer politischer Parteien zu sehen sind.

Kommissionär, Commissionär
Vollkaufmann, der Waren od. Wertpapiere (gewerbsmäßig) für Rechnung eines anderen (des Kommittenden) im eigenen Namen kauft od. verkauft.

Konsistorium (lat. Versammlungsort)
In der ev. Kirche oberste Verwaltungsbehörde einer Landeskirche. Bis Mitte des 19. Jh. Vollzugsorgan des landesherrlichen Kirchenregiments, dann Eigenständigkeit.

Kontingent
Hier: Die von einem Land zur Verfügung gestellten Truppenteile bzw. Menge an Truppen.

Kontribution
Urspr. Bezeichnung für jede Steuer, seit dem 15. Jh. für die zu militärischen Zwecken verwendete direkte Steuer, z. B. zum Unterhalt der Besatzungstruppen od. von einem besiegten Land geforderte Geldsummen.

Konvent
1. Einrichtung der ev. Landeskirchen zur übergemeindlichen Zusammenkunft von Pfarrern (Superintendentur bzw. Dekanat, Pfarrkonvent, Sprengelbereich, Euphoralkonvent, Landesebene Generalkonvent). in der röm.-kath. Kirche und in Klöstern Versammlung bzw. Gesamtheit der stimmberechtigten Klosterangehörigen.
2. Name des frz. Parlaments von 1792 – 1795.

Kurland
Historische Landschaft in Lettland zwischen Ostsee, Rigaischem Meerbusen und der Nordgrenze Litauens. 1237 übernimmt der Deutsche Orden Besitzungen, erobert und missioniert das Gebiet, 1561 – 1737 erbliches Herzogtum Gotthard Kettlers und seiner Nachkommen unter poln. Oberhoheit. 1737 – 1795 stellt das Geschlecht von Biron die Herzöge, 1795 kommt K. an Russland und bildet mit Semgallen ein Generalgouvernement, 1918 zur Republik Lettland, 1940 von der Sowjetunion annektiert.

Legitimisten
(frz. *légitimistes*, von *légitime* = gesetzlich, rechtmäßig)
Vertreter des monarchistischen Legitimitätsprinzips, Gruppen bzw. Parteien, die nach dem Sturz einer Dynastie ihre Restauration fordern. In Frankreich nach der Revolution von 1830 die Partei, die die Ansprüche der älteren Linie des Hauses Bourbon als die legitimen Herrscher von Gottes Gnaden unterstützt.
Inzwischen wird der Begriff auch außerhalb Frankreichs für die jeweiligen Unterstützer von Erbmonarchien verwendet, so in Österreich für die Anhänger der Habsburger, die sich für die Wiedereinsetzung engagieren.

Leibeigenschaft
Umfassende Form einer rechtlichen und persönlichen Abhängigkeit eines Bauern von einem Grundherrn. Sie ist erblich gewesen und bedeutet, Frondienstpflichten, Erbuntertänigkeit, Abgabenpflichtigkeit sowie Unterordnung unter die grundherrliche Gerichtsbarkeit. Es gibt historisch unterschiedliche Entwicklungen, regionale Besonderheiten und Formen.

Livland
Nördl. Teil heutiges Estland, südl. Teil Lettland, zwischen Rigaischem Meerbusen, Düna und Peipussee. Land ist von finnischen Liven bewohnt worden, seit 1158 Niederlassungen Lübecker Kaufleute, großer deutscher Einfluss seit 1185 mit der Aufnahme der Missionstätigkeit. Nach verlustreichen Kämpfen 1237 geht das Gebiet im Deutschen Orden auf, eine deutsche Oberschicht entwickelt sich. Nach der Reformation (1522) bildet sich der Ordensstaat in ein weltliches Herzogtum um, ab 1561 polnisch-litauische Oberhoheit, 1629 wird L. schwedisch, ab 1710 Unterstellung der livländischen Ritterschaft dem Zaren Peter I. Nach dem Ersten Weltkrieg Teilung in die Republiken Lettland und Estland.

Mandat
Auftrag.
(1) Wahlauftrag (Amt und Auftrag des Abgeordneten),
(2) Amt eines gewählten Abgeordneten,
(3) treuhänderisch von einem Staat verwaltetes Gebiet,
(4) Erlass, Auftrag an einen Untergebenen.

Nationalgarde
Paramilitärische Organisation, eine Art Volksbewaffnung, die zumeist aus Freiwilligen, Reservisten od. Wehrpflichtigen besteht. Die N. wird 1789 in Paris (von Lafayette organisiert), 1790 in ganz Frankreich eingeführt. Sie wird im Inneren eingesetzt.

Nationalversammlung
Zur Verfassungsausarbeitung einberufene Volksvertretung, z. B. in Frankreich 1789 – 1791 (Assemblée nationale), teilweise versteht man auch in einigen Ländern unter N. das Parlament.

Orden
In der kath. Kirche klösterliche Gemeinschaft. Mitglieder legen die drei Gelübde ab (Gehorsam, Armut, Keuschheit), Sie unterstehen einem Oberen und leben nach einer gemeinsamen Lebensordnung.

Petent (lat.)
Bittsteller.

Petition
Bittschrift od. Eingabe an den Landesherrn, an eine Behörde, an das Parlament (Petitionsrecht – verfassungsmäßig garantiertes Recht). Historischer Vorläufer des Petitionsrechts ist das Recht der Stände, dem Landesherrn Beschwerden vorzutragen. Das Petitionsrecht ist heute im Grundgesetz der Bundesrepublik Deutschland verankert.

Proklamation
Erklärung, Bekanntmachung, Verkündigung, Aufruf, gemeinsame Erklärung (z. B. verschiedener Staaten).

Protektion
Schutz, Förderung, Gönnerschaft, Schirmherrschaft.

Rayon
Hier: Bezirk.

Regulativ
Hier: Verfügung, Vorschrift, Verordnung.

Reichsdeputationshauptschluss
Beschluss der letzten außerordentlichen Sitzung des Immerwährenden Reichstags in Regensburg vom 25. Februar 1803 über die Entschädigung der weltlichen Fürsten, die durch die Revolutionskriege ihre linksrheinischen Gebiete an Frankreich verloren haben. Ihm hat ein im Juni 1802 zwischen Frankreich und Österreich vereinbarter Entschädigungsvertrag zugrunde gelegen, der auf dem Friedensvertrag von Lunéville basiert. Zudem werden die Hauptstädte und ein großer Teil der Herrschaftsgebiete der drei geistlichen Kurfürstentümer Kurköln, Kurmainz und Kurtrier sowie der Kurpfalz nun Teil von Frankreich, vier der acht Kurwürden sind damit erloschen. – Der R. gilt als letztes großes Gesetz des Heiligen Römischen Reiches Deutscher Nation. 112 Reichsstände verschwinden, fast alle geistlichen Fürstentümer (Säkularisation) und die Reichsstädte (bis auf sechs: Augsburg, Lübeck, Nürnberg, Frankfurt am Main, Bremen und Hamburg). Preußen, Bayern, Baden und Württemberg erhalten beträchtliche Gebietsvergrößerungen. Frankreich gewinnt in den süddeutschen Staaten Verbündete, die Position Preußens gegenüber Österreich wird gestärkt. Mit der Beseitigung der territorialen Zersplitterung kommt es zu tiefgründigen Änderungen der Reichsverfassung, das Ende des HRRDN kündigt sich an.

Republikaner
Anhänger einer politischen Richtung, die sich gegen die monarchistische Staatsform richtet und für freiheitlich demokratische Grundsätze eintritt.

Reskript
Hier: Erlass, Verfügung, Entscheid.

Revenue
Einkommen, Einkünfte.

Residenzstadt
Stadt, in der ein Staatsoberhaupt (König od. Fürst) eines Staates seinen Wohnsitz und seine Hofhaltung hat, die oberen Gerichte und die Staatsverwaltung eingerichtet sind.

Rheinbund (Confédération du Rhin)
Hier: 2. Rheinbund (1. Rheinbund – *Alliance du Rhin*, am 15. August 1658 in Frankfurt am Main geschlossen). Auf Druck von Napoléon in Paris gebildeter Bund deutscher Fürsten und Städte, die aus dem HRRDN ausgetreten sind. Mit der Unterzeichnung der Rheinbundakte (12. Juli 1806), also noch vor Niederlegung der Römischen Kaiserwürde durch Kaiser Franz II., der bereits 1804 den Titel eines Kaisers von Österreich auf ein Ultimatum von Napoléon hin angenommen hat, schließen sich 16 deutsche süd- und westdeutsche Reichsstände zu einer Offensiv- und Defensivallianz zusammen. Bis 1808 kommen weitere 23 deutsche Staaten hinzu, so das Herzogtum Sachsen-Hildburghausen mit Vertrag vom 15. Dezember 1806. Der R. hat 1808 seine größte Ausdehnung: 4 Königreiche, 5 Großherzogtümer, 13 Herzogtümer, 17 Fürstentümer und die Hansestädte Hamburg, Lübeck und Bremen. Nicht beigetreten sind Österreich, Preußen, das Herzogtum Holstein (dänisch) und Schwedisch-Pommern. Im Wesentlichen ist der R. ein Militärbündnis gewesen, so müssen für Frankreich hohe Militärkontingente gestellt werden. Die Mitglieder erhalten zumeist Rangerhöhungen, das Fürstentum Sachsen-Hildburghausen den Haustitel Herzogtum.
Nach der Völkerschlacht bei Leipzig bricht der R. auseinander. Das Rheinbundmitglied Fürstentum Liechtenstein hat bis heute als einziger Staat seine Souveränität bewahren können. Auch wenn der R. als System der Ausbeutung und Unterdrückung bezeichnet wird, bringt er für Deutschland einen großen Modernisierungsschub, denn es kommt zur Zurückdrängung ständischer, provinzialer, lokaler und feudaler Sonderrechte und einer Vielzahl bürgerlicher Reformen.

Ritus
Handlungsablauf, Zeremoniell (Ritual). Religiöse Zielsetzung mit genau
festgelegten Regeln, die deshalb als identisch und wiederholbar erscheinen.

Royalist
Anhänger des Königtums.

Säkularisation
Einziehung und Nutzung kirchlichen Eigentums/Landes durch weltliche
Gewalten.

Schweizergarde (Paris)
Von 1616 bis 1792 Söldnertruppe der Könige von Frankreich, sie ist eine
von mehreren Schweizergarden an europäischen Fürstenhöfen und nicht
zu verwechseln mit der päpstlichen Schweizergarde in Rom (1506). Karl
VIII. stellt bereits 1497 die Truppe der „Cent-Suisses" auf, die ein Para-
dekorps gewesen ist. Ludwig XIII. gründet 1616 eine ständige Schweizergarde, die im 18. Jh. Vorbild von Schweizergarden in den Niederlanden,
Neapel und Sachsen gewesen ist. Sie haben auch an Kriegszügen teilge-
nommen. In den letzten Jahren bis zur Französischen Revolution ist die
Militäreinheit zum Schutz von Paris und Versailles betraut. Ludwig XVIII.
gründet nach dem Sturz Napoléons die Schweizergarde neu, 1823 nimmt
sie am Feldzug gegen Spanien teil. Bei der Julirevolution 1830 kommen
einige hundert Gardisten ums Leben, die Schweizergarde wird aufgelöst.

Söldner
Soldat, der in einem Heer seinen Dienst leistet, ohne sich um die Ziele des
jeweiligen Kriegszuges zu interessieren. Einzig und allein ist der persönliche Gewinn für ihn wichtig. Söldner kämpfen zumeist nicht aus Loyali-
tät, Patriotismus, politischen Motiven od. moralischen Prinzipien. Bis zur
Französischen Revolution sind S. die vorherrschende militärische Erschei-
nungsform. Mit stehenden Heeren und der Einführung der allgemeinen
Wehrpflicht verschwinden die S. weitestgehend. Sie haben sich nur noch
in Restformen erhalten, z. B. Fremdelegion, in den Konflikten in Afrika
im 20. und beginnenden 21. Jh.

Stand
Gesellschaftlich abgeschlossene und eigenem Recht unterworfene Gruppe
von Menschen in einem hierarchisch gegliederten Sozialsystem. z. B. in

Frankreich: Erster Stand – Klerus, Zweiter Stand – Adel, Dritter Stand – „Volk".
Der Erste und Zweite Stand bilden keine einheitliche Gruppen, der verarmte Landadel und der niedere Klerus stehen dem Dritten Stand in vielen Beispielen sehr nahe. Auch der Dritte umfasst sehr unterschiedliche gesellschaftliche Gruppen (98,3 Prozent der Bevölkerung): arme Bauern, Tagelöhner, Großbürger u. a.

Superintendent
In deutschen evangelischen Landeskirchen Bezeichnung für den aufsichtsführenden Amtsträger (Leitungs- und Verwaltungsaufgaben) eines Kirchenkreises, der nicht immer mit den politischen Grenzen identisch ist.

Temple
Ursprüngliche Bezeichnung für einen burgartig aussehenden Palast des Templerordens im heutigen 3. Arrondissement. Nach dem Fall von Jerusalem lassen sich die Templer 1291 in Paris nieder. Nach ihrem durch Prozesse und der Verhaftung aller Templer 1307 und der päpstlichen Bulle von 1314 wird das Gebiet den Maltesern übergeben, die bis zur Säkularisierung während der Französischen Revolution die Gebietshoheit inne haben. Mitte des 18. Jh. gibt es im Palais des Temple einen Salon der Aufklärer, in dem vor allem Jean Jacques Rousseau und Pierre Augustin Caron de Beaumarchais mit der Hocharistokratie zusammen kommen. Nach der Zerstörung der Bastille wird der Temple als Gefängnis für die Familie des frz. Königspaares nach der Flucht nach Varennes im Juni 1791 genutzt. Die Anlagen des Temple sind Mitte des 19. Jahrhunderts unter Napoléon III. bei der Neugestaltung der Stadt weitestgehend zerstört worden.

Titular
Titelträger. Hier: nur dem Titel nach, ohne das Amt.

Tuilerien (frz. *la tuilerie* – Ziegelei)
Palais des Tuileries. Stadtschloss der frz. Könige in Paris ist 1564 auf Betreiben der Königinwitwe Katharina von Medici für ihren Witwensitz auf dem Gelände einer ehemaligen Ziegelei errichtet worden. Berühmtheit erlangt die Parkanlage über die Jahrhunderte hinweg, die 1664 zum „französischen Garten" gestaltet wird. Stadtschloss und Park gehören zum politischen Machtzentrum Frankreichs, u. a. Residenz Ludwigs XVI. Am 10. August 1792 kommt es zum Sturmangriff auf die Tuilerien. Hier ist seit 1792 der Sitz der Nationalversammlung gewesen und Residenz

Napoléons I. und III. Beim Aufstand der Pariser Kommune werden die T. im Mai 1871 in Brand gesteckt, die Ruinen werden bis auf zwei kleine Pavillons abgerissen. Ein Ruinenrest wird 1871 verkauft, nach Berlin geschafft und auf der Insel Schwanenwerder (Havel) errichtet. – Heute Gartenanlage mit Arc de Triomphe du Carrousel, ehemalige Orangerie und Ballhaus mit ihren berühmten Impressionisten-Museen.

Usurpation
Widerrechtliche Besitz- und Machtergreifung.

Wiener Kongress
Zusammenkunft europäischer Monarchen und Staatsmänner zum Zweck der politischen und territorialen Neuordnung Europas (ca. 200 europäische Staaten, Herrschaften, Körperschaften und Städte). Die führende Rolle spielen die Großmächte Österreich (Staatskanzler Fürst Metternich), Russland (Zar Alexander I.), Großbritannien (Außenminister R. S. Viscount Castlereagh), Preußen (Staatskanzler Fürst von Hardenberg), Frankreich (C. M. de Talleyrand). Talleyrand erreicht mit großem diplomatischen Geschick, für sein Land eine gleichberechtigte Position zurückzugewinnen und den Status des Kriegsverlierers zu überwinden.
Hauptziele des Wiener Kongresses sind: Wiederherstellung des politischen Zustands von 1792; Rechtfertigung der Ansprüche der Dynastie des Ancien régime; gegenseitiger Schutz fürstlicher Interessen vor revolutionären Ideen und Bewegungen.
An Stelle des 1806 aufgelösten Heiligen Römischen Reiches Deutscher Nation tritt als neue staatsrechtliche Form Deutschlands der Deutsche Bund. Seine Bundesakte wird Bestandteil der Wiener Kongressakte vom 9. Juni 1815.

Zensuswahlrecht
Wahlsystem. Das Recht des Wählens bzw. das Stimmgewicht ist an den Nachweis eines bestimmten Besitzes, Einkommens od. einer bestimmten Steuerleistung (Zensus) gebunden. So hat z. B. ein reicher Arbeiter mehr Stimmen als ein armer Adliger. – In Preußen hat es das Z. in der Form des Dreiklassenwahlrechts gegeben. Es verletzt den Grundsatz der Allgemeinheit und der Gleichheit der Wahl.

Benutzte und weiterführende Literatur (Auswahl)

Pressemitteilungen des Jahres 1845 (Todesjahr des „Dunkelgrafen"):

12.4.1845	Dorfzeitung Hildburghausen
22.04.1845	Fränkischer Merkur
	und Augsburger Allgemeine Zeitung
24.04.1845	Vossische Zeitung Berlin
30.04.1845	Dorfzeitung Hildburghausen
10.05.1845	Dorfzeitung Hildburghausen
10.05.1845	Augsburger Allgemeine Zeitung
02.06.1845	Dorfzeitung Hildburghausen (Ediktalladung)

Literatur

Abbaß, Wilhelm und Albert Buff: Die Dunkelgräfin – Festspiel zum 600jährigen Stadtjubiläum zu Hildburghausen. – F. W. Gadow & Sohn, Hildburghausen, 1924

Albrecht, Joseph: Aus dem Leben des Fürsten Karl Joseph zu Hohenlohe-Waldenburg-Bartenstein-Jagstberg. In: Archiv für hohenlohische Geschichte. – Band II, S. 313 – 348

Ambelain, Robert: La mystérieuse dame du chatéau d'Eishausen. La libération de Madame Royale. La prison de Vienne. Une enigme historique: la duchesse d'Angoulême et son secret. La batarde de Louis XVI. La double substitution. Un mystérieux testament. In: CRIMES ET SECRETS D'ETAT 1785 – 1830. – Éditions Robert Laffont, Paris, 1974 und 1980

Angoulême, Herzogin von (Tochter Ludwigs XVI.): Die Gefangenschaft Ludwigs XVI. und seiner Familie im Temple. – Übersetzung der am 21. Januar 1817 in Paris erschienenen Mémoires particuliers bei Duncker und Humblot, Berlin 1817

Bailleu, Paul: Königin Luise – Ein Lebensbild. – Verlag von Giesecke & Devrient Berlin/Leipzig, 1908

Baudus, Florence de: Le sang du Prince. Vie et mort du duc d'Enghien. – Editions du Rocher, 2002

345

Bayer, Wolfgang: Ruhestörung im Wald. Ein 200 Jahre altes Rätsel soll gelöst werden: Liegt in einem Waldgrab in Thüringen tatsächlich „Madame Royale", die Tochter des Bourbonen-Königs Ludwig XVI.? In: Der Spiegel, Heft 29/2002, 15.07.2002, S. 52 – 54

Béarn née de Tourzel, Pauline de: Souvenirs de quarante ans (1789 – 1830). Récits d'une dame de Madame la Dauphine. – Jacques Lecoffre, Paris, 1861

Béarn, Gaston de: Verschwörung des Schweigens. Die Schicksale des Dauphins Ludwig XVII. – Maximilian Dietrich Verlag, Memmingen, 1967 Zitiert: de Béarn: Verschwörung des Schweigens

Béarn, Myriam et Gaston de: Louis XVIII. La couronne du silence. – Etude historique. – Del Duca, Paris, 1968

Beauchesne: Louis XVII. 2 Bde. – Plon, Paris, 1852

Beauchesne, M. A.: Louis XVII, sa vie, son agonie, sa mort. – Plon, Paris, 1884

Bechstein, Ludwig: Der Dunkelgraf (Roman). – Meidinger & Sohn Comp., Frankfurt/M., 1854 Zitiert: Bechstein: Der Dunkelgraf

Benzoni, Juliette: La Comtesse des Ténèbres. Le jeu de l'amour et de la mort (Roman). – Plon, Paris, 2000

Blond, Elisabeth Le: The Mystery of Eishausen. A secret of the Bourbons. In: The Nineteenth Century and After. Bd. 72 (Juli – Dezember 1912), S. 1168 – 1174

Boehmker, Richard: Das Geheimnis um eine Königstochter. Die Lösung des mehr als hundertjährigen Rätsels von Hildburghausen. Ausführlichstes neuestes Forschungswerk auf Grund einschlägiger Literatur und historischer Daten. – F. W. Gadow & Sohn Hildburghausen und Helinghsche Verlagsanstalt, Leipzig, 1937 Zitiert: Boehmker: Das Geheimnis um eine Königstochter

Boehmker, Richard: Die Dunkelgräfin von Ingelfingen. In: Die Stimme Frankens, 28. Jg., Heft 4, S. 111 – 113. – Nürnberg, 1962

Bourcart, Charles Daniel: William Wickham, britischer Gesandter in der Schweiz (1794 – 97 und 1799) in seinen Beziehungen zu Basel. – In: Basler Zeitschrift für Geschichte und Altertumskunde, Band 7 (1908), Heft 1

Brachvogel, A[lbert] E[mil]: Das Rätsel von Hildburghausen. – Globus-Verlag. – Berlin, 1872; 2. Munin-Verlag. – Charlottenburg/Leipzig, 1919; 3. Verlag Frankenschwelle Hans J. Salier. – Hildburghausen, 1990

Brachvogel, Carry: Die Tochter Marie Antoinettes. Eine Bannerträgerin der Legitimität. – Verlag Georg Westermann, Braunschweig und Hamburg, 1925

Brückner, Georg: Landeskunde des Herzogthums Meiningen. 2 Bde. – Meiningen, 1851/53. Zitiert: Brückner: Landeskunde des Herzogthums Meiningen

Buff, Albert: Die Dunkelgräfin, Teil I. In: Heimatbuch für das obere Werratal und die angrenzenden Gebiete, Heft 1. – Hildburghausen, 1925

Buff, Albert: Die Dunkelgräfin, Teil II. In: Heimatkundlicher Lesebogen des Kreises Hildburghausen, Nr. 9. – Hildburghausen, 1946

Bülow, Paula von: Aus verklungenen Zeiten. F. K. Köhler. – Leipzig, 1924

Cartron, Michel Bernard: Marie-Thérèse, duchesse d'Angoulême. La vertu et le malheur Paris (Communication et Tradition), 1999

Castelot, André: Le Secret de Madame Royale. D'après des Documents inédits. – Editions SFELT, Paris, 1949

Castelot, André: Madame Royale – Das abenteuerliche Leben der Tochter Marie Antoinettes. Autorisierte Übersetzung von Albert von Streerbach, Paul Neff. – Verlag Wien, Berlin, Stuttgart, 1957 Zitiert: Castelot

Castelot, André: Madame Royale. – Verlag Rombaldi, Paris, 1974

Cléry, Jean Baptiste Hanet: Journal de ce qui est passé à la tour du Temple pendant la captivité de Louis XVI, roi de France (Hg. Jacques Brosse). – Mercure de France, Paris, 1987

Costa, Heinrich: Die Herzogin von Angoulême. Ein Lebensbild. – Ignaz v. Kleinmayr & Fedor, Bamberg-Laibach

Daehne, Paul: Das Geheimnis des Dunkelgrafen. – In: Leipziger Abendpost. Aufsatzfolge mit 7 Beiträgen Okt. – Nov. 1931

Daehne, Paul: Das Geheimnis der Dunkelgräfin. – Max Beck GmbH, Leipzig, 1933 Zitiert: Daehne: Das Geheimnis der Dunkelgräfin

Daudet, Ernest: Madame Royale, fille de Louis XVI et de Marie-Antoinette. Sa jeunesse et son mariage. – Hachette, Paris, 1912

Daudet, Ernest: Madame Royale. – William Heinemann, London, 1913

Destremeau, Noelle: Madame Royale et son Mystère. – Nouvelles Editions Latines, Paris, 1991

Degener, Hermann A. L. (Hg.): Wer ist's? Unsere Zeitgenossen, VIII. Ausgabe. – Leipzig, 1922

Degener, Hermann A. L. (Hg.): Wer ist's? Unsere Zeitgenossen, X. Ausgabe. – Leipzig, 1935

Deutsch, Karl: Ein ungelöstes Rätsel. In: Über Land und Meer. Allgemeine Illustrierte Zeitung, hg. von F. W. Hackländer. – Stuttgart, 1867

Dieckmann, Guido: Die Frau mit den Seidenaugen (Roman). – Rütten & Loening, Berlin, 2006

Eishausen: Festprogramm 1150 Jahre Eishausen 837 – 1987. – Eishausen, 1987

Eschenbacher, Georg: Wer war das geheimnisvolle Paar in Eishausen? In: Heimatkalender für das Murrtal und den Schwäbischen Wald. – 1975, S. 39 – 48

Falk, Victor von: Der Dunkelgraf – oder das ergreifende Schicksal der Tochter Marie Antoinettes. Um den Thron betrogen, der Liebe beraubt, lebendig begraben 30 Jahre lang. [Horror-Roman mit über 90 wöchentlichen Folgen] – Etwa 1892

Fischer, Heinrich: Vom Dunkelgrafen in Eishausen. Korrespondenzen und Notizen aus dem Bestand des Stadtmuseums Hildburghausen. In: Sonntagsblatt Nr. 44 der Dorfzeitung Hildburghausen. – Hildburghausen, 27.10.1929

Forster, Friedrich: Die Dunkelgräfin. Schauspiel in 4 Akten. In: Hildburghäuser Zeitung (17 Fortsetzungen). – Hildburghausen, 1944

Fruin, R.: Het leven van Leonardus Cornelius van der Valck. In: Historia (niederländische Monatsschrift). – 1935, S. 202 – 208

Gillmeister, Uwe: Vom Thron auf den Hund. – Das Leben des Herzog Ernst II. von Sachsen-Altenburg. Vom Reichsfürsten zum DDR-Bürger. – o. O., o. J. Zitiert: Gillmeister: Vom Thron auf den Hund

Günther, Ully: Mysteriöse Mission. Das Geheimnis des Kieferknochens. In: Freies Wort, 14.05.2004 und Ostthüringer Zeitung, 22.05.2004

Hagen, Benno von und Ernst Giese: Geschichte der medizinischen Fakultät der Friedrich-Schiller-Universität Jena. – Jena, 1958, S. 326

Hammeran, Reiner: Dunkelgräfin, Kahlbutz & Co. – Geschichten aus der Geschichte der alten neuen deutschen Länder. – Wagner Verlag, Gelnhausen, 2006

Hastier, Louis: La Fille de Madame Royale. In: Vieilles histoires, étranges énigmes. – Paris, 1955, S. 113 – 123

Hennig, Richard: Ein hundertjähriges Geheimnis und Eine geheimnisvolle Prinzessin. In: Zeiten und Völker 1912. Hefte 1, 2, 4. – Franckh'sche Verlagshandlung, Stuttgart, 1912

Hensler, Anna: Die Schicksale der Kinder Ludwig XVI. Nach ursprünglichen Quellen geschildert. 3. Aufl. – Verlagsanstalt Benzinger, Einsiedel, 1907

Herbillon, colonel: Une Antigone Royale: La duchesse d'Angoulême. – Verlag Tallandier, Paris, 1936

Hesekiel, Georg Ludwig: Graf d'Anéthan d'Entragués (Roman). – F. Heinicke, Berlin, 1856

Hofmann, Friedrich: Ein geheimnisvolles Grab, 1863, Zwei fürstliche Geheimnisse neuerer Zeit, 1866, Noch heute das geheimnisvolle Grab, 1866. In: Die Gartenlaube. – Verlag Ernst Keil, Leipzig

Hofmann, Friedrich: Ein Ruck am Schleier des Geheimnisses. In: Die Gartenlaube. – Nr. 26. – Verlag Ernst Keil, Leipzig, 1867

Hohenlohe-Waldenburg, Friedrich Karl Fürst zu: Hohenlohe – Bilder aus der Geschichte von Haus und Land. 4. neugefasste Auflage. – Familienverband des Fürstlichen Hauses Hohenlohe Öhringen (Württ.), o. J.

Holzapfel, Kurt; unter Mitwirkung von Walter Markov (Hg.): Die Große Französische Revolution 1789 – 1795. Illustrierte Geschichte. – Dietz Verlag, Berlin, 1989 Zitiert: Holzapfel; Markov (Hg.): Die Große Französische Revolution

Honndorf, Paul: Madame Royale und Basel. – Neue Basler Zeitung, Nr. 260 Sonntagsbeilage vom 5. November 1938 Zitiert: Honndorf: Madame Royale und Basel

Honnigfort, Bernd: Das Geheimnis der Dunkelgräfin. Das südthüringische Hildburghausen hängt an seinem Geheimnis: Liegt im Wald die französische Königstochter begraben? In: Badische Zeitung. – Freiburg: Jg. 57, Nr. 162/29, 16.07.2002, S. 3

Hopf, Valentin: Zum Geheimnis des Schlosses Eishausen. – In: Dorfzeitung Hildburghausen, Nr. 52 (03.07.1926) Zitiert: Hopf: Zum Geheimnis des Schlosses Eishausen

Horbas, Eva: Das Geheimnis von Eishausen. Wieder aufgefundene Meininger Ministerialakten zur Dunkelgrafenproblematik. In: Schatzkammer zwischen Rennsteig und Rhön, 70 Jahre Thüringisches Staatsarchiv Meiningen 1923 bis 1993. Schriften des Thüringischen Staatsarchivs Meiningen. – Zella-Mehlis/Meiningen, Heinrich-Jung-Verlag, Zella-Mehlis, 1993, S. 143 – 166 Zitiert: Horbas: Das Geheimnis von Eishausen

Huertas, Monique de: Madame Royale. L'enigmatique destinée de la fille de Louis XVI. – Pygmalion Gérard Watelet, 1999

Human, Rudolf Armin: Der Dunkelgraf von Eishausen. Erinnerungsblätter aus dem Leben Eines Diplomaten. Teil I 1883, Teil II 1886. – Kesselring'sche Hofbuchhandlung, Hildburghausen. Zitiert: Human: Dunkelgraf I oder Dunkelgraf II

Human, Rudolf Armin: Chronik der Stadt Hildburghausen, der Diözese und des Herzogtums. – Hildburghausen: 1886. – Reprint. Herausgeber: Hans-Jürgen Salier. – Hildburghausen: Verlag Frankenschwelle KG, 1999 Zitiert: Human: Chronik der Stadt Hildburghausen. – 1886

Human, Rudolf Armin: Die Napoleonische Zeit und nationale Freiheit. In: Schriften des Vereins für Sachsen-Meiningische Geschichte und Landeskunde. – Heft 67, 1908. Zitiert: Human: Napoleonische Zeit und nationale Freiheit. – 1913

Human: Chronik der Stadt Hildburghausen II. In: Heft 65 der Schriften des Vereins für Sachsen-Meiningische Geschichte und Landeskunde. – 1912. Zitiert: Human: Chronik der Stadt Hildburghausen II. – 1912

Jókai, Mór: Névtelen vár. – Budapest, 1877. Deutsche Übersetzung: Das namenlose Schloss. – Berlin 1879, 1884, 1885, 1893. – Englische Übersetzung: The nameless castle. – Verlag Mc Clure, 1869; Doubleday, New York, 1898

Keidel, Hermann: Das Rätsel von Hildburghausen. In: Thüringer Heimatkalender, 6. Jg. Hg. Julius Kober. – Würzburg, S. 82 – 86

Kluge, Kurt: Nocturno (Novelle). – Philipp Reclam jun., Leipzig, 1939. Reprint, Salier Verlag, Leipzig und Hildburghausen, 2012

Krämer, Robby: Das Rätsel der Madame Royale – Ein Beitrag zur Rezeptionsgeschichte der Französischen Revolution. Wissenschaftliche Hausarbeit zur Ersten Staatsprüfung für das Lehramt an Gymnasien im Fach Geschichte. Vorgelegt an der Friedrich-Schiller-Universität Jena. – Manuskript, 2002

Kühner, Emma: Die Geheimnisvollen im Schlosse zu Eishausen. In: Dorfzeitung. – Hildburghausen, 16.08.1908, Nr. 192

[Kühner, Karl]: Die Geheimnisvollen im Schlosse zu Eishausen. Anonym. In: Bülau, Friedrich: Geheime Geschichten und rätselhafte Menschen. – Brockhaus Leipzig, 1852. Nachdruck Reclam (Universal-Bibliothek Nr. 2959), Leipzig, o. J. (1920). – Verschiedene Nachdrucke. Zitiert: [Kühner]: Die Geheimnisvollen ...

Kühner, Dr. Karl: Dichter, Patriarch und Ritter. Herausgegeben von der Coburger Landesstiftung und dem Coburger Heimatverein. Druck und Verlag von A. Roßteutscher in Coburg. – Coburg, 1925

Langeron, Roger: Madame Royale – La Fille de Marie Antoinette. – Librairie Hachette, Paris, 1958. Zitiert: Langeron: Madame Royale

Lannoy, Maria de: Madame Royale. – 3 Bände: I. Het Spinnweb II. Gouden Horizont III. Het Droomhuis (Romantrilogie). – Verlag Callenbach, Nijkerk, 1960

Lannoy, Mark: Das Geheimnis des Dunkelgrafen. War Prinzessin Marie Thérèse Charlotte de Bourbon. – Books on Demand GmbH, Norderstedt, 2007. Zitiert: Lannoy: Das Geheimnis des Dunkelgrafen

La Roche: Der geheimnisvolle Graf. – Kesselring'sche Hofbuchhandlung Hildburghausen, 1845. Aufsatzfolge. In: Die Gartenlaube. Jahrgänge 1863, 1866, 1867

Leitner, Thea: Marie Antoinettes Kinder – Louis 1785 – 1795 (?) – Marie Thérèse 1778 – 1851. In: Habsburgs vergessene Kinder. – Verlag Carl Ueberreuter, Wien, 1989

Lenôtre, Guy (Theodore Gosselin): Notes et Souvenirs. – Paris, 1940. Zitiert: Lenôtre: Notes et Souvenirs

Lenôtre, Guy: La Fille de Louis XVI. – Marie-Thérèse-Charlotte de France, Duchesse d'Angoulême. – Perrin & Co., Paris, 1907. Zitiert: Lenôtre: La Fille de Louis XVI.

Lenotre, G.: Der Baron von Batz. Der große Unbekannte der großen Revolution. Autorisierte Übersetzung aus dem Französischen von Ernst Klarwill. – Manz Verlag Wien und Leipzig, 1921

Lenôtre, Guy: Le Roi Louis XVII et l'Énigme du Temple. – Paris, 1925

Lenôtre, Guy: La Fille de Louis XVI., Marie-Thérèse-Charlotte de France, Duchesse d'Angoulême. – Perrin & Co., London, 1929

Les Adiuex de Marie Thérèse de Bourbon. Almanach auf das Jahr 1796. par M. d'Albins. – Basel, 1796

Lesturgeon, H. A. und Th.: Marie Antoinette en haar kinderen. – Tjeenk Willink & Zoon, 1930

Maeckel, Otto Victor: Das Rätsel von Hildburghausen. Ein hundertjähriges Geheimnis im Lichte der neuesten Forschungen. – F. W. Gadow & Sohn, Hildburghausen, 1926. Zitiert: Maeckel: Das Rätsel von Hildburghausen

Maeckel, Otto Victor (with the collaboration of Mrs. Aubrey le Blond): The Dunkelgraf Mystery. – Hutchinson & Co., London, 1929. Zitiert: Maeckel: The Dunkelgraf Mystery

Marie-Thérèse-Charlotte de France. Mémoire sur la Captivité des Princes et Princesses ses Parents depuis le 10 aout 1792 jusqu'à la mort de son Frère arrivée le 9 juin 1795. Publié sur le manuscrit autographe appartenant à la Duchesse de Madrid. – Librairie Plon, Paris, 1892

Martens, Kurt: Verzicht und Vollendung (Roman). – Steuben-Verlag, Berlin, 1941

Mémoire écrit par Marie-Thérèse-Charlotte de France (das sog. „Temple-Tagebuch")

Meyhöfer, Thomas: Das Rätsel der Dunkelgräfin von Hildburghausen. Bilanz einer 160-jährigen Forschung. Vortrag auf dem 7. Symposium zu Dunkelgraf und Dunkelgräfin vom 7. bis 9. September 2007 in Hildburghausen. – Eigenverlag, 2007

351

Moczarski, Heidi und Hans-Jürgen Salier: Kleine Landkreis-Chronik Hildburghausen. – Landratsamt Hildburghausen und Verlag Frankenschwelle KG Hildburghausen, 1997

Montjoye, M. de [Ventre de la Toulourbe dit Galart de]: Histoire de Marie-Antoinette-Josephe-Jeanne de Lorraine Archiduchesse d'Autriche Reine de France. – Perron, Paris, 1797. Zitiert: Montjoye: Histoire de Marie-Antoinette

Montjoye, M. de: Lebensgeschichte der Gemalin Ludwigs XVI. Marie Antoinette Königin von Frankreich. Aus dem Französischen des Herrn von Montjoye. – Verlag der Dykischen Buchhandlung, Leipzig, 1798

Müller, Irmgard: Was wurde aus Madame Royale (Das Geheimnis der Dunkelgräfin von Eishausen). In: Otto-Ludwig-Kalender. Jahrbuch des Otto-Ludwig-Vereins. – Hermann Böhlaus Nachfolger, Weimar, 1933

Müller, Irmgard: Madame Royale – Prinzessin ohne Jugend. – Kesselring'sche Hofbuchhandlung – Frankfurt/M., Leipzig, 1937

O. R. [Rückert, Otto]: Der Dunkelgraf. In: Morgen- und Abendblatt des Nürnberger Korrespondent von und für Deutschland. 25. – 27.08.1871

Oosterbaan, D. P.: Het raadsel van Hildburghausen. In: De Vriend des Huizes. Jg. 71, Nr. 3

Otto, Friedrich: Theobald Bacher, ein elsässischer Diplomat im Dienste Frankreichs 1748 – 1813. – Dumont-Schauberg, 1907

Pabst, Siegfried: Die Köpfe der Französischen Revolution 789 bis 1799. – Umschau Verlag Breidenstein GmbH, Frankfurt am Main, 1989

Petrovics, Paul v.: Das Rätsel von Hildburghausen. In: Dorfzeitung. – Hildburghausen, 06.01.1926

Piltz, Georg: Das Geheimnis von Hildburghausen. In: Tödliche Freundschaft – Kriminalfälle aus sechs Jahrhunderten. – Verlag Das Neue, Berlin, 1988, S. 237 – 283

Pimodan, Comte de: Les fiançailles de Madame Royale. – Librairie Plon, Paris, 1912

Rasky, Marie-Madeleine de: La Révolution Française – une affaire de famille – Tom II: Madame Royale. – Pierron, Paris, 1977

Reiset, Comte de: Lettres inédes de Marie-Antoinette et de Marie-Clotilde de France. – Paris, 1876. Zitiert: Reiset: Lettres inédes de Marie-Antoinette

Reiset, Vicomte de: Autour des Bourbons, Madame de Chanterenne et la Fille de Louis XVI. – Emile Paul Frères, Paris, 1927

Riggenbach, Rudolf: das Portrait der Madame Royale von Antoine Sergent. Festschrift aus dem Staatsarchiv Basel-Stadt 1899 – 1949. – Basel, 1949, S. 95 – 110

Rühle v. Lilienstern, Helga: Die Unbekannten von Eishausen. Dunkelgraf und Dunkelgräfin im Spiegel zeitgenössischer Veröffentlichungen. In: JbHFGV 1995 (Bd. 10), S. 137 – 202

Rühle v. Lilienstern, Helga: Die Unbekannten von Eishausen. Dunkelgraf und Dunkelgräfin im Spiegel zeitgenössischer Veröffentlichungen. Reihe „Schriften zur Geschichte Südthüringens", Bd. 1. – Verlag Frankenschwelle KG, Hildburghausen, 1996

Rühle v. Lilienstern, Helga: Die Unbekannten von Eishausen – Dunkelgraf und Dunkelgräfin, eine europäische Geschichte. In: Almanach VIA REGIA '96 – Begegnung mit Frankreich. Europäisches Kulturzentrum in Thüringen im Kulturbund für Europa e.V. – Erfurt, 1996

Rühle v. Lilienstern, Helga: Dunkelgraf und Dunkelgräfin im Spiegel von Zeugen und Mitwissern. In: JbHFGV 1997 (Bd. 12), S. 57 – 94

Rühle v. Lilienstern, Helga: Dunkelgraf und Dunkelgräfin im Spiegel von Zeugen und Mitwissern. Reihe „Schriften zur Geschichte Südthüringens", Bd. 2. – Verlag Frankenschwelle KG, Hildburghausen, 1997, 2000

Rühle v. Lilienstern, Helga: Dunkelgraf und Dunkelgräfin. Was wußten die Fürsten? In: JbHFGV 2000 (Bd. 15), S. 221 – 256.

Rühle v. Lilienstern, Helga: Die Dunkelgräfin – Das große Geheimnis von Hildburghausen. Begleitheft zur ständigen Ausstellung des Stadtmuseums Hildburghausen. – Hildburghausen, 1997, 2007

Rühle v. Lilienstern, Helga: Das Dunkelgrafenpaar. „Reihe Schriften zur Geschichte Südthüringens", Bd. 7. – Verlag Frankenschwelle KG, Hildburghausen, 2003

Sachsen-Altenburg, Friedrich Ernst von: Das Rätsel der Madame Royale – Marie Thérèse Charlotte von Frankreich (bearbeitet von Marianne Eichhorn). – Verlag Frankenschwelle Hans J. Salier; Hildburghausen, 1991. Zitiert: Sachsen-Altenburg: Das Rätsel ...

Salier, Bastian: Freimaurer in Hildburghausen – Personen . Fakten . Hintergründe. – Verlag Frankenschwelle KG, Hildburghausen, 2005. Zitiert: Salier, B.: Freimaurer in Hildburghausen

Salier, Hans-Jürgen: Auf den Spuren des „Rätsels von Hildburghausen". Eine historische Zeittafel um Personen und damit verbundene Ereignisse um den „Dunkelgrafen und die Dunkelgräfin". Serie. – Freies Wort, Lokalausgabe Hildburghausen, 46. Jg., Teil I, Nr. 192, 19.08.1997, S. 13; Teil II, Nr. 196, 23.08.1997, S. 19; Teil III, Nr. 199, 27.08.1997, S. 17

Salier, Hans-Jürgen und Helga Rühle von Lilienstern: Internationales Symposium der Dunkelgrafenforschung in Hildburghausen und Eishausen. Serie. – Freies Wort, Lokalausgabe Hildburghausen, 48. Jg. Teil I, Nr. 184, 10.08.1999, S. 14; Teil II, Nr. 188, 14.08.1999, S. 20; Teil III, Nr. 191, 18.08.1999, S. 16; Teil IV, Nr. 194, 21.08.1999, S. 20; Teil V, Nr. 196, 24.08.1999, S. 16; Teil VI, Nr. 198, 26.08.1999, S. 13

Salier, Hans-Jürgen: Chronik der Stadt Hildburghausen. – Verlag Frankenschwelle KG, Hildburghausen, 1999

Sare, Paule Marie: Le Mystère d'Eishausen: Van der Valck – La Fausse Madame Royale – Ou nous trouvons la vraie Madame Royale. In: Dossiers de la petite Histoire du Centre d'études et de Recherches Historiques (Jéan Pascal Romain). – Paris, Nov. – Dec. 1952 jusqu'à Juillet 1953

Saxe-Altenbourg, Frédéric de: L'Énigme de Madame Royale. Visages de l'Histoire. – Flammarion, Paris, 1954. Zitiert: Saxe-Altenbourg: L'Énigme de Madame Royale

Schacke, Claudia: „Die zwei Leben der Madame Royale" – Duchesse d'Angoulême oder Dunkelgräfin? – Magisterarbeit. Technische Universität Dresden – Fakultät Sprach-, Literatur- und Kulturwissenschaften, Institut für Romanistik, Lehrstuhl Frankreichstudien und Frankophonie. 14. April 2005 (Manuskript). Zitiert: Schacke: Die zwei Leben der Madame Royale

Simon, Christian (Hg.): Basler Frieden 1795. Revolution und Krieg in Europa. Darin: Protokolle kleiner Rat. Auswechslung der französischen Prinzessin gegen die in des Kaysers Gewalt gewesenen Staatsgefangenen. – Christian-Merian-Verlag, Basel, 1995

Sint Maartensdijk, L. W. van: Archivaria licht een tipje op van de sluir uit de archieven van Wynand Fockink. In: Klare Wyn – Personeelsblad van de Erwen Lucas Bols, 1976

Der Spiegel: Der entzauberte Prinz. Genforscher lösen ein Jahrhundert-Rätsel. Heft 48/1996

Der Spiegel: DNS-Detektive auf den Spuren des Französischen Königshauses. Überlebte ein Spross des Königshauses die Wirren der Französischen Revolution? Heft 4/2000, 24.01.2000, S. 168 – 169. – Hamburg, 2000

St. Amand, Imbert: La Duchesse d'Angoulême et les deux restaurations. – Paris, 1892

Stein, Caroline von: Aus dem Leben meines Vaters Dietrich Freiherrn von Stein. – Frankfurt am Main, 1871, S. 72. Zitiert: Stein: Aus dem Leben meines Vaters Dietrich Freiherrn von Stein

Stetten, Wolfgang von: Die Dunkelgräfin von Ingelfingen. Schauspiel auf den Spuren der geheimnisvollen Dunkelgräfin. – Künzelsauer Burgfestspiele Schloß Stetten e.V. – Künzelsau, 1997

Stößlein, Hermann: Das Geheimnis von Hildburghausen. In: Neue Presse Coburg. Aufsatzfolge mit 6 Beiträgen Oktober. – Coburg, 1988

Taak, Merete van: Königin Luise

Turquan, Joseph: La dernière Dauphine Mad. La Duchesse d'Angoulême. – Verlag Emile-Paul, Paris, 1909

Warin, Regnault: Le cimetière de la Madeleine. – Paris, etwa 1800/01

Wencker-Wildberg, Friedrich: Die Dunkelgräfin. In: Rätsel der Weltgeschichte. – August Scherl Nachf., 1944, Berlin (S. 124 – 167)

Wienbeck, Ulrich: Ausführliches Inhaltsverzeichnis zur „Chronik der Stadt Hildburghausen" von Dr. Rudolf Armin Human (1886). – Eigenverlag, 1988/89

Wienbeck, Ulrich: Philippine Radefeld und ihre Mieter. In: Unser Haus. – Eigenverlag, Hamburg, 1984

Wilbrandt, Adolf: Die Verschollenen (Roman). In: Über Land und Meer. – Allgemeine Illustrirte Zeitung, Februar – April 1869

Wüthrich, Lukas Heinrich: Christian de Méchel. Leben und Werk eines Basler Kupferstechers und Kunsthändlers 1737 – 1817. – Baseler Beiträge zur Geschichtswissenschaft, 1956

Wüthrich, Lukas Heinrich: Das Œvre des Kupferstechers Christian von Mechel. Vollständiges Verzeichnis. Basler Beiträge zur Geschichtswissenschaft (Bd. 75), 1959

Wüthrich, Lukas Heinrich: Christian von Mechel. Leben und Werk eines Basler Kupferstechers und Kunsthändlers (1737 – 1817). In: Basler Beiträge zur Geschichtswissenschaft (Bd. 63). – Verlag Helbing und Lichtenhahn, Basel und Stuttgart, 1956

Ziegler, Peter u. a.: Fragezeichen um das Rätsel von Hildburghausen. In: Abseits der großen Städte. – Neue Presse Coburg und Verlag Frankenschwelle Hans J. Salier, Hildburghausen, 1991

Internet

http://www.lanzenkirchen.at/geschichte/schloss.html

Interessenkreis „Madame Royale" (Thomas Meyhöfer), gegründet im April 2005: Deutsche Internetplattform zum Rätsel der Madame Royale. – Hildburghausen.
www.madame royale.de (seit 2001)

Wikipedia – die freie Enzyklopädie: Wikimedia Foundation Inc., St. Petersburg, Florida – USA, 2007

www.madameroyale.free.fr.

Quellen

Hohenlohe – Zentralarchiv Schloss Neuenstein
    Sign. 7/4/3.

Stadtarchiv Schweinfurt
    Ratsprotokolle. – S. 845 v. 23. IX. 1801,
    S. 854/3 und 856/9 v. 25. IX. 1801, S. 915/26 v. 9. X. 1801.

Thüringisches Staatsarchiv Meiningen
    ThStAMgn, Sachsen-Meiningisches Amtsgericht
    Hildburghausen, Nummern 2548, 2549, 2550, 2551, 2552, 2553.

    ThStAMgn, Oberlandesgericht Hildburghausen,
    Nummern 2020, 2021.

    ThStAMgn, Staatsministerium, Abteilung des Inneren,
    Nr. 14111.

    ThürStAMgn, Staatsmin. Abt. Finanzen, 9487.

Kreisarchiv Hildburghausen
  KAHbn, Stadt Hildburghausen, 229/6794.

  KAHbn, Stadt Hildburghausen, 275/3766.

  KAHbn, Stadt Hildburghausen, 290/4771.

  KAHbn, Stadt Hildburghausen, 324 b/4007.

Landeskirchenarchiv Eisenach und Pfarrarchiv Eishausen

Stadtmuseum Hildburghausen
  (Akten mit 348 Bl. ohne Signatur)

Inventur des heßbergischen Nachlasses Rittergut Eishausen 1799.
Commißarischer Anschlag des zu dem Nachlaße des verstorbenen Geheimenraths und Generalmajors Johann Carl Christian von Heßberg gehörigen freyeigenthümlichen Ritterguts Eishausen – sammt deßen gehörigen Pertinentien

Quellen sind in den Fußnoten ausgewiesen, Kopien meist in Sammlung Helga Rühle v. Lilienstern.

Personenregister[153]

Abbaß, Wilhelm; Lehrer in Hildburghausen; 167
Ahorn; Bildhauer in Luzern; 30
Ahrens, Plato (1827 – 1916); Kupferstecher, Zeichenlehrer, Förderer der
   Stadtentwicklung in Hildburghausen; 215
Altenburg, Elisabeth (bürgerlicher Name, eigtl. Prinzessin, Tochter von
   Ernst II. von Sachsen-Altenburg) (1903 – 1991); 256 258
Altishofen, Carl Pfyffer von (1771 – 1840); Offizier der Schweizergarde
   des frz. Königs; 30 31
Ambelain, Robert; frz. Autor; 74 253 264
Amberg, Johann; Diener des Dunkelgrafenpaares, Schwiegersohn der
   „Teichgreth"; 149
Andreä; Kommissionäre des Dunkelgrafen: Johann Carl (1751 – 1819)
   Kaufmann, Hofkommissionär, Senator, 1807 – 1817/18 Kommissio-
   när des Dunkelgrafen in Hildburghausen und A., Heinrich (* 1781)
   Sohn von Johann Carl, Oberleutnant, 1817/18 – 1845 nach dem Tod
   seines Vaters Johann Carl A. Kommissionär des Dunkelgrafen in Hild-
   burghausen 99 112 113 116 117 118 120 122 131 132 133 134 142
   144 145 146 158 162 163 165 183 194 199 200 201 202 203 204
Angoulême, Louis Antoine Herzog von (1775 – 1844); ältester Sohn von
   König Karl X. von Frankreich, seit 1824 Thronfolger, am 2. August
   1830 für wenige Augenblicke legitimer König von Frankreich und
   Navarra (s. auch Angoulême, Marie Thérèse Charlotte Herzogin von)
   ; 21 23 61 69 105 107 266 270 271 272 273 277 278 279 282 284
   286 288 289
Angoulême, Marie Thérèse Charlotte Herzogin von (Ernestine de Lambriquet) (1778 – 1851); 31 61 62 79 107 225 219 221 245 250 251
   256 257 264 268 273 274 275 277 278 279 280 281 282 283 284
   285 286 287 288 289 290
Artois, Graf von (s. Frankreich, Karl X. König von); Assisfränkischer Graf
Augereau, Pierre Francois Charles (1757 – 1816); frz. Marschall, Herzog
   von Castiglione, Pair; 127

Bacher, Theobald; frz. Geschäftsträger; 58 70 71 102 119
Bachmann, J.; Chirurg; 149 182
Balzac, Honore de (1799 – 1850); frz. Romancier; 319

---

153   Die Titelei und die Kapitel des Anhangs sind nicht in das Register
einbezogen worden.

Bayern, Therese (Charlotte Luise Friederike Amalie) Königin von, geb. Prinzessin von Sachsen-Hildburghausen (1792 – 1854); 136 170 177

Béarn, Gaston de Prinz de; frz. Autor; 78 79 264

Béarn, Pauline de (s. Tourzel, Pauline de)

Beauchesne, M. A.; frz. Autor; 52 263

Bechstein, Ludwig (1801 – 1860); Archivar, Bibliothekar, Schriftsteller in Meiningen; 226 227 242 315

Bénézech, Pierre (1749 – 1802); frz. Innenminister, Mitglied des Direktoriums; 57 60 70 71 129

Bentinck, Johann Albert Graf von; 224 227

Berg, Caroline v.; Freundin der Königin Luise von Preußen, gibt u. a. 1814 ein Buch über die Königin heraus; 102

Berry, Charles Ferdinand Herzog von (1778 – 1820); jüngerer Sohn des nachmaligen Königs Karl X. von Frankreich, ermordet. Vater von Graf von Chambord ; 23 99 107 272 284

Berthelmy, Agnès geb. Daniels (auch: Berthelemy nee Daniels) (1760 – 1827); 97 102 171 234 236 241 244 263 264

Bibra, Carl Friedrich; Geheimrat; 146 189

Blond, Aubrey Le Freifrau von Hannover geb. Herzogin von Portland; Mitarbeiterin Maeckels; 222 252

Blücher, Gebhard Leberecht Fürst B. von Wahlstatt (1742 – 1819); preuß. Generalfeldmarschall (1813), Marschall „Vorwärts"; 283

Boehmker, Richard; Autor; 65 248 260

Boesch, Prof.; Kustos; 77

Bonaparte, Jérôme (1784 – 1860); jüngster Bruder Napoléon Bonapartes, König des Königreichs Westfalen (1807 – 1813); 278

Botta, Sophia od. Sophie; vermutl. fiktiver Name für Marie Thérèse Charlotte von Frankreich; 150 171 234 237

Bouillé, Francois Claude Amour Marquis de (1739 – 1800); frz. General, Mitglied der Nationalversammlung; 29

Bourbon-Condé, Louis Joseph Prinz von (1772 – 1804); Führer des Emigrantenheeres; 98 107 162 273 274

Bourbon, Élisabeth Philippine Marie Hélène von (1764 – 1794); genannt Madame Élisabeth, jüngste Schwester Ludwigs XVI.; 28 37 40 41 42 44 53 85

Brachvogel, Emil Richard (1824 – 1878); Schriftsteller, Dramatiker; 227 258

Braun, Ludwig Wolfgang Hiskias; Geheimrat in Hohenlohe-Neuenstein, Gesandter bei den Reichsdeputationsverhandlungen; 106 209

Braunschweig-Wolfenbüttel, Elisabeth Prinzessin von (1691 – 1750); (Titular-)Kaiserin des HRRDN, Mutter von Maria Theresia; 72

Bruckner, Casparus; Literat; 226

Brun, Élisabeth Vignée le (auch: Lebrun) (1755 – 1842); bedeutende frz. Porträt- und Landschaftsmalerin des Klassizismus; 232

Buff, Albert; Lehrer in Hildburghausen; 65 167

Bülau, Friedrich (von) (Prof.) (1805 – 1859); dt. Schriftsteller, Nationalökonom, Hochschullehrer, Zensor („Geheime Geschichten und rätselhafte Menschen", Leipzig 1850 – 1860, 1863/64, 12 Bde.); 207

Burckhardt, Peter; Bürgermeister in Basel; 65 66 70

Cadoudal, Georges (1771 – 1804); frz. General (plant ein Attentat auf Napoléon Bonaparte, nach der Restauration wird die Familie geadelt und er postum zum Marschall befördert); 99 276

Cambacérès; Mitglied des frz. Nationalkonvents; 68

Cambell; britischer Bevollmächtigter; 280

Canclas, Marquise de; Hofdame in Wien; 72 94

Capet, Ludwig (s. Frankreich, Ludwig XVI. König von)

Capet (Witwe) (s. Frankreich, Marie Antoinette Königin von)

Capetinger; 36

Carlos, Don C. Maria Isidro de Borbon; Herzog von Molina (1788 – 1855) Thronprätendent (Karl V., 1833 – 1844); 288

Carlowitz, Carl Friedrich Ernst von; Sohn von Isabella v. C.; 302

Carlowitz, Isabella von (1741 – 1796) (Sabine Dorothea); Hofdame, Geliebte des Herzogs Ernst Friedrich III. Carl von Sachsen-Hildburghausen; 302 303

Charlet; Sekretär der Herzogin von Angoulême; 290

Castelot, André (in Belgien geb., eigtl. André Storms, übernimmt den Familiennamen seiner Mutter Gabrielle C.) (1911 – 2004); frz. Historiker, Literat, Journalist, Ordensträger der Ehrenlegion; 264

Chambord, Graf von (Henri Charles Fedinand Marie Dieudonné de Bourbon-Artois, duc de Bordeaux, comte de Chambord) (1820 – 1883)

Herzog Heinrich von Bordeaux, von den Legitimisten nach der Abdankung seines Großvaters Karl X. und 1870 als Heinrich V. zum König von Frankreich ausgerufen; 272 284 285

Chambrier, Marie Louise geb. Pfyffer von Heidegg; 77

Chanterenne, Madeleine-Élisabeth-Renée-Hillaire de la Rochette Bocquet de; Gefährtin der Marie Thérèse Charlotte von Frankreich in ihren letzten Monaten im Temple, von ihr Renète genannt; 45 46 47 48 52 53 70 62 63 71

Chauveau-Lagarde, Claude Francois (1756 – 1841); frz. Advokat, Vertei-
diger prominenter Persönlichkeiten vor dem Revolutionstribunal (so
auch Marie Antoinette, Madame Élisabeth, Charlotte Corday); 39
Christ, Caspar; Schreiner in Eishausen; 182 206
Cléry, Jéan Baptiste Hanef dit; Diener von König Ludwig XVI.; 270
Constant, Benjamin (eigtl. B. Henri C. de Rebecque) (1767 – 1830);
aus einer schweizerischen Hugenottenfamilie stammend, wird 1794
Franzose. Schriftsteller, Politiker; 168
Coudray, Guillaume Tronson du; frz. Advokat, Verteidiger von Marie
Antoinette vor dem Revolutionstribunal; 39

Dabos, Charles; 72 95 96
Dabos, Jeanne nee Bernard; Künstlerin; 72
Daehne, Paul; dt. Autor; 65 248
Daniels, Peter Joseph (Dr. med.); Arzt in der Pfalz; 102
Danton, Georges Jacques (1759 – 1794); Advokat, frz. Revolutionär; 30
37
Degelmann, Baron von; österr. Minister; 70
Destrémeau, Noelle; frz. Geschichtsprofessorin; 263
Diebitsch-Sabalkanski, Hans Karl Friedrich Anton von (später Graf
Diebitsch-Sabalkanski) (1785 – 1831); entstammt einem alten schle-
sischen Adelsgeschlecht, russ. Feldmarschall; 279
Dourand (Pseudonym für Ludwig XVI. auf der Flucht nach Varennes);
28
Drouet, Jean Baptiste (1763 – 1824); frz. Revolutionär, Postmeister von
Sainte-Meuehould, Offizier; 28 57
Dumas d. A., Alexandre (1802 – 1870); Romancier; 227
Dunkelgraf (s. Valck, Leonardus Cornelius van der)
Dunkelgräfin (s. Frankreich, Marie Thérèse Charlotte von)

Eichhorn, Marianne; Mitarbeiterin des Prinzen Friedrich Ernst von
Sachsen-Altenburg, Autorin; 258
Élisabeth (s. Bourbon, Élisabeth Philippine Marie Hélène)
Engelmann; Kupferstecher; 93
Enghien, Herzog von (Louis Antoine Henri de Bourbon-Condé) (s.
Bourbon-Condé); 76 76 106 107 162 225 227 276
Eyring, Roland; Heimatverein in Eishausen; 125

Fersen, (Hans) Axel Graf v. (1755 – 1810); Offizier, schwedischer Staatsmann, Favorit der frz. Königin Marie Antoinette; 27 28 62 84

Fischer, Heinrich (1863 – 1944); Oberlehrer, Museumsverwalter in
  Hildburghausen; 308
Fischer, Marie Luise (Mary); Gymnasialoberlehrerin in Hildburghausen;
  238
Fischern, von Familie; ; 302
Fischern, Adolf von; Kammerherr in Sachsen-Meiningen, Major; 303
Fischern, Caroline von, geb. von Stocmeier; ; 302 303 304 306
Fouché, Joseph (1759 – 1820); Mitglied des frz. Konvents (Bergpartei),
  Polizeiminister, Herzog von Otranto (1809); 48 79 162
Frank, Caspar; Schlosser in Eishausen; 154
Frankreich, Karl X. König von (vorher Graf von Artois) (1757 – 1836);
  21 23 34 49 265 266 271 276 284 285 286 288 290
Frankreich, Ludwig XVI. König von (1754 – 1793); 21 23 24 25 27 28
  29 30 31 34 35 33 36 38 40 46 59 60 61 62 68 70 72 73 75 77 80 81
  83 86 87 107 121 219 245 250 259 260 262 265 266 280 282 287
  289
Frankreich, Ludwig XVII. (Louis Charles) (1785 – 1795) seit 1789
  Dauphin, Sohn von Ludwig XVI. und Marie Antoinette, Bruder von
  Marie
Thérèse Charlotte von Frankreich; 23 29 31 34 38 20 21 23 24 25 41 48
  50 78 85 89 262 265 266
Frankreich, Ludwig XVIII. König von (vorher Graf von Provence) (1755
  – 1824); 23 27 31 34 38 40 49 68 69 70 71 80 99 100 260 265 269
  270 271 272 273 274 276 277 278 279 280 281 282 283 285
Frankreich, Ludwig XIX. (s. Angoulême, Louis Antoine Herzog von); 23
Frankreich, Marie Antoinette Königin von (1755 – 1793); Tochter der
  Kaiserin Maria Theresia; 21 23 24 26 27 28 2931 32 33 34 35 37 38
  39 40 41 42 44 50 67 68 69 70 73 74 75 85 120 121 253 260 261
  265 266 267 268 282 287
Frankreich, Marie Thérèse Charlotte von Frankreich (1778 – 1837);
  Madame Royale, „Dunkelgräfin"; 20 21 23 24 25 31 32 33 34 35 36
  37 38 39 41 42 43 44 45 46 48 49 50 51 52 57 58 59 61 62 63 64 65
  66 67 68 69 70 71 72 73 74 75 76 77 78 85 90 91 92 93 94 95 96 97
  98 99 100 104 105 106 108 109 110 111 112 113 114 115 116 117
  118 121 124 125 126 127 129 131 135 136 140 143 145 146 147
  148 149 150 151 152 154 155 156 157 158 159 160 161 162 163
  164 166 167 168 169 171 172 175 176 178 180 181 182 185 186
  187 188 189 190 196 197 206 207 208 216 217 220 224 225 227
  229 230 233 234 236 237 238 239 240 241 242 243 244 248 250
  251 253 256 257 259 260 262 263 264 265 266 268 269 270 271

272 273 280 285 287 289 292 295 296 299 305 310 311 313 315
316 317 319

Franz I. (Franz Joseph Karl von Habsburg) (1768 – 1835); Kaiser von
Österreich (1804 1835), als Franz II. Kaiser des Heiligen Römischen
Reichs Deutscher Nation (1792 – 1806); 49 50 51 58 65 69 260 266
268 269 270 272 277 288

Franz II. (s. Franz I.)

Frauenberger, Carl; Fuhrwerksbesitzer; 154

Fritz; Ausspänner des Leichenwagens in Eishausen ; 151

Fritze, Eduard (1849 – 1926) (Dr. h. c.); Oberbaurat in Sachsen-Meiningen; Vereinsdirektor des Hennebergisch-Altertumsforschenden Vereins
(1894 – 1926); 240 247

Gavre, Prinz de; Hofmarschall; 58 65 94

Gehring, Christian; Hofbüttner in Hildburghausen; 139

Georg Wilhelm; Landgraf von Hessen-Darmstadt; 267

Gillmeister, Uwe; Autor; 251

Girardin; frz. Arzt; 226

Göbel (auch: Goebel); Kreisgerichts-Assessor, Kriminalrat in Hildburghausen; 163 164 191

Goethe, Johann Wolfgang (1749 – 1832); 168

Gomin; Gefangenenwächter im Temple; 45 73 260 262 263

Gosselin, Theodore (s. Lenôtre, Guy)

Gronovius, Samuel Ulricus; 117

Gruber, Anna Dorothea; Hebamme; ; 307 309

Gschwendtner-Lorrain, Michele; frz. Dunkelgrafenforscherin; 223 249

Günther; Holzknecht; 151

Handschuh (auch: Handschuch) und Frau; Verwalter auf Schloss Eishausen; 123 124 126

Hanisch, Johann Gottfried (1755 – 1800); Druckereibesitzer in Hildburghausen; 117

Hannover, Friederike (Karoline Sophie) von, geb. Prinzessin von
Mecklenburg-Strelitz (1778 – 1841); Prinzessin von Preußen, Königin
von Hannover; 139

Hannover, Maria (Alexandrine Wilhelmine Katharine Charlotte Therese
Henriette Luise Pauline Elisabeth Georgine) Königin von, geb.
Prinzessin von Sachsen-Altenburg (1818 – 1907); 245

Hauser, Kaspar; 197

Hébert, Jacques René (1757 – 1794); frz. Publizist, Führer der antikleri-
kalen-sozialrevolutionären Hébertisten; 38

Heidegg, Alphons Pfyffer von (1753 – 1822); Mitglied des Großen Rates und Stadtschreiber von Luzern; 77
Heidegg, Pfyffer von; Kommandeure der Schweizergarde der Könige von Frankreich; 77
Heim; Kreisgerichtsaktuar in Hildburghausen; 191
Heinrich III. v. Navarra; 51
Heinrich, Inga; Enkeltochter von Eduard Fritze; 240
Helena Pawlowna (1807 – 1873); russ. Großfürstin, Tochter der Herzogin Paul von Württemberg, geb. Prinzessin (Friederike) Charlotte (Marie) von Sachsen-Hildburghausen; 150
Hennig, Dr. Richard; Wissenschaftler, Schriftsteller in Berlin; 251 252
Heßberg, Herren von; 122
Heßberg, von; General; 123 328
Heun; Polizeidiener in Hildburghausen; 119 151
Heymann, Wolfgang (1921 – 1993); Vermessungstechniker in Hildburghausen; 258
Hofmann, Friedrich (Dr. phil.) (1813 – 1888); Redakteur, Schriftsteller, Mitarbeiter am Bibliographischen Institut Hildburghausen; 242 315
Hohenlohe-Bartenstein-Jagstberg, Karl; Prinz von Offizier; 80 98 103
Hohenlohe-Ingelfingen Friedrich Ludwig Karl Fürst von (1747 – 1818); Generalfeldmarschall ; 98 209
Hohenlohe-Öhringen, Ludwig Friedrich Carl Fürst von (1721 – 1805); 103 104 106 277
Hohnbaum, Carl (Dr. med.) (1780 – 1855); Obermedizinalrat in Hildburghausen; 99 100 109 147 166 168 169 207 226 233 296
Honndorf, Paul; Geschäftsführer der „Dorfzeitung" in Hildburghausen; 64 65 72 75 76 76
Hopf, Valentin; Lehrer in Saalfeld; 304
Houdeyer; Generalsekretär des Komitees für allgemeine Sicherheit; 46
Hue, Franĩois (auch: Hue od. Hüe); Diener von König Ludwig XVI.; 60 73 270
Huertas, Monique de; frz. Autorin; 264
Human, Rudolf Armin Dr. jur. et phil. (1843 – 1923); Kichenrat, Historiker, Schriftsteller; 78 98 117 126 134 153 183 205 227 228 229 231 232 238 239 241 242 244 247 248 293 294 299 310 315 318

Isabella (1830 – 1904); Königin von Spanien (seit 1833); 288

Jacobi, Georg Friedrich (1801 – 1850); Regierungsadvokat; 98 134 180 238 239 308

Jean Paul (eigtl. Johann Paul Friedrich Richter) (1763 – 1825); Dichter, Schriftsteller, Hildburghauser Legationsrat; 139

Jokai, Mor (1825 – 1904); 48er Revolutionär, bedeutendster ungarischer Schriftsteller; 227

Kaiser; Kammergutspachter in Eishausen; 123 124 126 128 182 184

Kambach, Carl; Schreiner in Hildburghausen; 154

Kant, Immanuel (1724 – 1804); dt. Philosoph; 135 137

Katzenberger, Franz Heinrich Joseph (Dr. med.) (1767 – 1836); Leibarzt des preuß. Königs, Hofrat; 119

Kleinauf; Büttner in Eishausen; 151

Knecht, Bernhardt; Vater von Katharina Dorothea Knecht; 309

Knecht, Katharine Dorothea; Patin von Katharina Dorothea Scharr; 309

Knoll, Kaspar († 1886); Totengräber in Hildburghausen; 154

Knopf, Christian Jacob Heinrich (Dr. med.) (1781 – 1848); Medizinalrat, Hofrat und Leibarzt des Herzogs in Hildburghausen; 147 170 175

König, W. A. Karl (1766 – 1844); Tuchfabrikant und 2. Bürgermeister in Hildburghausen; 151 154

Könitz, Christian Ferdinand Freiherr von (1756 – 1832); Kammerjunker; 109

Korff, Madame von; 28

Kost, Gotthelf Christoph (1797 – 1865) Oberamtmann, Ehrenbürger (1839); 164

Kraeger ; Gutsbesitzer, Kommerzienrat in Oberstadt; 244

Kraus; Geheimrat in Ingelfingen; 106

Kraus; Sohn des Geheimrats; 106

Kühner Familie; 169

Kühner, Friederike Henriette (* 1781); Tochter von Dr. Carl Ludwig Nonne, Witwe des Pfarrers Heinrich Kühner; 144 157 161 169 204 228

Kühner, Heinrich (1772 – 1827); verh. mit Ludwig Friedrich Nonne, Tochter von Dr. Carl Ludwig Nonne Hofprediger, ab 1811 Pfarrer in Eishausen; 131 130 131 135 136 143 152 157 158 170 174 176 201 207 226 297 308 310 311

Kühner, Karl (Friedrich Ludwig) (Dr. phil.) (1804 – 1872); Sohn von Heinrich Kühner, verheiratet mit Adelheid Luise Friederike Hohnbaum, Tochter von Dr. Carl Hohnbaum) Pädagoge, Superintendent, Autor ; 98 99 104 110 111 130 131 132 137 156 169 175 177 179 207 208 225 226 228 232 293 294 297 300 306 309 310 311

Kümmelmann, Gottfried (1752 – 1817); Geheimer Hofrat; 298

Lacombe, J. B. Lavergne; frz. Nervenarzt; 290

Lafayette, Marie Joseph Marquis de (auch: La Fayette) (1757 – 1834); frz. General und Politiker, Teilnehmer am nordamerikanischen Unabhängigkeitskrieg, vertritt die Politik einer konstitutionellen Monarchie; 24 27 28 29 80 168

Lamballe, Fürstin von (Marie Thérèse Louise von Savoyen-Carignan) (1749 – 1792); Vertraute der Königin Marie Antoinette, folgt ihr freiwillig ins Gefängnis, fällt 1792 den Septembermorden zum Opfer.; 34 35

Lambriquet, de Familie; 74 253 254

Lambriquet, Ernestine de (s. Angouleme, Marie Therese Charlotte); 25 31 32 33 45 59 73 74 75 253 256 259 260 263

Lambriquet, Jacques († 1794); kgl. Mantelträger, Kammerdiener Ludwigs XVI., Stiefvater der Ernestine Lambriquet; 31 45 253

Lambriquet, Philippine de, geb. Godfroy († 1788); Kammerfrau am frz. Hof, Mutter von Ernestine de Lambriquet; 25 74 253

Lannoy, Mark de (* 1963) niederländischer Historiker; 59 79 144 169 180 241 264 273 294

La Roche; Pseudonym fur Casparus Bruckner; 226

Lasne; Gefangenenwächter im Temple; 45 52

Laurent; Gefangenenwächter im Temple; 45

Laurent, Madame; eine Amme der Prinzessin Marie Thérèse Charlotte von Frankreich; 48

Lenôtre, Guy (Pseudonym fur Theodore Gosselin) (1855 – 1935); französischer Historiker, Autor; 249 250 251 252 253 259 260

Leopold II. (1747 – 1792); Großherzog von Toskana (1765), dt. Kaiser (seit 1790); 27

Lessing, Gotthold Ephraim (1729 – 1781); 137

Leuthäuser, Johann Adam; Gastwirt im „Sächsischen Haus" in Hildburghausen; 301

Leutrum; Hofmarschall; 109

Locke; 137

Loder, Justus Christian (1753 – 1832); Prof. der Medizin, Anatom, Gynäkologe, Chirurg und Leibarzt des russischen Zaren, lehrt und praktiziert 1778 – 1803 an der Universität Jena; 100 101 168

Louis Charles (s. Frankreich, Ludwig XVII.)

Ludwig Ferdinand (1729 – 1765); Dauphin, Vater von Ludwig XVI., Ludwig XVIII. und Karl X.; 271

Louis Joseph (Ludwig Joseph) (1781 – 1789); erstgeborener Sohn von König Ludwig XVI. und Marie Antoinette, Dauphin; 23

Ludwig, Otto (1813 – 1865); dt. Schriftsteller; 226

Mackeau, Madame de (auch: Mackau); frz. Hofdame; 31 48 57

Madame Royale (s. Frankreich, Marie Thérèse Charlotte von)

Maeckel, Otto Viktor; dt. Pianist, Komponist, Schriftsteller; 111 222 224 230 238 244 246 248 251 252 255 256 258

Marat, Jean Paul (1743 – 1793); frz. Arzt, Publizist, Revolutionär; 30

Maria Theresia (1717 – 1780); Kaiserin HRRDN, Mutter von Marie Antoinette; 39 50 78 232 244 267

Marie Antoinette (s. Frankreich, Marie Antoinette)

Marie Thérèse Charlotte von Frankreich (s. Frankreich, Marie Thérèse Charlotte von)

Marquardt; Wirtin im „Englischen Hof" in Hildburghausen; 112

Marr; Schneider; 151

Martini, Gerardus Johannes de (Dr.); holländischer Rechtsanwalt; 180

Méchel, Christian von (1737 – 1817); Kupferstecher, Stichverleger und Kunsthändler, Graveur; 59 65 67 94

Mecklenburg-Strelitz, Friederike (Caroline Louise) Herzogin von, geborene Prinzessin von Hessen-Darmstadt (1752 – 1782); Mutter der Herzogin Charlotte von Sachsen-Hildburghausen; 120 267

Mecklenburg-Strelitz, Karl (Ludwig Friedrich) Herzog/Großherzog von (1741 – 1816); Vater der Herzogin Charlotte; 261

Medici, Katharina (Maria Romula) von (1519 – 1589); ab 1547 Königin, Regentin von Frankreich (1560 – 1563). Ausländerin wird sie teils heute noch in der Geschichtsschreibung für die Massaker an protestantischen Adligen (Bartholomäusnacht) verantwortlich gemacht.; 38

Merian-Iselin; Gastwirt in der Schweiz; 65

Meunier; Koch; 73 260

Mielecki, Stanislaus von (Dr. med.) (* 1851); Stabs- u. Bat.-Arzt der 95er in Hildburghausen; 229 230

Meyer, Joseph (1796 – 1856); Verleger; 111

Miexy; Maler in Paris; 58 75 92 93

Montjoye; frz. Chronist; 253

Moreau, Friedrich Ernst Carl (auch: Mereau); Amtmann in Themar, dann in Saalfeld, Freimaurer; 110

Mozart, Wolfgang Amadeus (1756 – 1791); 307

Mücke; Hofadvokat; 165

Murat, Caroline (geb. Caroline Bonaparte) (1782 – 1839); jüngste Schwester Napoléon Bonapartes, Großherzogin von Cleve und Berg (1806), Königin von Neapel (1808); 67 289

Nagel, Broy; Agent des engl. Gesandten Wickham; 92

Napoléon Bonaparte (eigtl. Napoleone Buonaparte); Kaiser der Franzosen (1769 – 1821); 50 76 76 78 79 99 103 105 107 108 110 116 162 225 265 270 273 274 275 276 277 278 279 280 282 283 289

Napoléon (1811 – 1832) Herzog von Reichstadt [als Kaiser der Franzosen Napoléon II., eigtl. Napoléon Fran⬛ois Bonaparte], bei Geburt als „König von Rom" proklamiert; 50

Nassau-Weilburg, (Charlotte) Louise (Friederike Amalie Alexandrine) Herzogin von, geb. Prinzessin von Sachsen-Hildburghausen (1794–1825); 136

Neapel, von Kronprinz; 21

Neapel, Königin von; Schwester von Marie Antoinette; 67

Neapel-Sizilien, Maria Theresa Prinzessin von (1772 – 1807); 2. Ehefrau von Kaiser Franz II.; 268

Ney, Michel (1769 – 1815); frz. Marschall, Herzog von Elchingen und Fürst von Moskwa. Der Tapferste unter den Tapferen (Napoléon); 283

Nonne Familie; 308

Nonne, Carl Ludwig (1785 – 1854); Theologe, Pädagoge, Schriftsteller; 136 139 150 152

Nothnagel, Dorothea (Papagena), geb. Scharr (1813 – 1890) verw. Schmidt; 1. Ehemann: Simon Schmidt, 1850 verst., 2. Ehemann: Johann Georg Martin Nothnagel, im Dienst des Dunkelgrafen; 138 149 154 162 242 244 301 304 306 307 309 310 312 314 315 316 317 318

Nothnagel, Fritz; Zimmermeister, Privatier; 222

Nothnagel, Johann Georg Martin (1822 – 1892); Ehemann von Dorothea verw. Schmidt, geb. Scharr, Zimmermeister und Gastwirt in Hildburghausen; 314 315

Orléans, Louis Philippe von (1773 – 1850); König der Franzosen (Roi Citoyen – „Bürgerkönig" von 1830 – 1848, 1793 Herzog von Orleans); 23 285 286 289

Osmond, Marquise von; 67

Osterreich, Karl (Ludwig Johann); Erzherzog von (1771 – 1847) Bruder von Kaiser Franz II.; 69 71

Österreich, Karl VI. (1685 – 1740); als Karl III. 1703 zum König von Spanien ausgerufen, seit 1711 Kaiser des HRRDN

Österreich und Ungarn, Ferdinand I.Kaiser von; 77 288

Pabst, Siegfried (* 1927); Journalist, Schriftsteller; 271

Pagarcel; frz. Innenminister; 233

Pange, Comte de; frz. Historiker; 256

Parrois, Marquise de (auch: Parroys); frz. Maler; 49 67 91

Pestalozzi, Johann Heinrich (1746 – 1827); schweiz. Pädagoge, Sozialreformer; 139

Petrovics, Paul von; Redakteur der „Dorfzeitung" in Hildburghausen; 247

Pfitz, Heinrich Christian (1789 – 1869); 1819 Diakon in Hildburghausen, 1827 Pfarrer in Eishausen; 152 170 173 174 177 178 216 296 297 317

Pichegru, Jean Charles (1761 – 1804); frz. General der Revolutionskriege, konspiriert mit den Gegenrevolutionären und plant ein Attentat auf Napoléon Bonaparte; 276

Piltz, Georg; dt. Autor; 248

Pius VI. Papst (* 1717, Regierungszeit: 1775 – 1799; 271

Pius VII. Papst (* 1742) Regierungszeit: 1800 – 1823; 276

Policnac, Herzogin von (Yolande Martine Gabrielle de Polastron)(1749 – 1793); Einflussreiche Vertraute der Königin Marie Antoinette, Gouvernante der königlichen Kinder; 23

Preußen, Friedrich Wilhelm III. König von (1770 – 1840); 275 276

Preußen, Luise (Auguste Wilhelmine Amalie) Königin von, geb. Prinzessin von Mecklenburg-Schwerin (1776 – 1810); Schwester der Herzogin Charlotte von Sachsen-Hildburghausen; 102 119 139 250 266 274 275

Provence, Graf von, eigtl. Provence, Stanislas Xavier Graf von (s. Frankreich, Ludwig XVIII. König von)

Radefeld; Familie in Hildburghausen; 118

Radefeld, Philippine; Geheime Assistenzrätin; 112 113 114 118 242

Rampold (auch: Ramboldt, Rambold), Johann Jacob; Hofapotheker in Ingelfingen; 105

Rathe-Seber; Dunkelgafenforscherin in Ingelfingen; 106

Reber; Bankier und Kunsthändler in Basel; 58 59 65 67 66

Reiset, Vicomte Tony Henry Auguste de; Chronist; 53

Reuß, Maria von, geb. Prinzessin von Sachsen-Altenburg; 239

Riggenbach, Rolf; Mitarbeiter des Staatsarchivs Basel; 72

Robespierre, Maximilian de (1758 – 1794); Advokat, frz. Revolutionär; 36 45

Rochet, Madame de; 28

Rohan, Louis René Edouard von (1734 – 1803); Kardinal, seit 1779 Fürstbischof von Straßburg, Zentralfigur der Halsbandaffäre, verlässt Frankreich; 108 226

Rohan, Herzogin Charlotte de; 61 107
Romain, Jean Pascal; frz. Autor; 264
Römhild, Caspar (1800 – 1865); Holzknecht; 151
Rommel, Eduard (1796 – 1876); Geheimer Justizrat, Kreisgerichtsdirektor in Hildburghausen, Ehrenbürger (1856); 180 237 317
Rouget de Lisle, Claude Joseph (1760 – 1836); Dichter und Komponist der Marseillaise, er ist kein Anhänger der Revolution und muss einige Zeit wegen seiner royalistischen Gesinnung im Gefängnis verbringen, Freund von Leonardus Cornelius van der Valck, zur Zeit des Personenaustausches 1795 ist er Kommandant der Festung Hüningen; 80 97
Rückert, Prof. Oskar; 241
Rückert, Otto (Georg Wilhelm) (1847 – 1922) (Dr. phil.); Oberschulrat, Seminardirektor in Hildburghausen; 241 264
Rusky, Madeleine de; frz. Autorin; 256 259 264
Russland, Paul I. Zar von (eigtl. Pawel Petrowitsch) (1754 – 1801) und Herzog von Schleswig-Holstein-Gottorp (1762 – 1773); Sohn von Katharina die Große, Vaterschaft ist ungeklärt. Zar von 1796 – 1801; 100 272 273 274 275
Russland, Alexander I. Zar von (1777 – 1825); 61 109 110 168 196 275 276 284
Russland, Wladimir Großfürst von; Urenkel der Königin Luise von Preußen; 250
Russland, Wladimir Großfürstin von, geb. Herzogin von Mecklenburg-Strelitz; 249 250

Sachsen, Maria Josepha von; Mutter von Ludwig XVI., Ludwig XVIII. und Karl X.; 271
Sachsen-Altenburg, Adelheid Herzogin von, geborene Prinzessin von Schaumburg-Lippe; 246
Sachsen-Altenburg, Auguste Prinzessin von; 246
Sachsen-Altenburg, Ernst I. (Friedrich Paul Georg Nikolaus) Herzog von (1826 – 1908) 245 247
Sachsen-Altenburg, Ernst II. Herzog von (1871 – 1955); 222 246 247 251 252 255 256 257
Sachsen-Altenburg, Franz Prinz von, Herzog zu Sachsen, Graf Praschma, Freiherr zu Bilkau (* 1934); Prinzessin Marie von Sachsen-Altenburg adoptiert 1938 das jüngste Kind des Grafen Benedikt Praschma; 239
Sachsen-Altenburg, Friedrich Ernst Prinz von (1905 – 1985); Historiker, Archäologe, Autor; 77 108 166 169 223 238 239 253 255 256 257 259 263 264 265

Sachsen-Altenburg, Georg (Franz Friedrich Karl Ludwig Heinrich) Herzog von, geb. Prinz von Sachsen-Hildburghausen (1786 – 1853); 143 245 246

Sachsen-Altenburg, Georg Moritz Erbprinz von (1900 – 1991); 257 258

Sachsen-Altenburg, Joseph (Georg Friedrich Ernst Carl) Herzog von, geb. Prinz von Sachsen-Hildburghausen (1789 – 1868); 143 245

Sachsen-Altenburg, Marie von, geb. Prinzessin von Mecklenburg-Schwerin; 249

Sachsen-Altenburg, Moritz Prinz von († 1907); 246 247

Sachsen-Altenburg, Therese Prinzessin von; 247

Sachsen-Coburg und Gotha, Ernst I. Herzog von (1784 – 1844); preuß. General, Vater des britischen Prinzgemahls Albert (ab 1806 bis 1826 Ernst III. Herzog von Sachsen-Coburg-Saalfeld); 109 247

Sachsen-Hildburghausen, Amalie (Caroline) Prinzessin von (1732 – 1799); Gemahlin von Fürst Ludwig Friedrich Carl von Hohenlohe-Öhringen; 103

Sachsen-Hildburghausen, Charlotte Herzogin von, geb. Prinzessin von Mecklenburg-Strelitz (1769 – 1818); 102 109 118 119 120 126 127 135 139 140 194 207 214 244 249 250 252 261 266 267 298

Sachsen-Hildburghausen, Ernst Friedrich III. Carl Herzog von (1727 – 1780); 103 302 303

Sachsen-Hildburghausen, Friedrich Herzog von, ab 1826 Herzog von Sachsen-Altenburg (1763 – 1834); 109 111 120 139 140 142 143 166 194 201 202 207 214 225 244 245 247 252 261 302 303

Sachsen-Hildburghausen, Joseph (Maria Friedrich Wilhelm Hollandinus) Prinz, 1780 – 1787 Regent (Herzog) von (1702 – 1787) Reichs-General-Feldmarschall der Kaiserin Maria Theresia; 111 112 303

Sachsen-Hildburghausen, Luise Prinzessin von (1794 – 1825) Tochter von Herzog Friedrich und Herzogin Charlotte, Gemahlin von Wilhelm Herzog von Nassau; 136

Sachsen-Meiningen, Amalie Erbprinzessin von Sachsen-Meiningen; 184

Sachsen-Meiningen, Bernhard II. Erich Freund (auch: Bernhard II.) Herzog von (1800 – 1882); 143 150 165 194 203 238 240 241 242 244 247 252 264

Sachsen-Meiningen, Georg II. Herzog von (Dr. phil. h. c.) (1826 – 1914); „Theaterherzog"; 240 241 242 247

Sachsen-Meiningen, Louise (Eleonore) Herzogin von, geb. Fürstin von Hohenlohe-Langenburg (1763 – 1857); Vormundschaftsregentin; 110

Sachsen-Meiningen, Marie Herzogin von, geb. Prinzessin von Hessen-Kassel; 246

Sare, Paul Marie; frz. Autor; 264

Saur, Rosa († 1954); Mitarbeiterin Maeckels und des Prinzen Friedrich Ernst von Sachsen-Altenburg; 240 252 255

Savary, Anne Jean Marie René (1774 – 1833); frz. General, Polizeiminister, Herzog von Rovigo, Pair; 162

Savoyen, Luise Maria Josepha von (od. Luise Maria Giuseppe) (1753 – 1810) Gemahlin von König Ludwig XVIII. von Frankreich; 277 278

Saxe-Altenbourg, Frederic de (s. Sachsen-Altenburg, Friedrich Ernst Herzog von)

Schadow, Gottfried (1764 – 1850); dt. Bildhauer, 1815 Direktor der Berliner Akademie der Künste, Hauptmeister des dt. Klassizismus; 103

Schäfer, Jürgen; Nachfahre Scharrs in Hildburghausen; 317

Schaller, K.; Staatsminister a. D. in Meiningen; 78

Scharr, Dorothea Papagena (1813 – 1890) (s. auch Nothnagel, Dorothea); 77 78 79 99

Scharr, Johann Philipp (in einigen Quellen auch „Scharre") (1744 – 1817); vermutl. Mitglied der Schweizergarde des frz. Königs, Diener des Dunkelgrafenpaares; 104 111 112 113 117 118 120 122 131 135 138 139 242 292 293 294 295 296 297 298 300 307 308 310 312 313 314 316

Scharr, Philipp Papageno (1812); lebt bis 1835 in Steinfeld, am 25. November 1854 wird ihm vom Herzoglichen Verwaltungsamt Hildburghausen der Reisepass ausgehändigt, Schuhmacher; 138 301 304 307 310

Schelling, Friedrich Wilhelm Joseph von (1775 – 1854); dt. Philosoph; 137

Schermer, S. J.; Verwandter des Dunkelgrafen, Konsul; 238 244 252

Schiller, Friedrich (1759 – 1805); 168

Schindler Türmer; 151

Schleiermacher, Friedrich Daniel Ernst (1768 – 1834); dt. ev. Theologe und Philosoph; 137

Schlund; Bürgermeister in Eishausen; 182

Schmidt, Friederike, geb. Gutjahr; verh. mit Johann Ehrhardt Schmidt († 1864), in Diensten des Dunkelgrafen (1819 – 1845); 148 149 154

Schmidt, Johann (1768 – 1840); Diener des Dunkelgrafen; 145 148 166 301 311 312

Schmidt, Johann Carl (1836 – 1906) (Sohn von Simon und Katharina Schmidt) Gärtner und Restaurator; 151

Schmidt, Johann Ehrhardt (1807 – 1879); Sohn von Johann und Katharina Schmidt, Ehemann von Friederike geb. Gutjahr, Diener des

Dunkelgrafen in Eishausen; 146 148 154 170 176 185 301 310 312 313 317 318

Schmidt, Johann Ludwig (Pedrillo) (* 1833); Sohn von Simon und Katharina Schmidt; 146 147 151

Schmidt, Katharina, geb. Gretzer (1782 – 1843); Ehefrau des Johann Schmidt; 145 149 154 159 166 185 298 310 311 312 316

Schmidt, Simon (1809 – 1850); verh. mit Katharina Dorothea Scharr (Sohn von Johann und Katharina Schmidt), Diener des Dunkelgrafen in Eishausen; 146 151 153 154 155 162 170 176 301 304 310 312 314 315

Schmitz, Jan; Erbe des Leonardus Cornelius van der Valck in Amsterdam; 98 125 180

Schmitz, Jan Joannes; Enkel von Jan Schmitz; 98 125 238 241

Schmitz, Piet Cornelius; Erbe des Leonardus Cornelius van der Valck in Amsterdam; 98 180 238

Schöler, Eugen; Heraldiker und Dunkelgrafenforscher in Schwabach; 240

Schubart; unbekannter Mann; 146

Schuler, Carl Christian von (1756 – 1838); Großherzoglich Mecklenburg-Strelitzscher Kammerherr, erwirbt von v. Gussio den ehem. heßbergischen Berggarten, der später nach ihm „Schulersberg" benannt wird.; 147

Schwarzkopf, Benedikt Friedrich von (auch Schwartzkopff) (1777 – 1822); Geheimer Rat, Ehrenbürger; 145

Schwarzkopf, Ernst Heinrich von (auch: Schwarzkopff) (1798 – 1823); Geheimer Kabinettssekretär; 145

Schweden, Gustav III. König von (1746 – 1792); 21

Schweden, Gustav Adolf König von (hier: Gustav IV. Adolf) (1778 – 1837), ältester Sohn Gustavs III.; 21

Sendel, G. F. Architekt in Ingelfingen; 104

Sérent, Frau v.; 70

Sillmann, Dorothea; Ehefrau von Amberg, Johann; 296

Sillmann, Margarethe (auch: „Teichgreth"); Dienerin von Leonardus Cornelius van der Valck; 149

Simon, Antoine; Jakobiner, Schuster, zu ihm kommt 1793 der Dauphin Louis Charles de Bourbon in Erziehung; 89

Soucy, Madame de; frz. Hofdame; 31 70 71 73 290

Spencer, Lady Georgina; nachmalige Herzogin von Devonshire; 227

Stein, Dietrich Freiherr von; 109

Stetten, von Familie; 108

Stirtzel, Jacob Salomon († 1879); Domänenpächter in Eishausen, Schwiegervater Armin Humans; 228

Stocmeier, Ernst Christian (Friedrich Artur) von (1844 – 1915); Oberbürgermeister in Hildburghausen, Ehrenbürger (1905); 247

Stocmeier, Carl Friedrich von (um 1735 – 1805); Haus- und Hofmarschall, Besitzer Rittergut Eyba; 302 303

Stolberg; 137

Strauß, David Friedrich (1808 – 1874); dt. evang. Theologe; 137

Talleyrand-Perigord, Charles-Maurice Herzog von (1754 – 1838); frz. Staatsmann, Außenminister, Diplomat; 80 97 162 233 234 263 281 284

„Teichgreth" (s. Sillmann, Margarethe)

Thein; Steinmetzmeister; 153

Thorvaldsen, Bertel (1770— 1884); dänischer Bildhauer; 30

Thugut, Baron von; kaiserlicher Staatskanzler in Wien; 69

Tischbein; Künstlerfamilie; 118

Tischbein, Johann Valentin (1715 – 1768); Hofmaler in Hildburghausen; 118

Titus; röm. Kaiser; 292 315

Tourzel, Marquise de; 24 25 29 45 48 69 70 79

Tourzel, Pauline de; 24 45 48 79 263

Trattner, Johann Thomas von (1719 – 1798); Hofbuchdrucker, Buchhändler und Verleger in Wien; 232

Tussaud, Madame;

Valck, Adrianus van der († 1824); Vater von Leonardus Cornelius van der Valck; 234

Valck, Leonardus Cornelius van der (al. Vavel de Versay) (1769 –1845); Diplomat, „Dunkelgraf", Beschützer der Marie Thérèse Charlotte von Frankreich; 70, 75 78 79 80 97 98 99 100 101 102 104 105 107 108 109 110 112 113 114 115 116 117 118 119 121 122 123 124 125 126 127 128 129 130 131 132 133 134 135 136 137 138 140 141 142 143 144 145 146 147 148 149 150 151 152 153 154 155 156 157 158 159 160 161 162 163 164 166 168 169 170 171 173 174 175 176 177 178 179 180 181 182 183 184 185 187 188 189 190 191 192 193 194 195 196 197 198 199 200 201 202 203 204 205 206 207 208 210 216 218 226 227 228 231 232 233 234 235 236 237 238 241 242 243 244 248 252 263 264 265 273 275 292 293 294 295 296 297 298 299 300 302 303 304 305 306 307 308 309 311 312 313 314 315 316 317

Valck, Maria van der, geb. V. Moorsel (1754 – 1838); Mutter von Leo-
nardus Cornelius van der Valck; 234
Vergniaud, Pierre Victurnien (1753 – 1793); Ein Führer der Girondisten
der Französischen Revolution; 42
Versay, Vavel de (s. Valck, Leonardus Cornelius van der)
Vogel, Heinrich (1818 – 1904); Maler, Herzoglicher Rat; 145
Voltaire (eigtl. Fran⬚ois Marie Arout (1694 – 1778); frz. Schriftsteller
und Philosoph; 137
Vöth; Dienerin in Ingelfingen; 104

Waldner-Freundstein, Diana Gräfin von; 75
Wartenburg, (Johann David) Ludwig Graf Yorck von (1759 – 1830);
preuß. Generalfeldmarschall (1821); 279
Weber; Schuhmachermeister in Hildburghausen, Vater von Johanna
Weber; 298
Weber, Caspar Friedrich († 1805); Bauherr und Gastwirt des „Englischen
Hofes", Posthalter in Hildburghausen; 111
Weber, Johanna (1786 – 1845); Köchin des Dunkelgrafen (1809 –1835);
115 123 124 127 130 131 138 148 159 175 182 203 242 292 298
299 300 301 303 304 305 306 307 308 309 313 314 316
Wellington, Herzog von (Arthur Wellesley, 1. Herzog von Wellington)
(1769 – 1852); Feldmarschall, Sieger von Waterloo, Premierminister
des Vereinigten Königreichs; 283
Wett, de; 137
Wickham, Lord William; engl. Geschäftsträger und Gesandter in Basel;
58 66 75 92
Will, Johann Martin; Kupferstecher in Augsburg; 74
Willersinn, Heinrich; österr. Autor; ; 78
Württemberg, Antoinette Herzogin von, geb. Prinzessin von Sachsen-
Coburg-Saalfeld; 306
Württemberg, (Friedrich) August (1813 – 1885); Sohn der Herzogin
Paul von Württemberg, Feldherr, Generalfeldmarschall; 150
Württemberg, Charlotte (Katharine Georgine Friederike Luise Sophie
Therese) Herzogin von, geb. Erbprinzessin von Sachsen-
Hildburghausen (1787 – 1847); Tochter der Herzogin Charlotte, verhei-
ratete Prinzessin Paul von Württemberg (∞ 1805); 109 150 226 239
306
Württemberg, Friederike Charlotte von (s. Helena Pawlona)
Württemberg, Friedrich II. König von; Schwiegervater der Herzogin
Paul; 306

Württemberg, Paul (Heinrich Karl Friedrich August) Herzog von (1787 – 1852); Gemahl von Herzogin Paul; 150

York und Albany, Friedrich August Herzog von (1763 – 1827); Prinz von Großbritannien und Irland, Herzog von Braunschweig und Lüneburg, Bischof von Osnabrück; britischer Feldmarschall; 111

Zita, Kaiserin von Österreich und Königin von Ungarn, geb. Zita Maria delle Grazie von Bourbon-Parma (1892 – 1989); 291

Verwendete Abkürzungen (einschließlich in Zitaten)

Abt.	Abteilung
Ack.	Acker
a. D.	außer Dienst
al.	alias
Anm.	Anmerkung
anschl.	anschließend
Apr.	April
Aug.	August
b.	bei
Bat.	Bataillon
Bd.	Band
Bde.	Bände
bearb./Bearb.	bearbeitet/Bearbeiter
bes.	besonders
Bl.	Blatt
Bz., bz.	Batzen
bzw./b.z.w.	beziehungsweise
ca.	zirka
d.	Pfennig
d. Ä.	der Ältere
DDR	Deutsche Demokratische Republik
Decemp.	Dezember

del., delin, delt.	Delineavit = ... hat [es] gezeichnet
Dez.	Dezember
d. J.	des Jahres
DNS	Desoxyribonukleinsäure
Dr. med.	doctor medicinæ (Doktor der Medizin)
Dr. phil.	doctor philosophiæ (Doktor der Philosophie)
Dr. theol.	doctor theologiæ (Doktor der Theologie)
dt., Dt.	deutsch, Deutschland

ebd./ebda.	ebenda
ehem.	ehemals, ehemalig ...
eigtl.	eigentlich
Eish.	Eishausen, Eishäuser
engl.	englisch
ev.	evangelisch
ev.-luth.	evangelisch-lutherisch
EW: Gn:	Euer Gnaden
EW: Wohlg:	Euer Wohlgeboren

f.	1. und folgende Seite
	2. für
ff.	und folgende Seiten
Febr.	Februar
fl./Fl.	Florentiner Gulden
fr.	fränkisch
französ.	französisch
frz.	französisch

geb.	geboren
g.g.	Gute Groschen

H.	Herr
h. c.	honoris causa = ehrenhalber
herzogl.	herzoglich
HFGV	Hennebergisch-Fränkischer Geschichtsverein
Hg.	Herausgeber(in)
hist.	historisch
HRRDN	Heiliges Römische Reich Deutscher Nation
hzgl.	herzoglich

Inf.-Rgt.	Infanterie-Regiment
insges.	insgesamt
J.	Jahr
Jan.	Januar
Jb.	Jahrbuch
JbHFGV	Jahrbuch Hennebergisch-Fränkischer Geschichtsver-
ein	
Jg.	Jahrgang
Jh.	Jahrhundert
jur.	juristisch
KAHbn	Kreisarchiv Hildburghausen
kath.	katholisch
kr./Kr.	Kreuzer
lat.	lateinisch
Leipz.	Leipzig, Leipziger
Lesegeb.	Lesegebühr
literar.	literarisch
lt.	laut
luth.	lutherisch
M.	Monat
männl.	männlich
med.	medizinisch
Mio.	Millionen
Mr.	Mister
N.	Nummer
nördl.	nördlich
Nov.	November
Nr.	Nummer
o. ä.	oder ähnlich(es)
od.	oder
o. J.	ohne Jahr
Okt.	Oktober
österr.	österreichisch

Pfd.	Pfund
phil.	philosophisch
poln.	polnisch
pp/pp.	und so weiter
preuß.	preußisch
p.	pro
Prof.	Professor
rh. od. rhn.	rheinisch
röm.	römisch
romant.	romantisch
röm.-kath.	römisch-katholisch
russ.	russisch
Ruth.	Rute (Längenmaß)
S	Sachsen
s.	siehe
S.	Seite
sc., sculps., sculpt., sct.	sculpsit = ... hat [es] gestochen
SchVSMGLK	Schriften des Vereins für Sachsen-Meiningische Geschichte und Landeskunde
Sept.	September
SH	Sachsen-Hildburghausen
Sign.	Signatur
SM	Sachsen-Meiningen
SMH	Sachsen-Meiningen-Hildburghausen
s. o.	siehe oben
sog.	so genannte, so genannter, so genanntes
Sr.	Seine(r)
Staatsmin.	Staatsministerium
StR	Studienrat
Stuttg.	Stuttgart, Stuttgarter
s. u.	siehe unten
theol.	theologisch
ThStAMgn	Thüringisches Staatsarchiv Meiningen
Thür./thür.	Thüringen/Thüringer/thüringisch
Tlr./Thlr.	Taler od. Thaler

u.	und
u. a./u. A.	und andere/und Andere
u. ä.	und ähnliches
u. dergl.	und dergleichen
uns.	unser(e)
unt.	unter
urspr.	ursprünglich
US	United States
u. v. a.	und vieles andere
v.	von
v. d.	von der/van der
verh.	verheiratet
vermutl.	vermutlich
verst.	verstorben
verw.	verwitwet
weibl.	weiblich
z. B.	zum Beispiel
Ztr.	Zentner
zus.	zusammen
z. Z.	zur Zeit